살아가는 시간들이,

돌아볼 수록

괜찮았기를.

권성민.

살아갑니다

살아갑니다

권성민 에세이

나를 버티게 하는 청춘의 조각들

오마이북

차례

쌓아가다

세월 깊은 광장, 광화문 찬가

신촌에 산다. 회사가 상암으로 이전하기 전에는 예능국이 일산에 있었는데, 몇 년째 신촌에서 일산까지 출퇴근하는 내게 왜 이사하지 않느냐 채근하는 사람이 적지 않았다. 그럴 만도 했다. 새벽 서너 시까지 일하는 것은 물론이요, 밤을 새우기도 예사였으니 다들 회사 인근에 작은 방이라도 얻어서 지내고 있었다. 어쩌다가 하는 퇴근도 대개 버스가 끊긴 뒤라 집이 멀었다간 택시비도 만만찮다. 가까우면 꼭두새벽에라도 잠시 들러 뜨끈한 목욕물에 몸도 좀 풀고 쪽잠이나마 편히 잘 수 있어 훨씬 개운할 텐데. 오가는 데 이미 두어 시간은 걸리는 곳에 살고 있으니 나에겐 꿈도 못 꿀 일이었다.

일단은 이사가 귀찮았다. 나는 워낙 관성에 약한 사람이다. 전자

제품이고 옷가지고 새것으로 바꾸기보다는 익숙한 놈을 못쓰게 될 때까지 붙들고 있다. 이런 성정 덕에 돈 잘 준다는 회사에 입사해서도 학생 때 살던 하숙집에 계속 살았다. 그나마 대학가라서 하숙비가 쌌다. 적지 않은 택시비를 감안해도 나쁜 선택은 아니었다.

하지만 그보다 더 분명한 이유는 신촌이라는 동네에 묻어 있는 애착 때문이다. 늘 젊은 활기로 가득 찬 대학가라는 사실도, 즐거웠던 내 대학생활의 기억이 남아 있다는 것도, 어지간한 것 다 있고 버스로든 전철로든 서울 곳곳에 이르기 편한 곳이라는 점도 매력이다.

그런데 이 모든 것을 아우르는 가장 큰 매력은 신촌이라는 공간에 스며 있는 세월의 결이다. 이토록 젊은이들로 넘쳐나면서도 이만치 꼬질꼬질한 곳도 드물 거다. 신촌역에서 연세대학교까지 이르는 이른바 '명물거리'는 최근에야 보행자 전용도로가 되어 좀 나아졌다지만, 그전만 해도 어쩌면 이렇게 좁디좁은 길에 저 많은 사람들이 꾸역꾸역 다니는지 매번 경이로울 정도였다.

차로 지나느니 차라리 걷는 게 빠른 신촌 거리 대부분은 분명 쾌적하지 않다. 하지만 구석구석 때 묻은 세월의 흔적에서 '오랫동안 많은 사람들이 이곳에서 설레며 싸우며 노래했다'는 기억을 읽을 수 있어서 좋다.

한 달이 멀다 하고 간판이 바뀌는 수많은 가게들 가운데서도 화석처럼 버티고 있는 '홍익문고'가 좋고, 세월만큼 깊은 원두 내음의 '미네르바'가 있어서 좋다. 시대의 흐름에 휩쓸려가지 않으면서 좀처럼 휘발되지 않는 정서가 배어 있다. 그 공간에 머무르는 것만으로도 나라는 존재가 세월을 거슬러 확장되는 것 같은 그 느낌이 아늑하다.

일산은 꼭 심시티 같다. 도시 건설 게임 속에서나 볼 법한 잘 만들어진 계획도시 같달까. 어딘지 현실감이 떨어진다. 참 쾌적하고 편리하고 깔끔한 도시인데, 막상 거니노라면 왜 그리 마음이 퍽퍽해지는지 모르겠다. 나에게는 '직장이 있는 곳'이라 더 그럴지도 모르겠다. 잘 만들어진 계획도시답게 기능성뿐만 아니라 거주민의 정서 순화를 고려한 모습도 많이 보인다. 그럼에도 나에게 일산이라는 공간이 환기하는 정서는 훅 불면 날아갈 것처럼 가볍다. 좋은 레시피로 잘 조리한다 해도 발효의 시간이 주는 숙성의 맛을 내기 어려운 것과 같은 이치인가보다.

아직은 내가 혼자 사는 젊은이라서 그렇지 싶다. 가족이 생기고 정착해서 살기엔 일산 같은 도시가 훨씬 좋겠지. 이곳에서 나고 자란 사람이 느끼는 정서는 또 다를 것이다.

주로 한강의 북쪽에 머무르는 내가 강 건너 남쪽에 내려가도 이런 비슷한 기분이 든다. 훤칠하게 넓은 차도와 인도, 까마득히 솟은 마천루들 사이로 터벅터벅 걷고 있는 사람의 모습은 어딘지 초라해 보일 때가 많다.

요는 역시 공간이 가지는 역사성이다. 오래된 공간일수록 '걸어 다니는 사람들'을 위해 만들어졌을 것이다. 만들어진 지 얼마 안 된 공간일수록 '운전하는 사람들'의 눈으로 만들어졌을 것이다. 내게 전자는 아늑하고 후자는 퍽퍽할 때가 많다.

신촌에서 일산까지 출퇴근을 할 때 1000번이나 1100번 버스를 타는데, 참 편하다. 멈추는 정류장 수를 대폭 줄여서 금방 도착하는 데다 배차 간격도 굉장히 짧다. 자정 넘어서까지 버스가 다녀서 일이 많은 날이라도 좀 서두르면 택시비를 아낄 수 있다.

회사 앞에서 버스를 타면 몇 안 되는 정류장을 지나 금방 연세대 앞에 도착하는데, 가끔 마음이 싱숭생숭한 날엔 정류장을 지나치기도 한다. 내가 1000번 버스를 좋아하는 또 한 가지 이유가 있다. 연세대 바로 다음 정류장이 광화문이라는 점.

열 살 겨울방학, 아버지가 챙겨주신 가방을 메고 처음으로 혼자 떠난 기차여행 이후로 역마살이란 걸 배웠다. 해마다 틈만 나면 기차든 비행기든 몸을 싣고 나돌아 다니는 것이 낙이었는데, 하필이면 하루 이틀 휴가는커녕 매주 돌아오는 휴일조차 쉬이 보장되지 않는 회사에 들어와버렸다. 다른 건 다 그렇다 쳐도 1년 내내 어디로도 떠날 기회가 없다는 건 몹시 고역이다.

그 답답함에 숨구멍을 틔워주는 곳이 광화문이다. 대학에 진학해 처음 서울살이를 시작했을 때부터 광화문이 그저 좋았다. 큰 서점들 때문이었던 것 같다. 평생 읽어도 다 못 읽을 책들이 즐비한 끝없는 가능성의 공간에서 마음에 드는 책을 골라잡고 퍼질러 앉아 있는 것이 커다란 즐거움이었다.

그 때문에 광화문을 자주 찾다 보니 내가 좋아하는 것들이 약속이나 한 듯 근처에 모여 있다는 걸 알게 됐다. 스폰지하우스, 시네큐브, 미로스페이스. 서울 어느 곳에서도 쉽게 보기 힘든 비주류 영화 상영관들하며 서울시립미술관과 일민미술관을 비롯한 크고 작은 전시관들, 도심 한가운데서도 고즈넉한 분위기를 자랑하는 고궁과 그 주변의 걷기 좋은 한적한 길목들이 여간 살가운 게 아니다. 사랑할 수밖에 없는 공간이다.

공간에 쌓인 세월의 깊이에서 아늑함을 느끼는 버릇도 광화문을 자꾸 찾는 이유이지 싶다. 광화문 한복판에 서면 조선 시대 '한양'에서부터 쌓아온 서울이라는 도시의 세월이 한눈에 들어온다. 당연히 가장 먼저 들어오는 것은 충무공과 세종대왕 어깨 너머로 보이는 광화문이다. 경복궁으로 향하는 이 문을 마주하고 서면 양편으로 세종문화회관, 미국 대사관과 교보빌딩을 둔 세종로가 펼쳐진다.

세종로는 조선의 관공서인 육조와 한성부가 들어서 있던 곳으로 '육조거리'라고 부르기도 했는데, 궁궐 코앞이었던 만큼 조선의 행정 실무가 이루어지던 곳이다. 지금도 경복궁 너머에는 청와대가 있고, 바로 이 육조거리에 정부종합청사와 경찰청이 있다. 유수의 언론기관들이 이곳에 모여 있는 것도 재미있다. 그 시절 춘추관과 홍문관도 이곳에 있었을까. 한편으로는 '왕'이 아닌 '대통령'의 집무실이 경복궁 뒤를 버젓이 차지하고 있는 모양새가 우습기도 하지만, 청와대를 짓던 그 시절엔 여전히 대통령이 곧 '나랏님'이었음을 이내 떠올린다.

경복궁을 왼쪽에 끼고 조금만 올라가면 서울의 주요 관광 코스인 북촌 한옥마을이 등장한다. 조금씩 변형되긴 했지만 전통가옥들이 보존되고 있는 곳이라 외국 여행자들이 많이 찾는다. 여기에도 조선의 세월이 고스란히 남아 있다. 궁궐, 육조거리로 출퇴근하던 고위관료들과 왕족이 지내던 집들이 이렇게 경복궁 지척에 모여 있는 것이니까. 덕분에 한옥마을 주변 인사동과 삼청동 일대 역시 한국의 전통을 느낄 수 있는 관광지로 자리하게 됐다.

충무공상의 발 앞으로 뻗어 있는 세종로를 횡으로 가로지르면 종로가 펼쳐진다. 이 종로를 주욱 따라 걸어가면 동대문을 만난다. 지금은 사라졌지만 반대 방향의 서대문이 있던 자리는 훨씬 금방이다. 경복궁을 등지고 시청이 보이는 쪽의 숭례문, 즉 남대문도 그리 멀지 않다. 조선의 수도였던 성읍 한양은 하룻길이면 다 걸을 수 있는 크기였던 것이다. 동대문에서 광화문 사거리에 이르는 종로는 한양의 가장 큰 길이었다.

지금은 사라졌지만, 종로를 따라 빼곡히 이어졌던 '피맛골'은 '말을 피하는 골목'이란 뜻이다. 정확히는 '말을 탄 사람'을 피하기 위한 골목이었다. 동서를 막론하고 '말을 탄 사람'은 상류층을 상징했다. 귀하신 어른을 제 발로 오래 걷게 할 수도 없거니와 말 위에 올라타신 그분을 뵈려면 자연스레 우러를 수밖에 없는 것 아니겠는가.

흔한 사극의 한 장면처럼 길을 터주거나 고개를 숙이고 예를 갖춰야 하니 오죽 귀찮았을까. 행여 그 앞에서 재수 없이 책잡히는 날엔 봉변을 면치 못할 수도 있는 노릇이었다. 에라, 더러워서 피해간다며 말이 들어설 수 없는 좁다란 골목으로 다니기 시작한 것이 피맛골의 시작이었다. 좁디좁은 골목으로 수많은 이들이 들어섰으니 걷기야 편치 않았겠지만, 예나 지금이나 몸 불편한 것이 마음 불편한 것보다 나았던 모양이다. 골목은 사라졌고, 지금은 '피맛골'이라 적힌 간판의 깔끔한 아케이드만 남았다.

한양을 드나드는 전국 각지의 사람들로 붐비던 종로는 자연히 상업이 발달하기에 가장 좋은 곳이었다. 조선은 건국 초기부터 국가 주도로 시장을 건설하려는 계획을 가지고 있었고, 당연히 그 장소는 종로가 됐다. 그래서 '시전'이란 이름의 시장이 들어섰다. 유동 인구가 많은 상업 지구는 부동산이 비싼 법이다. 그만큼 함부로 끼어들기 어렵다. 게다가 정부가 설치한 시전의 상인들은 정부로부터 독과점 운영을 할 수 있는 권리까지 받았다. 금난전권禁亂廛權. 시장이 난장판이 되는 것을 금할 수 있는 권리였다.

지금 종로 바로 아래서 흐르고 있는 인공 하천 청계천은 복개 전까지만 해도 종로와 나란히 흐르던 진짜 개천이었다. 조선의 금난전권 때문에 종로에서 쫓겨난 '난장'의 상인들은 이 청계천 일대에 자리를 잡았다. 종로 시전에는 나설 수 없는, 초라한 물건을 든 사람들이 정착하기 시작한 일종의 슬럼이라 할까. 해방 이후까지도 아침이 되면

허름한 집집마다 사람들이 개천 위에 엉덩이를 까고 볼일을 보는 풍경이 일상적으로 이어졌다고 한다.

한 공간에 새겨진 세월의 빛깔은 계속 이어지는 걸까. 1960년대에 청계천 복개 공사가 완공되어 도로가 생기자 그 주변으로 판자촌이 들어섰다. 인공 하천으로 다시 변모한 2003년에는 이 일대에서 노점을 하며 생계를 일구던 사람들이 '세계 최대의 풍물시장'을 보장해준다는 말에 자리를 내주어야 했다. 약속된 풍물시장은 낡은 동대문운동장의 육중한 담벼락 너머였고, 찾는 이 없는 그 벽 뒤는 밀려난 상인들과 팔릴 리 없는 물건들로 빼곡히 채워졌다. '세계 최대의 풍물시장'은 흡사 난민 수용소를 방불케 하는 모습으로 그렇게 잊혔다.

조선의 종로에서 쫓겨난 청계천의 난전 상인들은 그렇게 다시 한 번 역사 밖으로 쫓겨났다. 수많은 흔적을 덮은 석재 위로 인공 하천이 흐른다. 광화문 근처를 거닐면 퇴적된 세월이 곳곳에서 밟힌다.

여행을 다닐 때면 그 도시의 광장에 하릴없이 앉아 있을 때가 많다. 런던의 트라팔가 스퀘어나 뉴욕의 타임스 스퀘어 같은 이름난 광장도 좋고, 어지간한 작은 도시에도 하나씩은 있기 마련인 자그마한 시계탑 광장도 좋다. 광장에는 늘 여유가 있다. 일상의 공간이 아니기 때문이다.

광장이 일상인 사람은 없다. 하늘을 지붕 삼는 노숙자에게도 기댈 곳 없이 횅한 광장은 그리 인기 있는 장소가 아니다. 여행자들이 많이 찾는 도시의 광장 곳곳에는 배낭족들이 눈에 띄고, 꼭 여행이 아니더라도 연인이나 가족의 손을 잡고 나온 즐거운 얼굴들이 많다. 광장 한편에 앉아 그 활기찬 장면을 마주하면 행복하다. 그래서일까. 광화문 광장에 나와 있으면 여행하는 기분이 든다. 그만큼 광장이란 공간의 비일상적인 공기는 여행의 기분과 가장 익숙하게 맞닿아 있다.

동시에 광장은 목소리를 내려는 사람들이 모이는 곳이기도 하다. 오가는 사람들 사이에서 피켓을 들고 서명을 받고 후원을 요청하는 사람들을 쉽게 발견할 수 있다. 그 역시 일상은 아니다. 광화문 광장도 마찬가지다. 간절한 목소리들과 마주치는 비일상의 감각은 내가 살고 있는 도시를 한걸음 물러서서 새롭게 느낄 수 있도록 해준다.

광화문은 그런 곳이다. 오래도록 쌓여온 세월과 함께 지금 쌓이고 있는 오늘의 역사를 볼 수 있다. 거기에는 단추 두 개 끄르고 여유를 즐기러 나온 사람들도 있지만 소외된 그늘 속으로 내쳐진 사람들도 있다. 단식투쟁을 하는 이들과 저녁에 무슨 맛있는 걸 먹을까 고민하는 이들이 공존하는 곳이다. 즐거운 사진을 찍고 한복 체험을 하는 관광객들 뒤로 피켓을 높이 들고 슬픈 얼굴을 한 사람도 있다. 이러한 모습이 어떤 이들의 눈에는 몹시 거슬릴 수도 있고, 때로는 내 얼굴을 찌푸리게 만드는 목소리도 당연히 만난다. 하지만 그게 광장이다. 광장은 그래야 한다.

맛보다

파리에서 만난 제빵왕

파리의 첫인상은 낭만적이지 않았다. 도착한 첫날부터 지저분한 골목을 헤매고 있었으니까. 그렇잖아도 빠듯한 여행 경비인데, 앞선 여행지에서 꽤 큰 금액을 왕창 도둑맞는 바람에 시내에서 한참이나 떨어진 곳에 숙소를 구해야 했다. 스마트폰을 쓸 때도 아니었으니, 허름한 파리 변두리에서 주소만 가지고 숙소를 찾기가 쉽지 않았다. 도대체 숙소가 나타날 것 같지 않은 골목을 서성거리다가 '아마 지금 내 표정이 꼭 저렇겠지' 싶은 얼굴의 한국인을 만났다.

영 난감해 보이는 표정의 그를 보자마자 알았다. 우린 같은 숙소를 찾아온 여행객이구나. 객지에서 느끼는 동병상련은 처음 보는 타인과도 돈독한 우애를 맺을 수 있게 도와주는 법이다. 당황스러움을 공유하며 어정쩡하게 서 있다가 숙소 주인을 만난 덕에 우리의 문제는 무사히 해결됐지만, 엉겁결에 맺은 우애는 쉬이 사라지지 않았다. 피차 파리 여행 첫날이니 가볍게 지리도 익힐 겸 에펠탑이나 보러 가자며 함께 나섰다.

그는 얼굴에도, 목소리에도 진지함이 한껏 묻어났다. 삶의 사소한 구석도 결코 대충 넘길 것 같지 않은 인상이었다. 한국에서 제빵을 공부한다고 했다. 여행 온 목적도 확실했다. 체류하는 열흘 동안 그의 목적은 오직 빵의 본고장 '파리'의 빵집 순례였다.

손에 든 지도에는 유서 깊은 빵집들이 빼곡하게 표시되어 있었다. 아무리 그래도 모처럼의 유럽인데 다른 일정은 전혀 없는 모양이었다. 오직 빵을 먹어보기 위해 10시간이 넘도록 날아온 청년이라니. 가볍게 에펠탑만 둘러보기로 한 걸음에서도 그는 지도 위 빵집들을 그냥 지나치지 않았다. 말은 "성민 씨는 빵 때문에 온 게 아니니 괜히 저 때문에 엉뚱한 데 시간 쓰면 안 되죠" 해놓고는, 눈여겨봐둔 빵집 근처를 지날라치면 사람 좋은 웃음과 함께 "잠시만요"를 던지고 반드시 들렀다.

역시나 빵의 본고장이었다. 큰 관심이 없는 내 눈에도 구미가 당기는 빵들이 많았다. 하지만 그는 온갖 버터와 설탕 덩어리들에는 눈길 한번 안 주고 꼬박 바게트만 하나 들고 나왔다. 어김없이 정확히 반을 갈라 보고는 조심스럽게 코를 가까이 대 냄새를 맡았다. 과학수사라도 벌이듯 진지한 그 표정에 나까지 엄숙해지는 기분이었다.

냄새를 맡으면서 발효한 지 며칠이 됐다는 둥 무슨 반죽을 썼다는 둥 일본 요리만화에 등장하는 고수 같은 말을 툭 던지고는 한 조각 뜯어서 열심히 '곱씹었다'. 이 곱씹는다는 표현을 말이나 생각을 이르는 수사가 아닌 정말 '저작 운동'을 가리키는 데 쓰는 건 처음인 것 같다. 그런데 그 말이 딱이다. 그냥 씹는다, 먹는다는 동사로는 표현이 안 된다. 그는 분명히 빵을 '곱씹었다'. 그러다가 나한테도 한 조각 떼 주며 상냥하게 권했다. "성민 씨도 좀 먹어봐요."

따라나서길 잘했다는 생각이 들었다. 어차피 맛만 볼 빵들을 계속 사들고 나오니 당연히 혼자서는 다 먹을 수 없는 터였다. 그러니 전혀 미안해할 필요 없이 공짜 빵을 얻어먹을 수 있지 않은가. 그것만으로도 가난한 배낭여행자에게는 반가운 일이다.

하지만 이건 고작 '공짜 빵' 수준의 경험이 아니었다. 한 조각씩 떼어 주는 빵을 입에 넣고 오랫동안 꼭꼭 씹어보았다. 다 똑같아 보이는 바게트인데 입속 가득 퍼지는 고소한 맛은 각양각색이다. 어떤 재료를 썼고, 어떤 발효를 했고, 어떻게 구웠는지 이야기를 듣고 있으니 그 차이가 더욱 선명해진다. 신기해라. 바게트 하나에도 이토록 넓은 세계가 들어 있구나. 내 머릿속에서는 몇몇 미술관만으로도 충분히 넓었던 파리라는 도시가 갑자기 한결 더 다양한 색을 입는다.

"한국의 제빵 시스템은 지금 완전히 엉망이에요. 몇몇 대기업 체인들이 동네 빵집이란 빵집은 다 죽여놓고, 완전히 똑같은 빵만 만들어내고 있잖아요. 그건 제대로 된 빵이 아니에요. 공정을 단순화해서 최

빵 위로 펼쳐진
또 하나의 파리.

대한 빨리, 많이 만들어내는 빵일 뿐이에요."

시종 부드럽던 그의 인상이 처음으로 일그러졌다. 목소리에 배어 있는 짙은 불만의 색이 그가 짧지 않은 시간 동안 가져온 고민이라는 느낌을 전했다.

그의 말에 의하면 제대로 된 방법으로 빵을 만드는 것은 쉽지 않은데, 그나마 그런 방법을 알고 있는 사람들도 시간이 지날수록 쉬운 방법을 택한다. 그 사람들이 잘 가르쳐서 물려주지도 않고, 시스템 역시 되어 있지 않아 점점 제대로 만든 빵이 사라지고 있다고.

"결국에는 사람들의 미각만 점점 더 저급해지는 거예요. 이런 맛에 익숙해지다 보면 나중에는 정말 좋은 맛이 뭔지 구분하기도 어려워지는 거죠."

뜨끔했다. 사실 고급스런 입맛을 가지는 것이 무어가 그리 중요할까 생각했다. 원래 식도락에 취미가 없기도 하거니와 서울에서 홀로 지내다 보면 끼니를 대충 때우기 십상이다. 이번 여행만 해도 부족한 경비는 전부 입을 포기하는 것으로 충당하고 있었다. 더구나 도둑맞은 이후로는 하루에 1000~2000원짜리 샌드위치 하나로 버티는 날이 허다했다. 신 포도 같은 거였을까. 내 머릿속 편협한 도식은 '좋은 음식'을 그저 '사치스런 고급 음식'으로 분류하고 있었다.

이제는 식상해진 단어 '웰빙'까지 동원하지 않더라도 바른 먹거리를 이야기하는 수많은 담론은 중요한 가치를 지닌다. 그런데 그런 차원을 넘어서서 좀 더 근본적인 '맛'의 문제도 충분히 중요할 수 있다는 사실을 이 진지한 청년을 통해 깨달았다.

종종 비웃듯 사용하는 말 '빵 쪼가리' 몇 개. 거기서 느낀 풍요로운 맛이 파리라는 도시를 한층 더 넓게 느끼도록 해주었다. 아, 맛이란 걸 통해서 세상을 경험할 수 있구나. 일상 공간에서도 제대로 만들어진, 정말 '맛있는' 먹거리들이 사람들의 입을 채운다면 우리는 더 넓고 풍성한 세상을 가질 수 있겠구나. 자기 영역에 대한 그의 진지한 고민 덕분에 무심했던 세계에 눈뜰 수 있었다. 여행을 하면서 새로운 세상을 만난다는 건 딱 이런 거다.

그와의 동행은 그날 이후로는 아주 잠깐씩 이루어졌다. 내가 파리를 찾은 이유는 미술관이었기 때문에 열심히 빵집을 탐험하는 그와 계속 함께하지는 못했다. 하지만 일정을 마치고 숙소에 돌아와 쉬는 밤이면, 하루 종일 그가 잔뜩 사 모은 온갖 바게트를 맛보며 미味의 도시 파리를 계속 누릴 수 있었다. 그가 사올 빵을 기다리는 마음에 저녁 식사마저 대강 넘기는 날도 있었으니.

한국으로 돌아온 뒤 그를 다시 떠올리는 데는 꽤 오랜 시간이 걸렸다. 가끔 빵집을 지날 때면 그의 온화하고 단단한 얼굴이 떠올랐지만 불쑥 찾아갈 만한 단서 같은 것은 없었다.

그를 다시 만난 건 전혀 엉뚱한 순간이었다. 내가 후원하고 있는 언론사 〈뉴스타파〉에서는 새해가 되면 후원자들에게 달력을 보낸다.

그 달력은 매달 〈뉴스타파〉를 후원하고 있는 후원자들의 사연과 정성스런 사진으로 장식되어 있는데, 달력을 펴자마자 1월 사진에서 익숙한 얼굴이 보이는 것 아닌가. 쉽게 잊을 수 없는 조용하고 강한 인상. 몇 년이 지났지만 한눈에 알아볼 수 있었다. 어느덧 자신만의 빵집에서 그 철학을 고스란히 반죽해내고 있는 모양이었다. 살다 보면 달리 표현할 방법이 없는 이런 반가움을 만나곤 한다.

이름을 검색해보니 바로 빵집 주소가 나왔다. 서울 한구석에 자리한 그의 빵집은 이미 아는 사람들 사이에서는 '타협하지 않는 빵'으로 소문이 자자한 듯 보였다. 빵을 다룬 이런저런 책에도 등장한 것 같았다. 주르륵 이어지는 검색 결과가 못내 반가워 한걸음에 달려갔다.

늦은 시각 찾은 작은 빵집. 그도 내 얼굴을 기억하고 반가워했다. 2009년 파리 여행 이후 우리는 여러 면에서 달라져 있었다. 하지만 조용조용하면서 따스한 그의 말투는 그대로였고 빵에 대한 지긋한 신념은 더 깊어져 있었다. 그가 직접 만든 빵을 입에 넣는 순간, 수년 전 파리에서 곱씹었던 그 풍요로운 맛이 떠올랐다. 첫입에 혀를 감싸는 맛은 둔하지만 씹으면 씹을수록 만든 과정이 살아나는 맛. 첨가물을 넣지 않고 반죽의 수화 과정을 충분히 거쳐 발효시킨, 느리고 느린, '옳은 빵'의 맛.

그는 '빵'이라는 매체 하나로 사회와 경제, 문화를 바라보고 있었고 역시 '빵'을 통해서 그것들을 조금씩 변화시켜나가고자 했다. 재료를 기르고 유통하는 이들과 함께 가치를 공유하는 공동체를 만들어가고 있었다. 사실 그와 처음 만났던 그때에 비하면 한국에도 자기 이름을 건 빵집들이 제법 많이 생겼다. 하지만 여전히 남아 있는 성급한 공정을 차분하게 비판하는 그의 목소리가 여전히 단단하다. 타협하지 않는 빵만큼이나 그 스스로도 자신이 만드는 빵 같은 사람이구나.

짧은 재회를 뒤로하고 일어서는데, 남은 빵들을 주섬주섬 싸 준다. 계산을 하려니 고개를 젓는다. 호의 때문이 아니라 원래 이 시간에는 다른 손님들에게도 그냥 준단다. 빵은 하루가 지나면 맛이 없어져버린다면서. 그렇게 한 봉지 가득 들고 나오는데, 그와 나누었던 이야기가 머릿속을 맴돈다.

"좋은 재료도 중요하지만 결국 만드는 사람이 행복해야 하는 것 같아요. 결국엔 사람이 만드는 거잖아요. 스트레스를 받는 작업이 돼버리면 빵을 만드는 과정 어딘가에서 맛이 없어질 수밖에 없어요."

내가 만드는 콘텐츠에는 과연 얼마만큼의 행복이 담겨 있을까. 만드는 사람이 행복해야 한다고 말하는 사람, 누군가에겐 사소한 일에도 조용히 분노할 수 있는 사람, 같은 마음을 오랜 세월 꾸준히 쌓아내는 사람. 그가 만드는 빵에는 고스란히 그런 그가 들어 있었다.

그런 빵 같은 삶이 많아지는 세상을 만들고 싶다는 욕심이 온갖 곳을 다시 채운다. 또 다시 질문거리를 한아름 떠안았지만 빵 봉투 속에 아직 뜯지 않은 답안지도 함께 받은 기분이다.

숨다

소음이 필요한 순간

새 차다. 오랜만에 부모님 댁에 내려가니 차가 바뀌어 있다. 원래 집에서 쓰던 영업용 차량은 10년도 넘은 경유 승합차였는데, 시동만 걸면 요란한 엔진 소리며 들들대는 진동이 워낙 익숙해 딱히 거슬린다는 생각은 못했다. 그러다가 새 차를 타고는 깨달았다. 와, 자동차가 이렇게 조용하고 부드러울 수도 있구나. 새로운 감각에 새삼 생경한 느낌까지 들었다.

하지만 진짜 생경함을 느낀 건 신호에 걸려 정차했을 때였다. 브레이크를 밟고 속도를 줄이자 별안간 푸르륵 시동이 꺼져버린 것이다. 어라, 도로 위에서 시동을 꺼뜨려먹은 건 면허 시험 때 몰았던 수동기어 트럭이 마지막이었는데. 심지어 이 차는 수동도 아니다. 브레이

크만 밟았을 뿐인데 시동이 꺼지다니.

당황해서 이것저것 살펴봐도 딱히 잘못한 게 없다. 신호가 바뀌어 액셀을 밟자 부르릉 태연하게 시동이 걸린다. 아, 이거였구나. 요즘 차에 들어가 있다는 연비 절약 기능.

불필요한 공회전을 줄이기 위해 차가 멈추면 자동으로 엔진을 꺼준다. 환경도 보호하고 기름도 아껴준다는데 싫어할 이유는 없지만 운전하다 난데없이 찾아오는 어색한 정적에 익숙해지려면 시간이 필요할 것 같다. 고요하다고까지 느낀 새 차의 조용한 엔진 소리도 시동이 꺼진 정적에는 비할 바가 아니었다.

대학 때도 비슷한 기억이 있다. 서울에서 시내버스를 탔는데, 신호가 바뀌길 기다리며 서 있는 버스 안이 문득 이상할 정도로 조용해서 퍼뜩 고개를 들었던 기억. 승객이 몇 없어서 과장을 아주 조금만 보태면 저 앞자리 사람 숨소리까지 들릴 정도였다. 버스에 타고 있을 때면 정차 중이라도 늘 익숙하게 들려왔던 커다란 엔진 소리가 전혀 없었다.

당황스런 마음에 두리번거렸더니 안내문 하나가 눈에 띈다. 그 즈음부터 서울의 상징이라며 여기저기서 보이기 시작한 '해치'가 친절하게 두 손을 내밀며 걱정 뚝 그치란다. 공회전 방지 버스. 도로 위에서 낭비되는 에너지를 절감하기 위해 정차 시에는 자동으로 시동이 꺼지는 버스다.

신호가 바뀌자 버스는 다시 기합을 넣으며 무거운 몸을 움직인다. 교통약자를 위한 저상 버스에 무연 천연가스 버스, 그리고 굴절형 버스까지 나오는 걸 보며 대중교통이 갈수록 다채로워진다고 생각했는데 이제 공회전 방지 버스까지 나왔구나. 하기야 대중교통은 시민의 발이기도 하지만 대도시의 중요한 이미지 메이커이기도 하다. 무연 천연가스 버스 덕분에 자욱한 매연 들이킬 일이 없어졌고, 휠체어나 유모차를 이용하는 사람들에게 저상 버스는 몹시 바람직한 수단이니 버스전용차선 위의 이런 모터쇼는 환영할 일이다. 그렇지만 공회전 방지 버스의 정적은 그 훌륭한 '녹색 의도'를 감안하더라도 어색하다.

방송이나 영화 작업을 위해 촬영 현장에 나가면, 일부러 짬을 내 녹음기를 켜놓고 몇 분간 아무것도 하지 않을 때가 있다. 노는 것처럼 보이지만 엄연한 작업이다. 이렇게 녹음한 소리를 '룸 톤room tone'이라고 부른다. 해당 장소에서 발생하는 고유한 소음.

가장 조용한 순간에도 모든 공간은 고유의 소음을 가지고 있다. 종종 '공기 소리'라고 불리는 '스-' 하는 그 소리 말이다. 촬영된 영상이나 음향을 편집할 때 원하지 않는 소리가 들어갔다고 오디오를 아예 들어내버리면 이 고유의 소음까지 함께 제거되어 이질감이 든다. 그럴 때 녹음해온 룸 톤을 끼워 넣으면 오디오의 편집점이 가려지면서 훨씬 현실적인 사운드를 만들 수 있다. 부자연스러운 정적을 피하기 위한 '녹음된 정적'인 셈이다.

소음이니 잡음이니 하는 말은 기본적으로 부정적인 이미지를 가지고 있지만 도를 넘지 않으면 오히려 순기능을 할 때가 많다. 사람 많은 공공장소에서 낯선 군중들 사이에 끼어 있을 때는 누구나 어느 정도는 숨고 싶기 마련이다. 버스도 마찬가지다. 그 둔중한 엔진 소리가 모두를 감싸주어야 옆자리 친구와 잡담도 좀 하고, 전화가 오면 적당히 통화도 할 텐데. 공회전 방지 버스는 정차하는 순간 지켜야 할 에티켓의 수위가 훅 올라간다.

나에게 에티켓의 수위가 가장 높은 공공장소는 엘리베이터인데, 딱 그 꼴과 비슷하다. 한 평 남짓한 공간 속에서 모르는 사람들과 숨결을 섞으며 빼곡하게 들어서 있는 정적의 순간은 도시생활에서 만날 수 있는 어색함의 극치다. 일행과 대화를 할 거라면 그 내용이 무조건 다른 사람들과 공유된다는 전제를 잊지 말아야 한다. 어색한 이웃과 단둘이 있다가 생리 현상이라도 억누르지 못한다면 그만한 악몽도 없다.

사람은 항상 적응하며 살아가는 존재다. 공회전 방지 버스의 정적에도 슬슬 익숙해질 즈음이었다. 하루는 버스 안에서 한 아주머니가 통화를 시작했다. 달리는 버스의 소음 속에서 그 목소리는 그리 신경 쓰일 정도는 아니었다. 하지만 신호등 앞에서 버스가 멈추자 열 명 남짓 고요한 승객들 사이에서 아주머니의 목소리는 우렁차게 울려 퍼지기 시작했다. 목적지가 초행길인 모양인지 어디서 내려야 하냐, 내려서 어디로 가야하냐는 대화에 이어 무슨 놈의 서울은 이리도 복잡하냐는 푸념까지. 통화가 조금만 더 길어지면 고향 집 강아지 이름까지 알 지경이었다.

특별히 아주머니의 목소리가 불편했던 건 아니다. 그냥 그 상황이 불편했다. 소음이 보호해주지 못하는, 숨을 곳이 없는 상황은 늘 이토록 어색하다. 화장실에 에티켓 소음 기계까지 설치해주는 마당에 말이다. 환경보호와 에너지 절약을 위해서라니 감수해야 맞겠지만 이 기능의 기획자들이 이런 부분까지 생각해봤을까 하는 쓸데없는 의문도 들었다.

나의 그 쓸데없는 의문보다 아주머니의 통화가 먼저 끝났다. 어디로 가야 하는지 설명을 듣기는 했는데 아무래도 미심쩍은 모양이었다. 그때 버스의 적막을 깨는 또 다른 목소리가 들려왔다. "성산회관 쪽 가시나 봐요?" 아주머니와 몇 자리 떨어진 곳에 서 있던 청년이 알은체를 한 것이다. 통화하며 행선지를 큰소리로 반복했으니 버스 안의 모두는 아주머니가 어디로 가는지 알 수밖에 없었다. 통화를 끝낸 모양새가 미심쩍어 보인 것은 나뿐만이 아니었는지 그는 마침 내리는 정류장이 같으니 내려서 알려드리겠다며 말을 걸고 있었다. 옆구리를 쿡 찔린 기분이었다.

그래, 공공장소에 모인 이들도 결국 사람이고, 에티켓도 에티켓 나름이다. 적당히 모른 척, 못 본 척, 안 들은 척하는 것이 도시생활자들의 암묵적인 룰이라지만, 녹록지도 않은 상황에서마저 굳이 숨을 곳을 찾기 위해 아등바등할 필요까지야.

서로에게 적당한 거리를 유지한다는 핑계로 눈 감은 나머지, 돌아보면 좋았을 것들마저 수없이 지나쳐보냈을지 모른다. 얼마나 많은 것들 앞에서 모른 척, 못 본 척, 안 들은 척하며 뒤돌아섰단 말인가. 기댈 곳이 너무도 필요해서 빈 지하철만 타도 문 양 옆의 끝자리만 골라 앉는 주제에.

생각해보면 엘리베이터 안에서도 어색한 침묵으로 버틸 필요는 없다. 낯선 사람과도 눈인사 정도는 나눌 수 있을 것이고, 진부한 날씨 얘기라도 하며 넉살을 좀 부린다면 그 잠시 동안의 밀실을 한 뼘 더 따뜻하게 만들 수 있을 것 아닌가.

어색한 이웃과 단둘이 탄 엘리베이터 안에서 못 참은 방귀 한번은 악몽일 수도 있지만, 마주칠 때마다 웃으며 농을 주고받을 수 있는 '동네 친구'를 만드는 계기가 될지도 모를 일이다. 몸을 숨길 소음이 없다면 그 자리를 대화로 채워보는 것도 때로는 나쁘지 않을 것 같다. '이상하게 오지랖 넓은 사람'을 불편해하는 눈길이 느껴진다면 적당히 빠져주는 센스와 함께.

요즘은 공회전 방지 버스도 굴절형 버스도 다시 잘 보이지 않는다. 몇 년 전 반짝 시범 운행만 했던 걸까. 덕분에 버스에서 어색한 정적을 만날 일은 없어졌지만, 육중한 엔진 소음 속에서도 행선지를 헤매는 목소리를 만나면 먼저 말을 거는 버릇이 생겼다. 다행히 '이상하게 오지랖 넓은 사람'으로 보는 눈길을 만난 적은 없는 것 같다. 아직까지는.

깨닫다

솔직히 커피나 한약이나

나는 내가 커피를 좋아하는 줄 알았다. 정확히는 커피라는 음료를 좋아한다고 생각했다. 꾸준히 카페를 찾았고, 습관적으로 커피를 마셨다. 목으로 넘어가는 쓴 물이 유독 괴로웠던 어느 날 깨달았다. 난 커피를 좋아하는 사람이 아니었다. 한약 같은 쓴 물을 삼키는 기분이 유쾌하지 않다는 걸 인정하기로 했다. 커피라는 음료 자체보다 커피를 둘러싼 일련의 흥미로운 요소들이 좋았던 거였다. 그걸 깨닫기까지 이렇게나 오랜 시간이 걸리다니.

어른들은 으레 아이들에게 커피를 못 마시게 한다. 내 어린 시절에도 마찬가지였다. 그건 어른의 음료였다. 그래서 더 궁금했다. 늦은 오전, 햇살 냄새 뽀송할 때 어머니가 끓인 커피 내음으로 가득한 집안은 '여유'에 대한 본능적인 기억으로 각인되어 있다.

TV 속 광고와 현실은 늘 다르기 마련이지만 커피만큼은 꼭 같아 보였다. 커피 잔을 들고 은은하게 웃는 안성기 아저씨의 얼굴이 어머니 얼굴 위로 겹쳤다. "탁월한 선택, 테이스터스 초이스"라는 카피 덕분에 나는 꽤 오랫동안 '테이스터스'라는 영어가 탁월하다는 뜻인 줄 알았다. 그만큼 커피라는 존재는 여러 모로 인상적이었다.

권위적인 선생님에겐 유달리 넌더리를 치는 반골 기질이 있긴 했지만 나는 기본적으로 말 잘 듣는 아이였다. 부모가 하지 말라는 것은 안 하는 것을 넘어 궁금해하지도 않았다. 그러니 또 다른 '어른의 음료'인 술은 아예 관심 밖이었다. 하지만 커피는, 커피는 매력적이었다. 저토록 향긋한 냄새라니.

커피를 처음 마신 기억은 열두어 살 때다. 캔커피였다. 지금까지도 캔커피계의 스테디셀러인 파란 캔의 그 커피. 꽤 달았다. 처음 입에 대보는 어른 음료에 살짝 긴장했다가 입속을 채우는 단맛에 크게 안심했던 기억이 난다. 뭐야, 커피란 것도 대단치 않네. 어른 음료를 맛있게 마셨다는 사실에 괜히 으쓱하기도 했다.

아주 어릴 때부터 워낙 또래보다 애늙은이 같은 구석이 많았다. 그 점 때문에 친구들 사이에서도 뭔가 존중받는 분위기였고, 어른들도 기특해했기에 은근히 자부심을 느꼈던 것 같다. 열한 살에 처음으로 혼자 떠난 기차 여행에서도 어린애 혼자 달리는 기차 칸에 앉아 있다는 사실을 옆자리 승객이 신기해해주길 내심 바랐다. 지금 생각하면 귀여운 일이다.

커피도 그런 으쓱함의 하나로 좋아하기 시작했던 게 아닐까. 어릴 적 기차 여행에서도 꼬박 카페를 찾았다. 웬 꼬마가 혼자 카페에 들어섰으니 사장님도 의아했을 거다. 일찍부터 그림 그리는 걸 좋아했던 나는 전망이 좋은 카페에 자리를 잡고 앉아 창밖 풍경을 노트에 옮겨 그렸다. 꽤 폼 나는 유희였다.

커피가 주는 '어른스러움'에 대한 동경은 나이가 들면서 '지성'에 대한 동경으로 옷을 갈아입었다. 대학 강의실과 책 속에서 만나는 여러 스승들은 하나같이 커피를 즐겼다. 카페인 예찬론자들이었다. 커피 향이 좀 나야 머리 회전도 잘되고 지성미도 풍긴다고들 했다. 그중에서도 사회과학을 공부하면 더욱 피할 수 없는 것이 커피였다. 우리가 일상적으로 소비하는 것들이 실제로는 대단히 복잡하게 얽혀 있는 사회문화적 실타래의 끝자락이라는 말을 하기 위해, 커피는 강의실에 자주 등장했다.

중상주의 시대를 거치며 유럽 제국들의 식민지가 된 아프리카 대륙은 유럽 상인들이 가져다 팔 커피며 사탕수수를 재배해야 했는데, 아직도 전 세계 커피 생산량의 대부분을 담당하며 그 역사의 흔적을 고스란히 보여주고 있다. 여전히 커피는 아프리카 대륙에서 생산되고 유럽과 아메리카 대륙에서 소비된다. 농경지 대부분을 기호 식품

재배지로 바꿔버린 제국의 역사는 오늘까지도 아프리카 대륙의 식량 자급률이 떨어지는 원인이다. 그나마도 그 상품작물의 값을 제대로 쳐주지 않는 행태 때문에 커피는 '공정무역'이란 단어를 대중화하는 일등 공신이 되기도 했다. 마침 사회과학을 전공한 데다가 국제 구호 문제에도 관심을 가졌으니 커피는 눈길 닿는 곳마다 나와 만났다.

대학 시절 내내 아르바이트를 해야 했던 형편도 커피를 더 좋아하게 만들었다. 효율을 따지면 과외가 최고였지만 항상 책상물림으로만 돈을 버는 데는 자격지심이 따랐다. 몸을 쓰는 일 중에서는 카페 아르바이트가 좋았다. 아늑한 인테리어, 감각적인 음악 속에서 일을 할 수 있다는 점은 똑같은 최저시급 일자리 조건들 중 꽤 매력적인 조건이었다. 원두를 갈아내고 우유 거품 위에 시럽으로 그림을 그리는 일은 햄버거 패티를 굽거나 삼각김밥 유통기한을 확인하는 것보다는 어디 가서 할 얘기도 많았다. 다만 카페에서 일하다 보면 몸에 은은한 커피 냄새가 배겠지 하는 기대는 빗나갔다. 커피 원두보다는 우유나 시럽 냄새에 찌들 일이 더 많았다.

이런 이유가 아니라도 한국 사회에서 커피에 대한 선호는 어느 정도 강제적이다. 커피 자체를 선호하지 않아도 카페라는 공간은 피할 수가 없다. 밖에서 누군가 만나 이야기를 하자면 카페 말고는 갈 곳이 없다. 그러다 보니 원가에 비해 비싸게 느껴지는 커피 값에는 자릿세가 포함되어 있다.

커피 값은 유럽이나 미국 같은 본고장에서 물가에 비해 오히려 싼

경우가 많다. 그네들의 '카페'라는 공간이 썩 아늑하지 않다는 점을 생각해보면 이해가 간다. 제법 큰 프랜차이즈 매장에도 화장실은 아예 없는 게 다반사고, 마시고 간 컵들이 테이블 위에 가득 쌓여도 잘 치우지 않는다. 물론 이들 나라에서도 카페는 이야기를 나누려는 이들이 가장 즐겨 찾는 장소지만, 다른 선택권도 꽤 많다. 넓은 공원은 물론이고 자유롭게 열려 있는 미술관이며 박물관의 쾌적한 로비도 머무르기 좋다. 술을 파는 곳도 카페만큼이나 아늑한 분위기라 낮에도 사람들이 유쾌하게 드나든다. 곳곳에 벤치도 자주 눈에 띈다. 반드시 카페를 선택해야 할 이유는 없다.

이렇게 보면 언뜻 한국에서의 선택권이 훨씬 빈약한 것 같지만 돈만 많으면 한국이 천국이라고 하지 않던가. 도시 기능의 대부분을 상업 시설에 위탁해버린 결과, 집 밖으로 나오면 소비할 것 천지다. 유럽에는 무료로 머무를 수 있는 곳이 많은 반면, 유료 공간에 대한 선택권 자체는 한국이 압도적으로 많을지도 모른다. 한국의 도시에선 공간도 중요한 장삿거리이며 이 공간 장사는 카페라는 이름이 거의 완벽히 독점했다.

'카페'라는 동일한 이름으로 부르긴 해도 커피를 비롯한 마실 거리를 판다는 점만 빼면 하나로 묶기 힘들 별의별 카페가 다 있다. 책 보는 카페, 개 키우는 카페, 발 담그는 카페, 드러눕는 카페……. 점포 수가 5만 개에 육박한다니 돈만 쥐고 나가면 선택권은 무한한 셈이다. 이리도 거대한 위세에 둘러싸여 있으니 커피를 안 좋아한다는 생각자체를 하기란 쉽지 않다. 커피는 당연히 삶의 일부가 된다. 달달했던 열두 살의 캔커피와는 달리 카페를 제집처럼 드나들기 시작하면서 마시게 된 원두커피가 입에 넣을 때마다 한약 같다는 생각을 했음에도 말이다.

그래도 한약 같은 맛을 무릅쓰며 모금모금 넘기는 이유는 단지 향이 좋아서다. '어머니가 풍기는 나른한 여유의 기억'이 어린 나를 설레게 했던 것도, 입 한번 못 대본 맛이 아니라 향이었다. 입에 영 맞지 않아도 그 예쁜 향 때문에 꾸역꾸역 원두커피를 찾는다. 집에 혼자 있을 때 원두 티백을 달이면 은은한 향이 집안 가득 퍼지는 게 좋아서 마시지도 않을 커피를 한주전자 끓이곤 했다.

서른이 넘어서야 커피를 좋아하지 않는다고 깨달은 것도 집에서 끓인 커피 때문이었다. 향만 좋고 맛은 별론데 그렇다고 버리자니 죄 짓는 기분이 들어서 물을 이만큼 섞어 흡사 보리차같이 묽은 커피를 만들어 마시다가 알았다. 아, 나는 커피 향을 좋아하는 거지 커피 자체를 좋아하는 건 아니구나. 그 뒤로는 어느 카페를 가든 꼬박 연하게 내려달라 토를 붙인다.

취향이란 어려운 문제다. 프랑스의 사회학자 피에르 부르디외Pierre Bourdieu는 계급과 계층이 개인의 취향을 결정해버리는 현상을 가리켜 '아비투스habitus'라는 라틴어 이름까지 붙였다. '개인의 취향'이란 말을 줄인 '개취'라든지 '취향을 존중해달라'는 뜻의 '취존'이란 말이 등장할 정도로 취향이란 개인적인 영역인 것 같지만, 실은 그를 둘러싼 사회적 맥락에서 자유롭기 어렵다.

마실 때마다 한약이 떠오르는 커피를 퉤퉤하지 못하는 데는 커피를 좋아하는 사람들 사이에서 '촌스러워 보이는 것'에 대한 두려움도 분명 작용했을 것이다. 그 씁쓸함 속의 풍미를 즐길 수 있어야 진정한 커피 애호가이자 지성인 아니겠는가.

내가 정말로 뭘 좋아하고 뭘 싫어하는지, 문어발처럼 다닥다닥 붙어 있는 맥락을 털어내고 곰곰이 생각해볼 수 있는 기회를 가지긴 쉽지 않다. 아는 만큼 즐길 수 있다. 콘텐츠가 오래도록 갖춰온 역사와 체계를 배우고 취향을 쌓아가는 것도 중요한 일이다. 그러나 동시에 와닿지 않는 건 와닿지 않는다고, 입에 쓴 건 쓰다고 말할 수 있는 솔직함도 필요하다. 좋고 싫은 것 정도는 확실하게 알아야 하지 않을까. 통 이해가 안 되는 추상화 앞에서 굳이 5분 더 머무를 필요 없고, 한약 같은 쓴 물을 참아가며 삼킬 필요도 없다. 그럴 시간에 발길이 멈추는 그림 앞에서 조금 더 오래 머무르는 게 낫다. "저는 단 게 좋더라고요" 하는 너스레가 차라리 귀엽다.

재미있게도 얼마 전 동네에서 정말 맛있는 원두커피집을 발견했다. 향이 그윽할 뿐 아니라 입 안 가득 퍼지는 풍미도 황홀했다. 원두커피 메뉴판마다 적혀 있는 바닐라 향, 초콜릿 향, 체리 향, 장미 향 같은 묘사가 그냥 있어 보이라고 쓴 수사가 아니라는 사실을 처음으로 깨달았다. 진짜 그 향이 다 느껴지다니!

커피를 좋아하지 않는다고 착각할 뻔했다. 내 입에 맞는 커피를 만나지 못했을 뿐이었다. 이러니 제대로 된 경험을 하기 전에 섣부르게 단정하면 안 되는 모양이다.

다시 커피를 좋아하는 걸로 해야겠다.

믿다

삶으로 말하는 사람

아홉 살 초등학생 시절, 자그마한 아파트 단지 놀이터에서 또래들과 자주 놀았다. 남자아이 여자아이 할 것 없이, 그림자가 뉘엿할 즈음 저녁 먹으라는 엄마 목소리가 들릴 때까지 다들 꾀죄죄한 얼굴로 어울렸다.

그런 동네에 동갑내기 여자아이 하나가 이사를 왔다. 이름이 수정이었는지 윤정이었는지. 편의상 수정이었다고 하자. 배우 임수정 씨가 예뻐서는 아니다. 절대 아니다. 진짜.

쌍꺼풀 짙은 큰 눈에 보기 드물게 하얀 피부, 늘 단정한 머리띠, 원피스 차림의 수정이는 동네 남자아이들에게 전에 없던 설렘이었다. 자기주장도 또박또박 분명한 편이었고, 짓궂은 남자아이들 장난에도 전혀 주눅 들지 않는 성격 덕에 여자아이들에게도 인기가 많았다.

동네 아이들 사이에서는 수정이가 어떤 남자아이에게 '특별한 호감'을 표할 것인지가 중대 관심사가 되었다. 물론 나도 그랬다. 티는 안 냈다. 아니 '안 내려고 노력했다'가 좀 더 정확한 표현이겠다. 난 시크한 소년이고 싶었으니까.

하루는 놀이터에서 단짝과 미적거리고 있는데, 멀리서 수정이가 보조바퀴 달린 자전거를 드륵드륵 타고 나타났다. 두 소년은 드륵드륵 보조바퀴 소리에 귓바퀴가 슬며시 곤두섰는데, 옆에 있던 친구 녀석은 아마도 잠재적인 경쟁자부터 제거하고 싶었던 모양이다. 수정이가 가까이 오자 갑자기 뜬금없는 대사를 들으라는 듯 외쳤다.

"너 아직도 엄마랑 목욕탕 간다며?"

순간 머릿속이 하얘졌다. 여탕 출입은 네 살에 청산했다. 아니, 그리고 반에서 키도 내가 제일 커. 나 지금 여탕 들어가면 난리 나.

하지만 검증이 불가능한 그 친구의 발언은 이미 수정이 귀에 들어간 것 같았다. 악의적인 왜곡 보도는 파급력이 막강하다. 반박과 정정 보도가 이어져도 망가진 이미지를 회복하기란 쉽지 않은데, 상처받은 아홉 살 자존심은 반박할 말조차 잃고 어버버 헤매고 있었다. 그기가 막힌 상황에 더 어이없는 소리가 꼬리를 물고 들려온다.

"맞아, 나도 저번에 목욕탕 갔는데 여탕에서 너 봤어."

수정이었다. 아니, 쟤까지 왜 저러는 걸까. 옆에 있던 친구는 한층 더 기세등등해져서 나를 '아직도 엄마랑 여탕 가는 애'로 몰아붙이며 자신의 비교 우위를 힘써 강조했다. 이놈은 그렇다 치고, 이 말도 안 되는 모험에 동참한 수정이가 도무지 이해되지 않았다. 충격적인 말을 던져놓고 자전거를 탄 채 싱글거리며 드륵드륵 주변을 맴도는 모습이 그리도 야속할 수가. 한데 그 무책임한 발언보다 더 이해 안 되는 건 수정이의 행동이었다. 나를 향해 한쪽 눈을 계속 찡긋거리는 게 아닌가.

맞다. 윙크였다. 수정이는 나를 놀리는 게 아니었다. 맞장구치는 척하며 오히려 내 편에서 그 친구를 골려주고 있었다. 안타까운 사실은 아직 순진했던 아홉 살의 나는 윙크의 의미를 전혀 몰랐다는 거다. 그 나이엔 모르는 게 보통 아닌가? 그 애는 어디서 그런 세련된 사인을 배웠던 걸까? 결국 나는 수정이 눈에 뭔가 들어간 모양이라고 생각하며 침통한 마음으로 집에 돌아갔다. 일찌감치 윙크의 의미를 알았더라면 유년기가 좀 더 재미있는 기억으로 윤색되었을까.

비언어 커뮤니케이션은 표정의 변화, 신체 접촉의 정도와 유형, 제스처, 시선, 자세같이 '말'을 제외한 모든 것을 소통의 도구로 활용하는 것을 뜻한다. 아홉 살 소년의 쓰라린 기억에 안타까움을 느꼈다면 그건 두 가지 사실을 말해준다. 하나, 당신은 참 착한 사람이다.

둘, 사람들은 언어로 전달되는 내용과 비언어 신호가 상반될 때 비언어 신호를 더 신뢰하는 경향이 있다. 왜 그럴까? 비언어 신호는 대부분 화자의 통제 밖에서 무의식적으로 나오기 때문이다. 마음에 없는 말은 쉽게 할 수 있어도 억지웃음은 대개 티가 나기 마련이다. 위로의 말보다는 함께 흘려주는 눈물이 더 강한 감정적 지지가 된다. 통제되지 않은 진심이라는 느낌을 주기 때문이다.

통제되지 않은 언어. 가족과 다투는 일이 생겼을 때, 말로는 알았다고 잘못했다고 하지만 행동은 심통 난 얼굴로 문을 세게 닫고 방에 들어가버린다면 그것은 아직 정리되지 않은 감정을 고스란히 보여준다. (물론 쾅 소리가 너무 크게 나면 속으로는 살짝 위축된다.) 나의 사과에 괜찮다고 대답했더라도 연인의 표정이 아직 풀리지 않았다면 안심하긴 이르다. 언어는 학습으로 배우고 사회화로 제련되지만, 표정과 행동은 누가 가르쳐주는 게 아니다. 나이를 먹으며 이 역시 다스리는 법을 배워가지만 끝내 잘 안 되는 사람도 많다. 나도 그렇다.

사람들은 비언어적 커뮤니케이션이 언어보다 훨씬 진실하다고 생각한다. 보통 어떤 경향은 한번 생기면 본질과 상관없는 영역까지 뻗쳐나가기 마련이다. 비언어 신호는 본능적이라고 여겨져 신뢰를 얻지만 그 신뢰는 전혀 본능적이지 않은 행동들에도 똑같이 적용된다. 수정이의 윙크는 비언어이긴 해도 학습된 언어나 마찬가지였다. 그럼에도 그 상황을 지켜본 사람이라면 누구나 말보다는 윙크를 믿어야 한다고 생각할 것이다.

의사소통에 이용되는 '표정'에 대한 흥미로운 연구는 여러 가지가 있다. 미국의 심리학자 폴 에크먼Paul Ekman은 서구인들과 접촉한 경험이 없는 파푸아뉴기니의 고립된 부족을 찾아가 그들의 표정을 연구했다. '오랜만에 친구가 찾아왔다' '아들이 죽었다' 같은 몇 가지 상황을 예로 들며 그 상황에 해당하는 표정을 지어달라고 요구했을 때 그들 역시 서구 사회에서 통용되는 것과 똑같은 표정을 지었다.

비교행동학자 이레내우스 아이블 아이베스펠트Iren us Eibl-Eibesfeldt는 시각과 청각 모두에 장애를 가진 여섯 명의 아이들을 대상으로 비슷한 연구를 했다. 이 아이들 역시 즐거울 때는 웃고, 싫어하는 물건을 주면 얼굴을 찌푸리는 등 우리가 알고 있는 것과 똑같은 표정을 지었다. 이 아이들은 다른 사람의 행동을 보고 학습할 기회가 없었다. 이러한 반응이 인간의 본능이라는 점을 증명한 셈이다.

공연 관람을 좋아하는 이라면 '비언어'를 뜻하는 '넌버벌nonverbal'에 붙는 말로 '커뮤니케이션'보다 '퍼포먼스'가 더 익숙하지 싶다. 언어를 전혀 사용하지 않은 채 소리, 춤, 몸짓만으로 구성된 비언어극을 보통 '넌버벌 퍼포먼스'라고 부른다.

언어는 다른 나라의 문화 콘텐츠를 소비하는 데 가장 큰 장벽이다. 타국의 여행지에서 서점을 들렀을 때 우연히 영문판 김소월 시집을 발견하는 것은 반가운 일이다. 그러나 그 반가움은 작품 속 미려한 정서를 죄 휘발시켜버린 번역에 대한 뜨악함으로 금세 바뀐다. 외국 영화를 볼 때 자막 너머의 실제 대사를 조금이라도 알아들을 수 있는 사람이라면 자막에 담기지 못한 뉘앙스의 괴리를 수도 없이 느꼈을 거다.

국경을 넘어서는 순간 콘텐츠의 가치가 대폭 깎여나가는 이 '문화할인율cultural discount rate'을 최소화하기 위한 대안이 보통 '넌버벌 퍼포먼스'다. ('문화할인율'이라니, 이 용어부터 벌써 번역이 어색하다.) 한국을 찾는 외국인들에게 가장 빈번하게 추천되는 공연 역시 말 한마디 없이 온갖 잡동사니를 신나게 두드리는 〈난타〉가 아닌가.

사실 넌버벌 퍼포먼스라고 해서 넓은 의미의 언어를 전혀 사용하지 않는 것은 아니다. 아무리 퍼포먼스가 스펙터클한들 관객이 따라갈 수 있는 서사 구조가 없다면 100분에 가까운 시간 동안 객석에 앉아 있기는 어렵다. 넌버벌 퍼포먼스는 대부분 나름의 서사구조를 갖추고 있으며, 음악적 요소나 표정, 음성의 높낮이와 제스처 등으로 대사를 대신한다. 넌버벌 퍼포먼스가 서로 다른 문화권의 시장에서 활발하게 유통되고 있다는 사실은 이런 비언어적 신호가 대부분의 문화권에서 비슷하게 이해된다는 말이기도 하다. 공연문화를 소비할 만큼 산업화한 국가들이 대부분 서구 문화권의 비언어적 신호에 익숙하다는 점을 감안하더라도 이는 비언어적 신호의 힘을 단적으로 보여주는 예다. 일상에서 이뤄지는 의사소통에서도 비언어가 말을 초월하는 설득력을 가지듯 배우의 동작은 대사보다 훨씬 쉽게 관객을 설득한다.

카메라를 통한 연출과 편집이 개입하는 영화의 경우는 조금 다르지만 무대에 서는 배우는 몇 가지 훈련을 거쳐야 한다. 음향 장비의 도움 없이 대사를 객석으로 분명히 전달하기 위한 발음, 발성 훈련은 기본이다. 이와 함께 어떤 배우가 얼마나 능숙한지를 판단하는 또 다른 방법은 '몸 쓰는 법'을 보는 것이다.

무대라는 공간은 특별하다. 일상에서 다른 사람과 대화를 할 때 전신이 다 주목받는 일은 별로 없다. 그래서 신체 훈련이 안 된 사람이 무대에 오르면 수많은 시선과 환한 조명 아래 온몸이 드러나는 일이 낯설 수밖에 없다. 벌거벗은 기분이라는 게 딱 그거다. 몸을 어찌해야 할지 갈피를 못 잡는다. 똑같은 손동작을 하릴없이 반복하기도 하고, 엉성한 다리 모양의 말도 안 되는 자세로 서 있기도 부지기수다. 대사라도 틀리지 않으면 다행이지만 관객에게 연극은 듣는 게 아니라 보는 것이다. 훌륭하게 대사를 읊어냈다 한들 어색한 자세는 시선을 다 빼앗아버린다. 연기가 허구의 이야기를 관객이 믿게 만드는 설득 작업이라고 할 때 의사소통에서 비언어 신호들이 얼마나 중요한지를 다시 한번 보여주는 사례다.

드라마를 보면 긴장된 상황에서 "내 눈 똑바로 보고 얘기해"라고 힘주어 말하는 주인공을 종종 만난다. 입으로는 거짓말을 해도 눈빛은 속일 수 없다는 통념을 그대로 반영한 대사다. 실제로 동공은 의지대로 그 크기를 조절할 수 없기 때문에 표정을 아무리 잘 통제한다 한들 숨길 수 없는 감정의 통로가 돼버린다. 대상에 대한 호감, 교감신경계의 활성화 정도에 따라 달라지는 동공의 크기는 종종 심리학적 분석의 소재가 되기도 한다. 물론 일상에서 동공 크기까지 확인하는 건 불가능하다. 그러니 저 대사는 눈빛 자체보다는 시선에 대한 얘기일 가능성이 더 크다. 흔히 거짓말을 하는 사람은 상대의 시선을 피한다고 알려져 있으니까.

하지만 그러한 인식이 일반화되면서 오히려 상습적인 거짓말쟁이일수록 보통 사람보다 더 자주 오랫동안 상대방과 눈을 마주친다는 재미있는 연구 결과도 나왔다. 사람들이 비언어 신호를 신뢰한다는 경향을 역으로 이용해서 더 그럴듯한 거짓말을 하는 이들도 있다는 얘기다.

세월호 참사로부터 한 달이 되던 시점, 박근혜 대통령은 대국민 담화를 통해 최종 책임은 대통령인 자신에게 있다며 눈물을 보였다. 대통령도 사람이다. 공식석상이라고 해서 반드시 눈물을 보이지 말아야 한다고 생각하진 않는다. 고통 앞에서 눈물을 흘리는 것은 사람으로서 지극히 당연한 일이다.

그러나 이토록 강력한 비언어적 신호에도 불구하고 그 진의를 믿기 어렵다는 의견이 줄을 이었다. 담화 초반에는 5~6초마다 눈을 깜빡였지만 어느 시점부터 눈물이 나올 때까지 30초 동안 눈을 한 번도 감지 않았다는 분석도 등장했다. 구조 과정에서 보여준 정부의 총체적 무능을 비판하는 여론이 악화된 시점이었다.

2014년 6월 지방선거를 앞둔 시점에서 대통령의 눈물은 여론을 극적으로 전환하는 데 성공한다. 여당 안에서는 '눈물 동영상'을 선거유세에 적극 활용하라는 지침까지 등장한다. 참사 발생과 구조 과정에서 발견된 문제들을 자세히 조사하기 위해 구성된 '4·16세월호참사 특별조사위원회'(특조위)는 조사 대상인 정부부처 소속 공무원들에게 조사의 지휘권을 쥐어 준다. 특조위가 '자신에게 최종 책임이 있다'고 말한 대통령을 조사 대상에 포함시키려 하자 여당 측 조사위원들은 이를 결사반대하며 활동 자체를 보이콧하기에 이른다. 유가족들이 이러한 일련의 과정에 문제를 제기하며 개선을 요구했지만 '유가족의 의견을 최대한 반영하겠다'던 대통령은 모든 문제 제기를 무대응으로 일관했다. 유가족들에겐 경찰의 미행까지 붙었다. 대통령의 눈물은 진심이었을까?

악어가 먹이를 먹기 위해 육지에 올라오면 부족해진 눈의 수분을 보충하기 위해 눈물이 나온다. 큰 먹이를 먹기 위해 턱을 벌리다 보니 눈물샘을 자극해서 눈물이 나온다는 말도 있다. 어쨌든 이렇게 흘리는 눈물이 마치 자신이 죽인 먹이를 애도하는 것처럼 보인다고 해서 '악어의 눈물'이라는 말까지 생겨났다. 거짓 눈물의 위선을 가리키는 말로 흔히 쓰인다. 이 말의 수식을 가장 많이 받는 영예로운 이들은 단연 정치인이다. 정치인은 말로, 그리고 그 말에 수반되는 수많은 비언어적 신호를 동원해 유권자들에게 자신을 지지해달라 호소한다.

설득하고 호소하고 약속하는 것, 그것이 정치인들의 삶이다. 그렇기에 이들에게는 눈물을 흘리는 것조차 설득하고 호소하는 삶의 일부로 작용한다. 물론 정치인도 감정을 느끼는 사람인 이상 얼마든지 진심으로 눈물을 흘릴 수 있다. 그러나 사람들이 여기에 '악어의 눈물'이란 이름을 붙이는 것은 그들이 평소에 보여주는 삶이 신뢰를 주지 못했기 때문일 것이다. 비언어적 신호는 의사소통에서 강한 설득력을 갖기 쉽지만, 그것을 행하는 이의 삶이 설득력을 잃는다면 그 어떤 신호라도 결국 빈말이 될 뿐이다.

물론 누구나 할 수 있는 뻔한 말이라도 그 말을 하는 사람의 삶이 설득력을 가진다면 강력한 말이 된다. 같은 말을 해도 다르게 들리는 삶, 그것이 가장 효과적인 비언어적 커뮤니케이션이다.

위로하다

TV를 봤네

장기하의 노래는 맛깔스럽다. 의도적으로 세련된 표현을 피해 다니는 그의 가사는 촌스러울 만큼이나 '일상의 언어'로 가득하다. 덕분에 노랫말이라기보다는 차라리 술자리 푸념처럼 들리기도 한다. 김동률, 이적, 하림 같은 싱어송라이터들을 오랫동안 좋아해왔지만 우리말로 쓴 가사의 '말맛'을 우려내는 데는 장기하가 압도적인 것 같다. 잘근잘근 씹는 맛이 있는 그의 가사는 중독성 강한 운율이 돋보이기도 하지만 소리만큼이나 행간도 살아 있다. 요사이 거리에서 쉽게 들을 수 있는 유행가 가사들은 운문의 음악성에만 초점을 맞췄기 때문인지 뜻을 알 수 없는 여음구로 가득한 게 많다. 그것도 나쁘진 않지만 그럴수록 장기하의 문학성은 더욱 빛난다.

김동률이나 이적의 가사는 상징과 유려한 수사로 문학성을 얻는다. 장기하 가사의 문학성은 그것과 조금 다른 것 같다. 언어로 표현되지 않는 정서는 굳이 표현하지 않는, 그래서 오히려 그 행간의 깊이를 가늠하게 만드는 그만의 색깔이 있다. 〈별일 없이 산다〉라든지 〈아무것도 없잖어〉 같은 곡들이 그렇다. 듣기에 따라서는 그저 황당하고 즐거운 '락가樂歌'이지만 다시 들으면 맹렬할 정도로 차가운 풍자곡이기도 하다. 웃으며 화낼 줄 알아야 한다는 말처럼, 풍자를 들려주며 너털웃음을 짓게 만드는 것도 놀라운 능력이다. 반면 〈정말 없었는지〉와 같은 곡을 들으면, 무슨 내용인지 그저 상상으로 채워야 하는 와중에 마음 한구석이 저려오는 것을 느낀다.

말로 표현되지 않는 정서를 굳이 표현하지 않는 가사는 그 자체로 역설적인 힘을 가진다. '장기하와 얼굴들'에 열광하는 이들은 그런 아이러니, 독특한 위트에 반응하는 것이 아닐까? 적어도 나는 그렇다.

장기하의 노래 중에 좋아하는 곡을 또 하나 꼽으라면 〈TV를 봤네〉다. 이 곡은 앞서 언급한 노래들보다 좀 더 쉽게 공감을 얻을 만하다.

> 눈이 시뻘개질 때까지 TV를 봤네 (봤네)
> 아.아.아. 그냥 봤네
> TV 속 사람들은 기쁘다 슬프다 말도 잘해 (잘해)
> 아.아.아. 참 잘해
> 무슨 드라마든 쇼 프로든 코미디든 뭐든 간에 (간에)

아.아.아. 뭐든 간에

일단 하는 동안에는 도대체 만사 걱정이 없는데 (없네)

아.아.아. 만사 걱정이 없는데

왜 자막이 올라가는

그 짧디짧은 시간 동안에는

하물며 광고에서 광고로 넘어가는

그 없는 거나 다를 바 없는 시간 동안에는

아.아.아. 아.아.아.

결국 나는 눈이 시뻘개질 때까지 TV를 봤네 (봤네)

그냥 봤네

그러고 보면 난 참 웃음이 많어 (많네)

아.아.아. 참 많어

TV 속 사람들의 별스럽지도 않은 농담에도 (농담에)

아.아.아. 이렇게 웃음이 나는데

왜 자막이 올라가는

그 짧디짧은 시간 동안에는

또 보다 보다 더 이상 볼 것도 없어서

채널만 이리저리 돌리다가 꺼버리고 나면

아.아.아. 아.아.아. 아.아.아. 아.아.아.

눈이 시뻘개질 때까지 TV를 봤네 (봤네)

그냥 봤네

TV 속 사람들은 기쁘다 슬프다 말도 잘해 (잘해)

참 잘해

—작사·곡 장기하

맞다. 사람들이 살아가는 일상 세계에는 기쁘다, 슬프다 말할 일이 별로 없다. 하루를 꼬박 보내도록 시원하게 웃을 일 하나 없는 날이 대부분이고, 슬픈 기분이 들어도 울기엔 좀 애매한 그런 순간들로 가득하다. 차라리 눈물 나게 슬픈 일이 있다면 시원하게 한번 울어버리기라도 할 텐데. 그게 그렇게 쉽게 됐다면 '일상'이란 말에 '건조하다'는 수식어가 이리 자주 붙지 않았겠지.

해서 사람들은 TV를 본다. 선택과 연출, 허구와 과장으로 가득한 TV에는 기쁜 일, 슬픈 일이 가득하다. 별스럽지 않은 농담도 화려한 자막과 가짜 웃음을 삽입해 웃을 만한 것으로 바꿔 보여준다.

옛날에는 TV 프로그램 한 편이 45분에서 60분 정도였다. 그러다가 점점 대형화 추세로 가면서 요새는 한 편에 80분에서 100분짜리도 많아졌다. 이 80분짜리 한 편에 짧게는 서너 시간, 길게는 하루 이틀 분량의 촬영 원본이 들어간다. 하루짜리 원본이라면, 하루 동안 벌어진 일 중 흥미롭고 웃긴 순간들만 골라낸 다음, 더 드라마틱하게 앞뒤로 붙이고 잘라서 80분을 채운다. 이 어찌 재미없을 수 있을까.

방송쟁이들은 편집 과정에서 특별히 재미도 없고 전개상 의미도 없어 잘려나가는 구간을 '마'라고 부른다. 촬영 현장에서도 일정 조율이 매끄럽지 않아 무의미하게 비는 시간을 흔히 '마 뜬다'고 한다. '마'는 일본어로 '짬'이나 '간격'을 뜻한다. 언어 순화에 앞장서야 할 방송판에 넘쳐나는 일본어 잔재 중 하나다.

방송 콘텐츠 제작자의 눈으로 일상을 본다면, 평범한 하루는 그저 마로 가득하다. 빵 터질 만큼 우습거나 드라마틱한 순간을 찾기 힘들어서 아침에 눈 떠 밤에 눈 감을 때까지 통으로 편집될 게 뻔하다. 콘텐츠 만들어서 먹고사는 PD와 작가들이 사람 즐겁게 해주는 게 일인 연예인들과 함께 하루 종일 붙어 있으면서 머리를 모아도 80분짜리 한 편을 채우기 부족한 촬영이 빈번하다. 재밌는 거 다 갖다 붙여도 분량이 부족한 날에는 편집실에서 꼼짝 없이 밤을 새우며 '이걸 어떻게 채우나' 골머리를 앓는다. 그러니 평범한 일상으로 80분짜리 한 편을 만들려면 하루는커녕 한 달쯤 촬영한 원본을 박박 긁어모아야 하지 않을까.

사람들이 TV를 켜는 이유는 그 심심한 '삶의 마'를 채우기 위함이다. 여기엔 굳이 TV를 '본다'는 서술어도 필요하지 않다. 그냥 켜두는 거다.

대학생활과 함께 시작한 나의 홀로살이에는 어떤 순간들이 있다. 일과를 마치고 돌아와 문을 열었을 때 나를 반기는 서늘한 정적의 순간. 사람 기척은 한 줌도 없는 컴컴한 방에 들어서 불을 켜는 '탁' 소리만큼 '여긴 나 말고 아무도 없다'는 사실을 선명히 보여주는 것도 드물다. 귀가가 늦은 밤 차갑도록 적막한 오피스텔 복도를 지날 때면, 어느 방 두꺼운 철제 현관을 뚫고 진한 스팸 냄새에 다각다각 수저로 밥그릇 긁는 소리가 들려오기도 한다.

홀로살이란 그런 거다. 늦은 퇴근에 고단한 몸으로 먹다 남은 밥 한 덩이를 꺼내고 스팸을 구워 저녁밥이라 하기에도 턱없이 늦은 한 끼를 채워 넣는, 그 수저질 소리마저 그토록 크게 들려오는 고요의 연속. 그래서 TV를 켠다. 그 마를 덮기 위해.

방송사 사람들이 가장 바쁜 때는 명절과 연말연시다. 평일과 달리 휴일은 하루를 통으로 재미있게 채워야 하는데, 휴일이 계속되는 연휴인 만큼 채워야 할 특집 방송도 많아진다. 평소에도 밤새우기를 밥 먹듯 하며 매주 한 편을 전쟁처럼 만들어내는데, 프로그램이 훅 늘어나는 시기니 오죽하랴. 많은 사람들이 약속처럼 휴가를 내고 가족과 시간을 보낼 때 방송사 사람들은 평소보다 더 많은 밤을 새워야 한다.

어느 해 추석이었더라. 운도 없이 특집 프로그램 몇 개에 한꺼번에 배정되는 바람에 안 그래도 달고 살던 속쓰림과 편두통을 꾹꾹 눌러 채울 때였다. 자막 한 줄 컷 하나를 이렇게 저렇게 고치다 보면, 그래봐야 1~2초 지나가는 화면, 사람들이 알아보면 얼마나 알아본다고 이렇게까지 해야 하나 한숨이 나온다.

한 컷, 한 프레임이 무게를 가지는 영화와 달리 TV는 그런 진한 관심까지는 받지 못한다. 밥상머리 어깨너머에 켜져 있기 일쑤고, 옆 사람 얼굴과 스마트폰 화면에 번갈아 시선을 나눠 가져야 할 때도 많다. 그럴 때면 이렇게 고역스럽도록 잘라내고 붙여놓은 결과물이 채워줄 마들을 생각한다.

모처럼 만난 가족들, 1년 해봐야 얼마나 자주 본다고, 금세 화제가 떨어진 그 어색한 정적. 이때도 틀어놓은 TV가 감싸주겠구나. 가게도 식당도 문을 닫은 텅 빈 도시에 찬밥처럼 남은 이들의 하루 또한 틀어놓은 TV가 감싸주겠구나. 방송 프로그램은 촬영 원본의 마를 열심히 잘라내가며 압축한 시간이고, 그 압축된 시간은 전파를 타고 다시 수많은 이들의 마를 채워준다.

씁쓸한 것은 TV가 켜져 있을 때만 채워줄 수 있다는 사실이다. 동영상이 쉴 새 없이 그려주는 그림을 넋 놓고 보며 마를 채워넣지만 그 '인지적 무기력 상태'는 시청이 끝나는 순간 커다란 공허감을 남긴다. 그 사실을 몸으로 알고 있는 시청자는 광고에도 눈을 붙여보고, 채널도 이리저리 넘기며 '전원 OFF'를 마지막 선택으로 미룬다.

장기하가 노래하듯 자막이 올라가는 그 짧디짧은 시간, 광고에서 광고로 넘어가는 그 없는 거나 다를 바 없는 시간, 보다 보다 더 이상 볼 것도 없어서 채널만 이리저리 돌리다가 꺼버리고 난 뒤에는 아, 아, 아 말로 표현하기도 어려운 단말마의 탄식만 목 아래 남는다.

가끔 어떤 프로그램들은 TV를 끄고 나서도 그 여운 덕분에 이어지는 시간이 꾸욱 채워지기도 한다. 그렇게 넉넉해진 가슴은 TV를 끌 때 미련이 없다. 그건 어떤 프로그램, 어떤 이야기이기에 그럴까. 아직은 그저 '마'를 채우는 데 충실한 웃음을 만드는 것도 벅차지만, 언젠가는 TV를 끄고 난 뒤의 시간까지 어루만져줄 수 있는 프로그램을 만들 수 있으면 좋겠다.

이건 콘텐츠 제작자로서의 욕심이다. 솔직히 눈이 시뻘개질 때까지 TV를 보고 난 이후의 시간은 방송쟁이들의 영역이 아니다. 다른 누군가가 책임져줘야 할, 혹은 스스로 감당해야 할 '마'다. 요사이는 그 자리를 스마트폰이 대신하고 있지만, 그래서야 똑같이 시뻘건 눈의 반복일 뿐이다.

삶은 방송이 아니다. 누군가에게 보여주기 위한 것도 아니고, 끊임없이 다른 이를 어루만져줘야 하는 것도 아니다. 방송처럼 꾹꾹 눌러 담은 삶은 상상만 해도 지친다. TV를 켜두고, 사람을 만나고, 이것저것으로 채우고 나서도 남은 마는 그냥 그대로 두자. 그런 '아무것도 아닌 시간들'이 삶을 삶답게 해준다. 편집실에서도 출연자 말 사이사이 호흡을 다 쳐내버리면 오히려 혼만 난다. 빈 오디오가 하나도 없는 편집은 보기에도 벅찬 법이다.

즐기다

재미와 의미 사이

고급영상제작. 자그마치 고급이다. 대학교 4학년 때 들었던 실습 과목인데, 그 이름답게 '영상제작이 가능한 학생'만 수강할 수 있었다. 그래서인지 기술에 대한 기초적인 강의도 없었다. 교수의 강의를 들을 수 있는 기회는 오직 학생들이 만든 영상을 함께 보는 시사 시간뿐. 전문가의 관점에서 영상의 어떤 점이 좋고 나쁜지를 듣는 것이 수업의 전부였다.

제작 실습이 전부였던 이 수업을 선택한 이유는 바로 장비였다. 지금이야 비교적 중저가인 DSLR 카메라로도 TV 드라마 못지않은 때깔을 뽑아낼 수 있고, 심지어 아이폰 카메라로도 HD 영상이 가능하다. 하지만 고작 몇 년 전인 그때만 해도 학생 신분으로는 쓸 만한 카메라 구하기가 쉽지 않았다.

더 귀한 건 녹음 장비다. 영상제작 장비가 비교적 보편화된 요즘도 제대로 된 녹음 장비까지 갖추고 있는 사람은 드물다. 화면이 아무리 고급스러워도 싸구려 음향이 들리면 영상의 질이 뚝 떨어지는 법이다. 그때 난 굳이 수업이 아니어도 혼자 열악한 장비를 긁어모아 영상을 만들고 있었다. 그러니 학교에서 제공하는 고가의 장비들이란 수강의 이유가 되고도 남았다.

강의 초반에는 앞서 이 수업을 들었던 다른 학생들의 영상을 주욱 감상했다. 보고 있으니 다들 여기에 한 학기를 갈아넣었구나 싶었다. 하지만 그날 강의실에 앉아 있는 학생들이 공통적으로 한 생각은 '아, 참 재미는 없다'였던 것 같다. 학생 작품이라는 걸 감안하면 굉장히 잘 만든 것도 많았지만 '재미있다'고 얘기할 만한 작품은 드물었다.

'흔해지기 싫은' 욕심의 흔적들이었을까. 이해하기 어려운 문법의 철학적 시도들. 학생 수준의 표현력으로는 소화하기 벅차 보이는 메시지들. 조금 평범한 연애물이다 싶은 작품은 후반부에 꼭 동성애 관련한 반전이 들어가 있었다. 한두 번이었으면 신선하다고 느꼈을 텐데 두세 작품에 한 번 꼴로 등장하니 이젠 삼각관계만 나와도 '퀴어queer물이구나' 예측이 가능해진다. 주류 문화에서는 비주류 취급인 덕분에 붙은 '퀴어'(원래 뜻은 '이상한' '색다른' 등으로 지금은 성소수자를 포괄하는 단어)라는 이름이 학생들의 작품 세계로 와서는 주류가 되어버린 것도 흔해지기 싫은 욕심의 발로였으리라.

덕분에 이 수업에서 내 목표는 분명해졌다. 설령 주류 상업 영화의 답습이 될지라도 최소한 시사 시간에 학생들이 지루해 몸부림치지 않는 작품을 만들자.

믿을 만한 무기 중 하나는 특수 효과였다. 영상 좀 만져봤다 싶은 학생 중에서도 특수 효과를 직접 사용할 수 있는 사람은 흔치 않았다. 히어로 영화를 좋아하는 친구들 덕에 심심풀이로 익혀놓은 특수 효과를 써먹을 기회였다. 제목은 〈로맨틱점프〉. 공간을 마음껏 이동할 수 있는 초능력을 가졌지만 조용하게 살고 싶은 남자주인공과 그런 그의 비밀을 알아버린 여자주인공의 로맨틱 코미디다.

결과는 성공적이었다. 38분이라는 이례적으로 긴 러닝타임에도 불구하고 학생들이 대부분 즐겁게 웃으며 흐름을 잘 따라와주었다. 이 수업은 아직도 개설되어 있는 모양인데, '수강생 작품 목록'에 들어갔는지 몇 년이 지난 지금도 잘 봤다는 인사를 심심찮게 듣는다.

그 결과물이 나름 만족스러웠던 건 그때뿐이다. 시간이 꽤 흘러 영상 만드는 걸로 밥을 벌어먹는 지금 다시 열어보면 고치고 싶은 부분이 한두 군데가 아니다. 처음 얼마간은 잘 봤다는 인사가 반가웠는데 시간이 지날수록 민망한 말이 되어간다. '지나간 것은 지나간 대로 그런 의미가 있다'고, 미숙하게나마 발돋움했던 흔적이라 생각하자니 이번엔 다른 게 걸린다. 지루한 강의 시간에 그나마 재미있는 걸 보여주자던 당시의 기획 의도가 강의실을 벗어난 이후로는 완전히 빛이 바랜 것이다.

강의실에서는 그나마 졸린 눈을 비벼 뜨게 해줄 수 있는 작품이었는데, 바깥으로 나오자 그저 상업 영화를 어설프게 답습한 학생 작품일 뿐이다. 특유의 패기도 호기심도 보이지 않는다. 이런 류의 영화는 멀티플렉스에 가면 차고 넘치지 않는가. 아니 멀티플렉스에 걸려 있는 영화들과 비교하는 거야말로 못할 소리다. 그 옛날 비디오가게 한쪽 구석에 있는 줄도 모르게 뽀얀 먼지 뒤집어쓰고 있던 어느 삼류 영화 취급이라도 받으면 다행일까.

의미보다 재미를 좇았더니 흔한 흔적이 돼버린 기억. 그렇다고 꿋꿋이 의미만 좇았다면 또다시 하품 나오는 시사 시간이 됐겠지. 이렇게 '재미'와 '의미'는 콘텐츠를 고민하며 사는 이들에겐 클리셰(cliché, 진부한 표현이나 고정관념) 같은 숙제다.

국가인권위원회에서는 내로라하는 영화감독들과 매년 '인권'을 화두로 한 영화를 만들어낸다. 고등학생 때부터 챙겨봤는데, 굵직한 감독들이 자본의 무게를 벗고 시도한 새로운 영화를 구경하는 것은 흥미로웠다. 하지만 극장을 나설 때마다 회의가 들었다. 과연 누가 돈 들이고 시간 들여 이 작업물을 보러 올 것인가. 흥미롭긴 하지만, 의미로 가득 차 있지만, 딱히 재미있지는 않은 이 영화를 말이다.

애초에 국가인권위원회가 이런 프로젝트를 기획한 것은 '인권'이라는 비교적 무거운 주제에 사람들이 더 편하게 다가갈 수 있도록 하려는 것 아니겠는가. 그렇다면 타깃층으로 설정한 관객은 평소 '인권'

이란 문제에 별로 관심이 없는 이들이었을 것이다. 하지만 그들은 이런 영화를 보기 위해 극장을 찾지 않는다.

이 영화들은 인권이 존중받지 못하는 장면들을 여실히 보여준다. 보고 있으면 불편하다. 애초에 불편하라고 만든 영화니까. 돈 내고 기꺼이 불편함을 사려는 사람은 많지 않다. 생활에 지친 대중은 돈을 내고 들어온 극장에서까지 생각과 씨름하고 싶어 하지 않는다. 그들이 들어가는 상영관에는 화려한 영상미, 쉴 새 없는 유머, 직관적인 감동으로 가득한 무언가가 틀어져 있다. 결국 이 인권 영화의 객석은 안 그래도 늘 인권을 고민하며 사는 이들로 채워진다.

아주 간혹 이 두 가지를 모두 잡은 영화가 나타나 걸작이라는 호칭을 얻는다. 걸작을 만들어낸 창작자들에게는 타고난 재능과 성실함, 그리고 운까지 따라주는 경우가 많다. 운이란 많은 경우 '제작비'를 말한다. 하지만 콘텐츠로 먹고사는 대부분의 사람들은 그런 축복과 거리가 멀다. 결국 재미와 의미 사이 애매한 어디쯤에서 타협하거나 과감하게 둘 중 하나를 선택하는 수밖에 없다.

소위 예술 영화, 독립 영화 등으로 불리는, 의미를 선택한 비주류 영화들은 돈이 안 된다. 어쩌다 가끔 대박을 터뜨리는 경우도 있지만 대개는 영화 한 편을 제작하는 데 들어간 엄청난 시간과 노력에 대한 대가로 경제적 보상이 아닌 '상징자본'을 받는다. 영화 제작자와 관계자, 수용자로 구성되는 해석공동체로부터 인정, 존중, 존경 같은 것을 받는 것이다.

이 상징자본은 좀 더 제도화된 형식으로도 지급된다. 영화제의 경쟁 부문에 선정되거나 시상식 혹은 관련 학술회에 초대되는 그런 일. 상징자본이라는 말이 좀 딱딱하게 들릴 수도 있겠다. 좀 더 흔히 쓰는 단어는 '명예'다.

언제부턴가 이 명예를 공급받는 방식도 많이 바뀌었다. 상영 공간이 바뀌었기 때문이다. 독립 영화의 정의가 '상업 자본에 의존하지 않고 창작자 개인의 돈으로만 제작한 영화'라고 할 때 요새는 DSLR, 하다못해 스마트폰만 있어도 누구나 독립 영화 감독이 될 수 있다.

장비를 구하기 어려웠던 시절에는 고생고생해서 한 편 만들어놓으면 상영 공간을 찾는 게 또 일이었다. 비주류 극장이라도 잡는다면 그는 잘나가는 독립 영화 감독이다. 학생은 학교 상영관에서 트는 게 전부다. 그마저 없으면 마을회관이라도 한 칸 빌려서 동네 사람들을 온통 초대해야 보여줄 수 있었다.

지금은 그 공간이 유튜브와 페이스북으로 바뀌었다. 여기서는 관람료를 지불하지 않는다. 가뭄 콩 같은 상영 회차 찾느라 마음 졸일 필요도 없고, 상영관을 찾아 서울 도심 골목골목을 헤매지 않아도 된다. 자막만 잘 달면 해외시장을 넘보는 것도 가능하다.

바뀐 상영 공간에서 명예는 조회 수, 댓글 수, 공유 수로 지급된다. 숫자로 표시되는 이 인정, 존중, 존경의 표시가 또 다시 '작품 활동'을 하는 원동력이 된다. 혹은 예전처럼 그게 꼭 인정이나 존경의 표시가 아니어도 된다. 심지어 힐난과 조롱이어도 상관없다. 이 바뀐 상영 공간에서는 호불호와 상관없이 숫자로 표시되는 상징자본이 종종 경제적 보상으로 이어지기 때문이다. 광고 수익으로 연결되는 조회 수를 하나라도 더 벌기 위해 불법과 비윤리가 곳곳에서 자행된다. 그렇게 상징자본과 경제적 보상의 경계는 무너졌다.

한국 영화계에 한정된 이야기일지도 모르지만, 사실 '돈'으로 그 보상을 받는다는 상업 영화판에서도 상징자본의 보상이 더 크다. 스타 배우와 감독 등 소수의 몇 명을 제외한 대부분의 사람들에게는 그 돈이 진짜 '보상'이 되기엔 한참 모자라다. 경제적 보상, 그러니까 돈 때문에 이 일을 하고 있다고 하기엔 먹고살기에도 턱 없는 액수다.

'열정페이'로 상징되는 처참한 보수. 그럼에도 견디는 이유는 영화가 끝나고 엔딩 크레디트에 올라가는 이름 석 자, 치열했던 지난 몇 개월에 대해 스스로 보상하는 상징자본 때문이다. 알아주는 사람도 별로 없다. 그 야박한 보상에 비하면 인터넷 속 창작자들은 수백, 수천, 수만의 숫자로 상징자본을 보상받는다. 그저 '좋아서' 하는 행동에 대한 보상 치고는 차고 넘치게 받는 건지도 모른다.

나라고 욕심나지 않았을까. 〈로맨틱점프〉의 강의실 상영 뒤에 찾아온 허탈함을 달래기 위해 슬그머니 이런저런 온라인 공간에 올려봤다. 그땐 페이스북도 유튜브도 지금처럼 호황이 아니었다. 나는 이렇다 할 온라인 커뮤니티 활동도 하는 게 없었다. 결과는 처참했다. 내가 올린 게시물은 무의미한 조회 수를 끌어안고 홍수처럼 밀려드는 다른 게시물들에 금세 쓸려 사라졌다.

쓴 입맛을 다시며 어떤 영상이 인기가 있나 곰곰이 지켜봤다. 와, 이건 확실히 인기 있을 만하네 싶은 것도 있고, 아무리 그래도 이거에 밀렸나 싶어 자존심이 상하는 것도 있다.

가만 보고 있자니 이 세계에도 나름의 전략이 있다. 관심을 많이 받은 게시물은 애초에 똑같은 자료가 몇 번이고 반복해서 올라와 있다. 제목을 바꾸고 시간을 바꿔가며 한순간 터지길 끊임없이 시도해 온 것이다.

내용이 중요한 게 아니었다. 사람들은 클릭하는 수고의 기준을 조회 수로 삼는다. 그럴듯한 제목으로 처음 몇 번의 조회 수만 잘 얻어내면 그때부터 조회 수는 자가 증식한다. 정말 못 봐줄 수준만 아니면 댓글 수와 추천 수도 여기에 비례한다.

실제 영화의 수준이 어떠하든 개봉 초기에 일단 최대한 많은 상영관을 잡고 예매 순위를 올려놓으면 알아서 꾸준히 성적을 쌓아가는 상업 영화의 와이드 릴리즈 논리가 온라인에서도 적용되고 있었다. 그래도 만 원 돈을 지불하고 상영관까지 가는 수고를 들이는 영화는 사전에 리뷰도 읽어보며 선택에 공을 들인다. 그에 비해 클릭 한 번으로 이뤄지는 온라인상의 선택은 훨씬 쉬우니 그만큼 와이드 릴리즈의 논리에서 더 벗어날 수 없는지도 모르겠다.

영상 만드는 것 자체에 대해서는 고민을 많이 했는데 어떻게 해야 사람들이 많이 보게 할 수 있는지는 몰랐던 것이다. 눈에 띄는 제목을 달아 주목받을 때까지 여러 차례 업로드를 한다면 가능할 것도 같아 보였지만 그렇게까지 하고 싶지는 않았다. 그렇게 나의 38분짜리 애매한 결과물은 외장하드 속에 고이 잠들었다. 재미를 선택해 산업예비군이 될 것인지, 아예 아방가르드로 진군할 것인지 선택하기 전에 눈길을 끌 수 있는 방법부터 공부해야 했던 걸까?

최근에는 온라인 상영 공간의 생리도 많이 바뀌었다. 단순히 제목을 달아 올리고 조회 수와 추천 수가 늘기를 기다리던 형태는 많이 저물었다. 가장 영향력 있는 유통 창구가 된 페이스북은 클릭하지 않아도 동영상을 미리보기로 띄워준다. 스치듯 지나가는 처음 몇 초에 눈길을 사로잡는다면 성공이다.

물론 여기서도 게시자의 팔로워 숫자가 중요하다. 처음 업로드할 때 백 명에게 노출되는지 만 명에게 노출되는지의 차이는 다른 결과로 연결될 수밖에 없다. 여기에도 개봉 초기 상영관을 많이 잡을 수 있는 대형 배급사의 역할이 고스란히 옮겨왔다. 여전히 와이드 릴리즈의 논리는 변하지 않았다.

해직 언론인이 되어 내가 만든 영상은 크게 세 종류였다. 별 재미는 없는 작업이지만 프리랜서 자격으로 돈을 받고 만든 영상들, 어떤 이슈가 논쟁을 낳고 있을 때 아무리 봐도 정답이 있는 문제라는 생각이 들어 목소리를 내기 위해 만든 영상들, 그리고 그냥 재밌고 즐겁기 위해 만든 영상들.

첫 번째는 돈을 받고 계약관계에 묶이는 만큼 일단 시작하면 먼저 작업해야 하고, 두 번째는 처음부터 의무감에 시작하는 데다가 논쟁이 유효할 때 내놓아야 하니 역시 우선순위를 차지한다. 세 번째는 늘 뒷전이다. 작업할 때 즐거운 건 단연 이쪽이지만 좀처럼 손에 잡을 일이 없다.

그 와중에 〈트루맛쇼〉와 〈쿼바디스〉의 김재환 감독님이 불쑥 제작비를 건네주었다. 하고 싶은 거 해보라고. 모바일 콘텐츠 플랫폼을 만드는 중이라며 채워넣을 콘텐츠를 만들어보라고 했다.

작업해보고 싶은 기획은 있었다. 대학에 입학해 신촌에 정착한 뒤로 여기서만 10년이 넘었다. 익숙하게 오가는 만큼 정감 가는 공간도 많이 생겼고, 요즘 같은 때에도 사라지지 않고 꾸준히 세월을 쌓아온 공간들도 차차 알게 됐다. 공간에 대한 이야기를 해보고 싶었다. 어차피 불특정 다수를 사로잡을 정도의 작품을 만들 수 있는 게 아니라면 뭔가 보고 싶어지는 미시적인 포인트를 공략해보는 것도 좋지 않을까. 어설픈 학생 작품이라도 가족이나 친구가 출연한다고 하면 즐겁게 보지 않던가. 그 '아는 사람'의 자리에 '아는 공간'을 집어넣으면 어떨까 싶었다. '어, 나 저기 가봤어' 혹은 '그땐 저기 진짜 맨날 갔었는데' 하는 반가움이라면 수작은 못돼도 졸작은 면하겠다 싶었다. 적어도 반가운 작품은 될 테니.

일단은 내가 종종 찾기도 하고, 사장하고도 잘 아는 사이라 촬영 협조가 쉬운 '아름다운 시절'이라는 술집을 무대로 대본을 썼다. 신촌에서도 비교적 오래된 공간이라 이곳에 애정이 있는 사람도 꽤 될 것 같았다. 하지만 정작 대본을 쓰고 나니 영 자신이 없어졌다. 정말 이곳을 애용하던 사람이 아니면 공감하기 어려운 이야기 같아 보였다. 제작비를 쥐어 준 감독님에게 대본을 건네며 자신 없는 목소리를 냈더니 별안간 핀잔이 떨어졌다.

"너 그거 되게 PD 마인드야."

지상파 PD는 늘 재핑(zapping, TV 채널을 휙휙 바꾸는 것)과 싸운다. 특히 예능은 다른 장르보다 더 심하다. 쉴 새 없이 웃기든 볼거리를 내밀든 감동을 주든 몇 분에 한 번씩은 눈길을 사로잡아야 채널이 돌아가는 걸 막을 수 있다. 일주일마다 80분짜리 한 편을 만들면서 매 장면 '시청자가 이걸 보고 있어야 하는 이유가 뭐지?'를 고민한다.

이 기획의 대본을 쓰면서도 버릇처럼 똑같은 고민을 했다. 방송사에서 일한 시간은 고작 3년 남짓밖에 되질 않는데, 빼곡하게 몸담았던 그 얼마 안 되는 시간에 벌써 물이 들었던 것 같다. PD 마인드라며, 칭찬인지 꾸지람인지 모를 한 소리를 뱉은 감독님은 내게 그냥 하고 싶은 대로 하라고 했다. 사람들이 얼마나 볼지 너무 신경 쓰지 말라며. 그 공간에 추억을 가진 사람들만이라도 즐겁게 볼 수 있다면 그걸로 충분하지 않겠냐며. 이런 투자자 만나기가 어디 쉽나. 돈 주는 사람이 괜찮다는데, 나야 사양 않고 즐겁게 만들면 될 일이다. 그래서 그렇게 했다.

결과는 의외였다. '아름다운 시절'을 즐겨 찾는 지금의 대학생들부

갈수록 먹고 살려면
똥줄 탈 것 같은 이 직업...

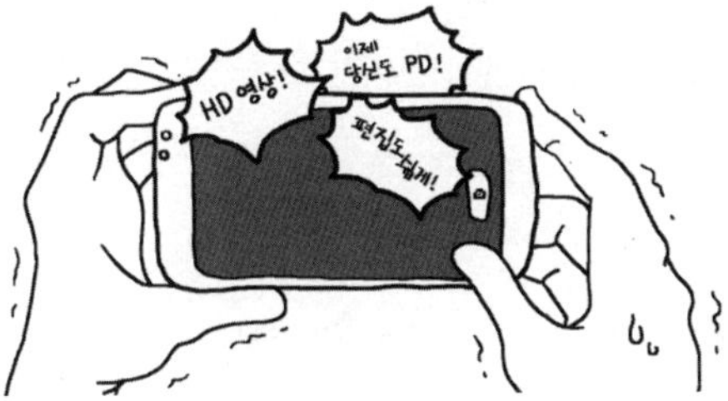

터 십여 년 전 이곳을 들락거리던 30~40대까지 많은 이들 사이에 회자되었다. 전혀 공감하지 못할 거라 생각했던 엉뚱한 사람들에게서도 인상적인 감상평이 심심찮게 들려왔다. 주연으로 출연했던 배우도 결과물을 보고 '명함 같은 영상'이 될 것 같다며 고맙다는 인사를 전해왔다. 페이스북 개인 계정에만 업로드했을 뿐 다른 채널 활용이나 홍보도 일절 하지 않았는데 조회 수며 공유 수가 기대 이상을 찍었다. 사람들이 왜 이리 좋아해주지? 나 생각보다 연출을 잘한 게 아닐까? 잠시 어깨가 으쓱했다.

솟았던 어깨는 알아서 겸손하게 내려갔다. 〈아름다운 시절〉을 제작하고 한 달쯤 지났을까. 객원 PD 자격으로 참여하고 있던 〈뉴스타파〉에서 전례 없던 웹드라마를 기획했다. 노동법 개정안이 논란이 되면서 상대적으로 기성 언론에서 잘 다뤄주지 않는 부분을 다루기로 한 것이다. 어차피 이 문제에 관심을 가지고 지켜보는 이들은 언론에서 소홀하게 다루는 부분들까지 이미 잘 알고 있다. 관심을 끌어야 할 대상은 다른 사람들이다. 웹드라마라는 형식은 지난한 이 문제의식에서 출발했다. 고민은 처음부터 끝까지 '어떻게 하면 많은 사람들이 보게 할 것인가'로 가득 찼다. 내용이 딱딱하니 최대한 대중적인 소재로 접근해보자.

결국 내 좁은 경험에서 여러 번 '먹혔던' 방법이 떠올랐다. 특수 효과. 더구나 지금은 히어로물의 전성시대 아닌가. 그렇게 해서 초능력자들이 노동자로 등장하는 〈뉴스타파〉 사상 초유의 웹드라마 〈치안

전문주식회사 저스티스〉가 만들어졌다. 〈뉴스타파〉로서는 단일 아이템 제작비로 상당히 큰 액수를 들였다. 이리저리 인맥을 활용해 꽤 이름 있는 배우도 섭외했다. 그만큼 부담도 커졌다. 많이 봐야 할 텐데.

으쓱했던 어깨가 알아서 내려갔다고 이미 말했으니 전개는 뻔한 셈이다. 거액을 들인 〈저스티스〉는 제작비 한 푼도 들이지 않았던 〈뉴스타파〉의 다른 꼭지들에도 한참 못 미치는 관심 속에 잊혔다. 정성껏 섭외해 모셔온 배우에겐 그의 연기 인생 통틀어 가장 시원찮은 성적이었을 거다. 〈뉴스타파〉 채널의 파워가 온라인에서 약한 편이 아니라는 걸 감안하면, 작품 자체의 실패다. 이번엔 나름 홍보도 해보고 다른 채널들도 뚫어보았지만 성에 차기엔 역부족이었다.

수년 전 인터넷에 슬그머니 올렸던 〈로맨틱점프〉의 추억이 떠올랐다. 그땐 즐겁게 만들어놓고 조회 수를 올리는 방법을 몰라서 묻혔다고 생각했다. 그런데 몇 년이 지난 지금, 조회 수 많이 벌자고 공들여 전략을 세운 영상은 외면받고 별 기대 없이 만들어 올린 영상에는 사람들이 몰려왔다.

하기는 단관 개봉으로도 쭉쭉 치고 올라오는 영화가 있는가 하면 아무리 개봉관을 많이 잡아도 맥을 못 추는 영화가 있기 마련이다. TV 예능도 마찬가지다. 참 잘 만들었다고 생각했는데 얼마 못 가 폐지되는 프로그램이 수두룩하고, PD들조차 전혀 뜰 거라 예상 못했던 기획이 대박 나는 경우도 심심찮다.

대중의 반응이란 모를 노릇이다. 다만 한 가지, 내가 만들면서도 즐겁지 않은 작품을 다른 사람들이 좋아해주길 바라는 것은 무리라는 생각이 든다. 어떻게 많이 보게 할까 고민하는 일은 그쪽 전문가에게 맡겨놓고 창작자는 일단 마음 가는 대로 만들어야 하는 것 같다.

목마르다

상식이 무너진 슬픔

'위험 커뮤니케이션Risk Communication'이라는 어쩐지 위험해 보이는 이름의 학문이 있다. 물론 위험한 학문이 아니라, '위험을 줄일 수 있는 커뮤니케이션'을 연구하는 학문이다. 잘 알려지지 않은 분야지만, 한국에서는 '신문방송학'으로 통칭되는 '커뮤니케이션학'에서 실용적으로 상당히 중요한 분야다. 크게는 자연재해, 전염병, 테러, 작게는 기업이나 조직에서 사건 사고가 발생했을 때 그 상황을 책임지고 통제하는 주체가 대중과 어떻게 소통하는 것이 효과적인가를 연구한다.

성공적인 사례로는 1982년 미국에서 발생한 '청산가리 타이레놀' 사건이 꼽힌다. 누군가 악의적으로 청산가리를 주입한 타이레놀을 사람들이 먹고 사망하는 일이 있었다. 당시 유통사였던 존슨앤존슨은 자사에 직접적인 책임이 없음에도 불구하고 신속히 타이레놀 전량을 회수하는 등 적절한 조치를 취해 브랜드 이미지를 지켜냈다. 위험 커뮤니케이션에서는 이런 과정에서 행위 주체가 언론과 대중을 상대로 어떻게 소통했는지 분석하고, 또 어떻게 소통해야 하는지를 연구한다. 위험 커뮤니케이션의 기본적인 원칙들만 꼽아보면 다음과 같다.

Be first(신속할 것): 당신이 위험 상황의 정보를 전달하는 위치라면 가장 빠르게 이 문제를 인식하고 언급하는 주체가 되어야 한다.

Be honest(정직할 것): '이미 알고 있는 것'과 '아직 파악하지 못한 것'에 대한 정보를 함께 제공해야 한다. 정보가 정확하지 않은데도 '뭔가 알고 있는 것처럼' 보이고 싶을 수 있다. 그러나 위험 상황에서는 모르는 것을 모른다고 솔직하게 말하는 것이 최선이다. 다만 그것을 알아내기 위해서 구체적으로 어떤 노력을 하고 있는지도 항상 함께 설명한다.

Respect public and involve the public in dialogue about risk(대중을 존중하고 소통에 참여시킬 것): 대중을 다양한 방식으로 소통에 참여시켜야 한다. 가지고 있는 정보를 적극적으로 공유하고 의사 결정 과정도 투명하게 공개해야 한다.

Be credible(신뢰를 지킬 것): 위험 상황에서는 모두가 예민해진다. 한번 신뢰를 잃으면 이후의 모든 소통은 가치를 잃는다.

Be Empathetic(공감할 것): 피해자들에게 정서적인 공감을 표하는 것은 위험 상황에 대한 논의와 대책들이 효과적으로 수용되기 위한 기본 전제이다.

학부생들이 듣는 수업의 '요점 정리'다. 학부 과정이 대부분 그렇듯 이 정도는 상식의 영역에 속한다. 굳이 몇 개월 동안 사례를 연구하고 논문들을 읽지 않더라도 최소한의 상식과 판단력이 있는 사람이라면 이 정도 원칙을 떠올리는 것은 그리 어려운 일이 아니다.

세월호 사고 상황과 그 뒤 이어진 메르스 상황에서 언론 대응과 문제 해결을 총괄하는 정부의 커뮤니케이션을 보면 이 원칙대로 지켜진 것이 하나도, 정말 하나도 없다. 국민의 세금으로 운영되는, 국민의 안전을 책임지는 행정부의 커뮤니케이션이었는데도 말이다.

그럼 세월호 사고 당시 커뮤니케이션을 전문으로 하는 언론은 어땠을까. 다른 언론사의 상황이야 알 도리가 없으니 내가 몸담고 있는 MBC만 이야기해보자. 사고 상황에 대한 속보를 다루는 과정에서 데스크의 정보원은 두 곳이었다. 하나는 정부 '중앙재난안전대책본부'의 발표 내용, 또 하나는 사고 현장에서 가장 가까운 목포 MBC 기자들이 보내오는 현장 상황. 목포 MBC 기자들이 구조자 숫자에 착오가 있을 수도 있다는 가능성을 알려왔지만 MBC는 '전원 구조'라는 정부의 발표를 속보로 내보냈다.

지상파 TV의 메인 뉴스는 라디오와 똑같이 편성된다. 내용도 똑같다. TV에서 9시 뉴스가 방송되고 있을 때 라디오를 켜면 토씨까지 똑같은 뉴스가 나온다는 얘기다. 그러니 TV 뉴스는 소리만 들어도 중요한 정보를 거의 다 얻을 수 있다. 물론 비디오가 중요한 역할을 할 때도 많지만 정보 전달 측면에서는 대개 보조적인 경우가 많다. 그런데 그 보조 역할 중 매번 빠지지 않는 것이 뉴스 꼭지 마지막에 마이크를 들고 서 있는 기자의 모습이다. 마지막 화면에 굳이 얼굴을 내미는 이유는 무엇일까?

'내가 이 현장에 직접 왔다'는 뜻이다. 지금 이 뉴스 리포트가 책상 앞에 앉아서 전화로 들은 내용이나 웹상에서 긁어모은 내용이 아니라 직접 현장을 발로 디디고 눈으로 본 뒤 전하는 내용이라는 뜻이다. '스탠드 업'이라고 부르는 기자의 이 모습은 기자 스스로의 직업적 책임을 고스란히 보여주는 한 컷이자 '내가 전한 내용에 책임을 지겠다'는 약속이기도 하다. 폭설 보도가 이어질수록 머리와 어깨 위로 쌓이는 눈도 수북해졌던 어느 기자의 스탠드 업이 화제를 모은 적도 있다. 이 역시 사람들이 '기자 정신'에 대해 본능적으로 이해하고 있기 때문이었을 거다.

그만큼 현장성은 TV 뉴스의 생명이다. 이 사실은 언론을 공부하는 학생이라면 위험 커뮤니케이션 내용보다도 먼저, 지루할 정도로 계속해서 듣는 내용이다. 그러나 당시 MBC 보도국은 현장의 목소리를 무시하고 정부의 발표를 그대로 전했다. 정보원이 정부 발표 하나뿐인 상황이었다 해도 현장을 통해 이를 확인하고 검증하는 것이 언론의 임무다. 그런데 심지어 현장의 목소리와 상충하는 발표를 그대로 내보낸 언론을 어떻게 비판하지 않을 수 있을까. 확인하지 않는 언론은 더 이상 언론이 아니다. 비단 MBC만의 오보는 아니었다는 점에서 다른 매체들의 상황도 비슷했으리라. 어쩌다 이렇게 된 걸까? 누가 이렇게 만든 걸까?

나는 잘 모른다. 사건이 발생했을 당시의 해류와 구조 상황, 기술적 문제 등에 대해서는 말할 수 있는 것이 많지 않다. 그 분야에 대해 더 잘 알고 있는 사람들이 하는 말을 귀담아들으며 고민할 뿐이다. 그러나 이미 발생한 사고와 구조 지체에 대한 여러 가지 의혹은 차치하고라도 사고를 수습하고 정보를 취합 관리하는 커뮤니케이션 과정, 사고 발생 후 제기되는 의혹들에 대처하는 태도, 그리고 그 모든 과정을 다루는 언론의 모습은 비판받기에 충분했다. 학부생 수준에서 다뤄지는 내용에만 비추어도 그렇다. 다시 한번, 우리는 이것을 '상식'이라고 부른다.

모든 국민이 학자도 전문가도 언론인도 아니다. 건설적인 대안과 전문적인 근거를 댈 수 없다고 해서 분노를 표현할 자격도 없는 것은 아니다. 여론이란 감정 그 자체이고, 이러한 여론을 반영할 수 있는 건설적인 대안과 정책을 생각해내는 것이 지식인들의 존재 이유와 역할이다. '분노는 끓어오르나 그 이유를 설명할 배경 지식이 부족한 사람들'을 위해 그 이유를 설명해줄 의무 역시 지식인들에게 있다. 누구나 모든 영역에 배경 지식이 충분할 수는 없다. 하지만 감정은 직관의 영역이고, 틀리지 않을 때가 많다. 분노해 마땅한 일이 있을 때, 지식인들은 사람들이 충분히 화내도 되는 이유를 설명해주어야 한다.

하여 분노를 표출하는 이들에게 '잘 알지도 못하면서 감정적으로 선동돼 무작정 공격만 해댄다'는 비판이 난무하는 모습을 볼 때면 달랠 수 없는 답답함과 슬픔을 느낀다. '국론 분열'이라는 말은 민주주의 국가에서 들을 수 있는 가장 한심한 말이다. 아니, 들을 수 없어야 정상인 말이다.

세월호 참사가 발생한 지 1년쯤 지났을 때 짧은 동영상 두 편을 만들었다. 피해자와 유가족들을 향한 날선 말들을 지켜보면서 '이 상황을 정말로 이해한다면 저런 말을 할 수 있을까?' 하는 생각이 들었다. 그 '말'들을 다시 돌아보게 하고 싶었다. 첫 번째 영상에서는 돈을 받았으니 자식의 죽음을 그냥 잊겠다고 하는 엄마의 모습을 보여준다. 두 번째 영상에서는 자식이 옆에서 듣고 있는데도 '내 딸이 그런 일을 겪어도 잊을 수 있다'고 하는 엄마의 모습을 보여준다. 그리고 두 영상의 마지막에 이런 모습이 정말 자연스러워 보이는지 묻는 자막을 넣었다.

동영상은 큰 화제를 낳았다. 개인적인 채널에 공개했을 뿐인데도 마른 들에 불 번지듯 퍼져나갔다. 사고 후 1년이 지난 시점이었지만 사람들의 감정은 여전히 고조되어 있었다. 하지만 두 편에 대한 반응은 갈렸다. 당신의 자식이 옆에서 듣고 있어도 그런 말을 할 수 있느냐고 묻는 영상에는 특별한 논란이 없었다. 그 정황에서 "그렇다"고 대답할 수 있는 사람은 별로 없었던 모양이다.

그러나 거금을 받았으니 자식의 죽음을 잊어버리겠다는 부모가 정말 자연스러워 보이냐고 묻는 영상에는 '얼마든지 그럴 수 있다'며 비아냥거리는 사람들이 계속해서 댓글을 달았다. 충격이었다. 낙담도 됐다. 시간이 흐른 지금도 그 영상의 댓글란에는 비아냥거리는 사람들과 분노하는 사람들의 새로운 댓글이 여전히 싸우고 있다.

우리가 학교에서 배우는 지식은 상식에 가까운 내용이 많다고 했던 말을 다시 되짚어봐야 할지도 모르겠다. 내가 생각하는 상식이 이 사회에서는 더 이상 상식이 아닐지도 모른다는 아찔한 생각이 든다. 상식이 상식일 수 있는 사회가 그립다. 목이 탄다.

두려워하다

매일매일 납량 특집

여름이면 방송사 납량 특집을 하던 것도 옛말이 됐는지 요즘엔 잘 보이지 않는다. 나는 공포 영화를 즐기는 사람이 아니다. 아무리 놀라도 겉으로는 티가 안 나 언뜻 보면 겁이 없어 보이기도 하지만, 솔직히 무서운 건 무섭다. 태연한 척 화면을 보고는 있지만 실은 눈에 힘을 풀어 초점을 흐리고 있을 때도 많다. 눈을 감거나 고개를 돌려버리기엔 좀 부끄러우니까.

그렇게 무서운 장면을 다 놓쳐버린다 해도 더운 여름에는 역시 홑이불 배만 덮고 수박 썰어 먹으며 〈전설의 고향〉을 보는 즐거움이 있는데 요즘은 그 재미가 사라져 좀 아쉽다. 그 여름의 정서도 즐거움이지만 '공포 영화'라는 장르가 가진 사회학적 함의를 이해한다면 취향이 아니더라도 새로운 맥락에서 공포 영화를 즐길 수 있을 거다.

학문적으로 공포 영화는 '억압된 자들의 귀환'이 구현된 것이라는 해석이 있다. 주인공을 위협하는 가해자는 흔히 그 사회의 주류에 속하지 못한 채 격리당한 소수자들이라는 거다. 할리우드의 고전적인 공포 영화들을 떠올려보자. 기괴한 외모로 두려움을 사지만 마음은 어린아이 같았던 '프랑켄슈타인'은 외모를 이유로 차별받는 장애인을 연상시킨다. (사실 프랑켄슈타인은 괴물을 만든 박사의 이름이다. 우리가 프랑켄슈타인이라 부르는 괴물은 그냥 피조물로 불린다. 이 역시 장애인들이 이름 대신 속어로 불리는 모습과 닮아 있다.) 또 다른 사례로 〈오페라의 유령〉의 '팬텀'도 있다. 그 역시 뛰어난 음악적 재능에도 불구하고 흉측한 외모 때문에 사회로부터 격리되어 악당이 된다.

물린 사람도 흡혈귀가 되는 뱀파이어를 향한 공포에는 흑사병의 높은 전염성과 치사율에 대한 서구 사회의 근원적 공포가 깔려 있다. 전염병에 걸린 이들뿐 아니라 단순히 의심되는 이들마저 매정하게 격리했던 죄책감의 발현이기도 하다. 이런 공포는 최근 가장 대중적인 공포 장르인 '좀비물'까지 이어진다.

이 소수자들이 위협적인 존재가 되어 귀환하는 구조는 그 자체로 주류에 속한 이들에게 공포가 된다. 예로부터 한국의 귀신이라 하면 어김없이 긴 머리카락 풀어헤친 처녀귀신이라는 점만 떠올려도 쉽게 이해가 간다. 어쩐지 총각귀신은 좀 덜 무섭다. 젊은 여성이 성 권력, 나이 권력으로부터 받는 억압은 한 맺힌 귀신이 되기에 부족함이 없었을 거다. 지금까지도 여전한데, 조금만 더 거슬러 올라가도 얼마나 심했을까. 하물며 장화, 홍련이 하소연하던 것 같은 억울한 죽음은 또 얼마나 많았을 것인가.

해서 처녀귀신에 대한 집단적 공포는 '처녀'를 억압한 주류층의 죄책감을 반영한다. 그 한을 풀어주는 것으로 이어지는 전개는 '처녀'들을 '귀신'으로 만들지 말아달라는 주류층을 향한 호소다.

이러한 맥락은 동양과 서양에서 서로 다른 공포의 지점을 주목할 때 좀 더 분명히 드러난다. 서양의 공포 영화에 자주 등장하는 가해자는 질병으로 인해 변형된 외모 혹은 성격적 결함 때문에 사회로부터 외면받는 존재들이 '괴물'로 등장하는 경우가 많다. 여기까지는 한국 정서로도 어려움 없이 이해된다.

그런데 서구 영화가 한국에 막 정착하던 시기, 한국 관객들이 유독 받아들이기 어려워했던 공포의 대상이 하나 있었다. '아이'였다. 〈엑소시스트〉나 〈오멘〉처럼 무섭기로 유명한 서양의 공포 영화에는 유독 아이가 어른들을 위협하는 내용이 많은데, 한국 관객들에게는 이 점이 그렇게 낯설었던 거다.

서구의 가족 문화는 부부 중심적이다. 아이가 태어나도 변하지 않는다. 태어나자마자 따로 재우는 것이 보편적이다 보니 서양인들은 어릴 적 침대 밑 귀신이나 벽장 귀신을 두려워했던 기억을 공유한다. 꽤 오랫동안 부모와 함께 자는 한국의 아이들은 좀처럼 만날 일이 없는 귀신들이다.

서구에서는 식당이 요구하는 격식에 따라 아동의 출입을 금하기도 한다. 어른만을 위한 공간, 어른과 아이가 함께할 수 있는 공간을 확실하게 분리하는 것이다. 또한 베이비시터 아르바이트가 보편화되어 있고 그만큼 영화에도 자주 등장한다. 영화에선 꼭 어설픈 베이비시터들이 일을 저지르는데, 척 봐도 잘 돌봐줄 턱이 없는 사람에게 아이를 맡기고 나가는 영화 속 부모들을 이해하기 어려운 한국 관객들도 많았을 게다.

이렇게 부부 중심, 성인 중심의 문화가 보편적인 서양에는 아이들이 소수자, 소외층이라는 정서가 존재한다. 사실 '아동'이 우선적으로 보호받고 존중받아야 한다는 개념이 정립된 지는 얼마 안 됐다. 많은 사회에서 아동은 여전히 그저 '모자란 어른'이고 '미성숙한 인간'일 뿐이다. 그러니 먹은 입만큼 노동을 해서 모자라나마 '한 사람' 몫을 하라는 압박이 상존한다. 이렇게 '소외된 아이들'이 성인들의 주류 세상을 위협하는 이야기가 공포로 연결되는 것은 일견 자연스럽다.

그런데 한국은 아이 중심 사회다. 가정에 아이가 생기면 모든 이슈가 아이 중심으로 바뀐다. 부부는 '누구 엄마, 누구 아빠'가 되고, 경제 운용과 주거 환경도 양육의 필요에 우선순위를 내어준다. 이런 집중이 너무 지나쳐서 문제가 되는 것조차 우리에겐 익숙한 이야기다. 양육 방식의 옳고 그름을 떠나서 이런 보편적인 정서의 차이가 한국 관객들이 '아이 공포 영화'에 느끼는 생경함의 원인이 된다.

사실은 모두가
불쌍한 이야기.

경고와 교훈을 공포의 형태로 전달하는 더 오래된 예는 '괴담'이다. 가장 오래된 예는 '호랑이와 곶감'이 아닐까. 울보 평강공주를 달래던 부모도 '바보온달'이라는 괴담을 활용했다. 현대에 와서도 울고 떼쓰는 어린아이들은 '망태 할아버지'를 두려워해야 했고, 방과 후 집에 일찍 들어가지 않는 아이들은 '홍콩 할매'가 잡아갈지도 몰랐다.

이런 괴담이 가장 빈번하게 활용되는 또 다른 영역은 여행이다. 낯선 여행지에서 모르는 사람이 건넨 음식을 먹고 정신을 잃었는데 깨어나 보니 장기가 없어졌다거나 속옷만 남고 다 사라졌다는 식의 여행 괴담은 흔하다. 이런 괴담은 여행지와 주인공, 피해의 정도 같은 디테일을 바꾸어가며 비슷한 구조를 재생산한다.

한동안 한국에서 인도가 매력적인 여행지로 각광받을 때 인도를 무대로 확산되었던 이런 괴담의 원형은 의외로 1970년대 프랑스 여행이 유행했던 일본에서 찾을 수 있다. 그전까지 책과 영화로만 파리를 접하며 로맨틱한 환상에 사로잡혀 있던 일본의 젊은 여성들은 해외여행이 대중화되자 앞다투어 파리로 향한다. 그런데 상상과 달리 지저분하고 치안이 불안한 파리의 모습에 크게 실망했고, 귀국한 뒤 집단적으로 우울증 비슷한 증세를 호소하기에 이른 것이다. 이는 '파리 증후군'이라는 사회적 현상으로 명명되기도 했는데, 이러한 실망감이 파리를 무대로 한 괴담의 형태로 구체화되었던 것이다. 파리 근교의 어느 술집이며 옷가게에서 여행자들이 사라졌다는 식의 괴담이 유행한 흔적을 일본의 이런저런 자료에서 찾아볼 수 있다.

결국 이런 여행 괴담도 '치안이 불안한 여행지에 갔을 때 몸조심해라' '낯선 사람이 주는 음식은 함부로 먹지 마라' 같은 교훈을 품은 채 공포를 타고 신나게 확산될 목적으로 태어났다. 엄마의 신신당부보다야 훨씬 기억에 남을 테니까.

TV 납량 특집도 사라졌는데, 요즘에는 극장가에서도 공포 영화가 잘 보이지 않는다. 반면 '괴담'이란 단어는 근 몇 년 동안 부쩍 많이 들린다. 괴담이 많은 사회는 불확실한 것, 그래서 정체를 알 수 없는 두려움이 만연한 사회다. 유독 여행 괴담이 유행하는 것도 그 때문이다. 여행지는 늘 낯선 곳이다. 내가 이렇게 하면 저렇게 될 거라는, 익숙한 규칙이 통용되지 않는 불확실한 세계다. 그 미지의 공포로부터 스스로를 보호하려는 본능이 구체화된 것이 괴담이다.

그런데 요즘 유행하는 괴담들의 무대는 바다 건너 여행지가 아니다. 사람들은 이제 자신이 살고 있는 사회를 배경으로 괴담을 유포시킨다. 일상에서도 불안함과 두려움을 느낀다. 당연하게 배워온 규칙들이 지켜지지 않을지도 모른다는 불확실성의 공포가 '여기'에도 자리를 잡은 것이다. 이렇게 불확실한 두려움이 무성한 사회일수록 '억압된 자들의 귀환'은 더 이상 공포 영화일 필요가 없다. 뒤틀린 구조와 권력을 때려 부수는 액션 영화에서 오히려 '억압된 자들이 귀환'하는 카타르시스를 느낀다. 이제 우리 중 많은 수는 '누군가를 억압하는 주체로서의 죄책감'을 가지기보다는 '스스로가 억압되었다는 답답함'

을 호소하고 싶어진 모양이다.

안전벨트가 확실해야 롤러코스터의 스릴이 가능한 것처럼, 납량 특집도 TV 밖 현실이 안전하다는 보장이 있어야 즐길 수 있다. 현실이 납량 특집인 시대에는 TV 편성표에 공포물이 설 자리가 없다.

이끌다

정말 아니다 싶은 것

어릴 적 잠자리를 잡던 기억은 늘 설레던 한 조각이다. 벌레를 유난히도 소름 끼쳐 했던 내가 드물게 손으로 잡을 수 있는 곤충이었다. 그나마도 잡을 수 있는 건 날개뿐이었다. 날개를 붙잡고 있으면 이리저리 꼬물대는 것이 징그러우면서도 눈을 뗄 수 없는 흥분이었다. 유년기를 보낸 수원의 동네에는 성곽을 따라 풀밭이 넉넉하게 이어져 있었다. 여름, 가을이면 또래들과 채집망을 들고 그 성곽 줄기를 달리며 잠자리를 쫓고는 했다. 때가 꼬질하도록.

그런데 한 녀석이 이해할 수 없는 행동을 했다. 손가락을 튕겨 잠자리 머리를 때렸다. 여러 차례, 그것도 경쾌한 기합과 함께. 작은 머리는 가뭇없이 날아갔다. 머리 없는 몸은 애처롭게 버둥거렸다. 나는 등줄기가 오싹해오는데 녀석은 그 모습을 즐거워하는 듯했다. 눈앞이 아득했다. 도대체 왜 저게 즐거운 걸까.

시간이 흐르고 성곽이 보이지 않는 도시로 이사를 했다. 성곽 따라 이어진 풀밭이 사라지면서 채집망을 들고 뛰어다니던 유년기도 끝났다. 머리 없는 잠자리의 그 아득했던 광경도 함께 사라졌다. 생각할 것이 많은 10대의 끝자락이 되었다. 대학 입시의 무게가 크지 않은 학교였기에 그보다는 가치의 문제에 사로잡혔다. 무엇이 옳은 것일까. 어떻게 살아야 할까. 꽤 많이 읽고 머리를 쓰고 기도도 해봤지만 잘 모르겠더라.

속 편하게 타협을 했다. 뭐가 옳은 건지는 잘 모르겠지만, '이건 정말 아니다' 싶은 걸 찾으면 좀 쉽지 않을까. 적어도 잠자리 머리를 날리며 노는 건 하지 말자고 말해도 되지 않을까. 그런 것만 줄이기 위해 애쓰며 살아도 인생은 충분히 짧지 않은가. 수많은 문제 중 한 가지만으로도 평생 다 못 싸우다 끝날 텐데.

도피였을지도 모르지만, 그래서 국제사회의 문제들이 차라리 마음 편했다. 내가 속한 한국 사회의 크고 작은 갈등들은 정답을 찾기 어려웠지만, '절대 빈곤' 같은 문제의 답은 명확해 보였다. 분배냐 성장이냐는 아무리 싸워도 끝이 안 나겠지만, 적어도 온 세상을 다 신기해할 아이들이 깨끗한 물 한 줌 없어 죽어간다면 도와주는 것이 맞지 않겠는가. 여기에 마음을 쓰는 것 가지고도 욕할 사람은 없겠지 싶었다. 이마저 쌍지팡이 짚고 나서서 말리는 이가 있다면 "당신이 틀렸다"

라고 분명하게 말할 자신이 생겼다.

학생 신분이란 고민의 결과를 미래의 꿈으로 돌리기 쉬운 자리다. 그러고 싶진 않았다. 당장 할 수 있는 것을 하기로 했다. 구조의 문제를 공부할수록 무력감에 짓눌렸지만, 당장 물이 없어 고통받는 한 마을의 아이들을 살리는 것은 훨씬 간단한 일이었다. 교회 친구들과 프로젝트를 진행하고, 여러 NGO 실무자들에게 많은 것을 배워 아프리카에 우물을 파고 도서관을 지었다. 도움을 받을 수 있는 단체가 한국에 없을 때는 미국으로 메일을 보내 일을 진행하기도 했다. 그 자체로 만져지는 보람이었다. 아니다 싶은 것들만 고민하며 살기로 한 것처럼, 눈앞의 할 수 있는 것들만 하나씩 해나가면 어딘가 도착하겠지.

그랬다. 정말 아니다 싶은 것, 그리고 당장 눈앞에 보이는 것들만 고민하다 보니 결국 내가 발 딛고 사는 이곳에 도착했다. 결국 내가 사는 곳은 이 나라였다.

2014년 4월, 세월호 사건 이후로 지상파의 모든 예능 프로그램이 잠시 멈췄다. 예능 PD들에게 결방은 이유를 막론하고 제일가는 낭보다. 며칠씩 퇴근 없이 밤을 새우는 일상에 일주일이나 휴식이 허락되기는 흔치 않기 때문이다. 하지만 이번은 결코 낭보일 수 없었다. 집으로 돌아왔지만 쉴 수가 없었다. 하릴없이 방 안에 앉아 있다가 안산 합동분향소를 찾았다. 분향을 하고 자원봉사자 명단에 이름을 올렸다. 이미 명단이 꽉 차서 내 순서는 요원해 보였지만, 순서가 돌아왔어도 가지 못했을 거라는 사실을 금방 깨달았다. 회사가 다른 어느 방송사보다 먼저 예능 프로그램 방영 재개를 결정했기 때문이다. 마음이 무거웠지만 그럴 수 있다고 생각했다. 사람마다 느끼는 감정의 무게는 다른 법이니 누군가에게는 웃음이 필요할 수도 있으리라. 슬픔의 동참은 선택이지 강요할 수 있는 문제는 아니었다.

방영이 결정되자 결방 전에 이미 완성해두었던 방송분을 가장 먼저 확인했다. 미리 만들어놓은 완성본이었으나 행여 사고를 연상시키는 장면이 있다면 수정하기 위해서였다. 사고와는 아무 상관없는 내용이었기에 설마 그런 게 있을까 했던 가벼운 마음은 재생되는 비디오를 보면서 금세 무거워졌다.

그날따라 무슨 '물'이 그렇게 많이 나오는지. 강아지를 목욕시키고 냇가에서 고기를 잡는 별 상관없는 장면에도 괜히 가슴이 내려앉았다. 분위기를 돋우기 위해 녹음된 웃음소리도 귓가에서 빙빙 돌았다. 대대적인 수정 작업을 거쳤다. 조금이라도 '물'을 우습게 그린 자막을 모두 고치고, 녹음된 웃음소리도 빼버렸다. 사실 그런 사소한 것에 마음이 상할 만한 사람들은 아예 예능을 틀지도 않으리라. 정말 슬퍼하고 있는 이들이 방송을 볼 가능성은 없었다. 그럼에도 그것은 최소한의 예의였고, 그 와중에도 웃음을 만들어 송출하는 사람이 해야 할 마지막 도리였다.

그런데 갈수록 믿을 수 없는 광경들이 이어진다. 조금이라도 사고가 연상될까 노심초사했던 마음을 비웃기라도 하듯 당사자들을 대놓고 놀잇감 삼으며 조롱한다. 그들의 고통 앞에 온갖 딱지를 붙이는 사람들이 줄을 잇는다.

나는 정부가 일부러 아이들을 구하지 않았다고는 믿고 싶지 않다. 정말로 그랬던 게 아닐까 생각될 정도로 두 눈을 의심하게 만드는 장면들이 이어지지만, 그 정도로 무능했고 또 무능할 뿐이라고 생각하고 싶다. 그 미숙함에 대한 책임을 물을 수 있을지는 몰라도, 그토록 말도 안 되는 잔인함까지 생각하고 싶지는 않다. 그러니 책임을 묻고 요구할 것은 요구하되, 이 사고 하나로 정부의 존속 여부를 저울질하고 살인 정권이라 비판하는 것까지는 내 머릿속에 없다.

너무나 무책임하고 비정한 대처를 마주한 나머지 배를 일부러 침몰시킨 것이라 의심하는 사람들의 심정도 이해된다. 이런 사람들을 보고 인상을 찌푸리는 사람들 역시 이해할 수 있다. 그 슬픔과 잔인함, 답답함에 지쳐 외면하고 싶은 마음도 이해한다. 그만했으면 좋겠다는 목소리 또한 동의할 수는 없지만 어떤 마음인지 알 수는 있다. 가장 먼저 예능 프로그램 방영을 재개했던 한 명의 방송사 직원으로서 더욱 그렇다.

하지만 적어도 가족을 잃은 분들에게는 도리가 아니지 않은가. 곳곳에서 잠자리 머리가 날아간다. 그들의 머리를 날리고 싶어 하는 이들은 도대체 무엇을 원하는 것인가. 그저 구조할 기회를 잃게 된 비극의 정확한 경위와 바다 아래 수장된 아이들의 시신을 바라는 목소리에 왜 자꾸 저열한 정치와 돈을 덮고 싶어 한단 말인가.

설령 누군가 말하는 것처럼 "바다에서 일어난 교통사고"라 한들 그 교통사고가 벌어진 과정에서 미심쩍었던 것들을 확인해달라는 말이 무어가 잘못됐단 말인가. 이것을 말하는 것이 왜 한쪽의 입장이 되어야 하는지, 뭘 알고 싶어 하는지 관심도 없으면서 어떻게 지겹다는 말부터 할 수 있는지. 그 마음은 어떻게 해봐도 헤아릴 수가 없다.

자기 일처럼 생각해보라는 말은 무력하다. 그것은 내 일이 아니다. 그 슬픔은 상상할 수 있는 것이 아니다. 그러니 슬프지 않을 수도 있다. 한때는 마음 아팠어도 이제는 무던할 수 있다. 사람에겐 가식이라는 것이 있고, 위선이라는 것이 있다. 위선을 비꼬는 이들은 '사람이 본디 선하지 않다'고 믿는다. 그래서 어떤 선한 행동들을 거짓이라 믿으며 비웃는다. 하지만 사람이 선하지 않다고 믿으면서 동시에 진심이 아닌 행동을 비웃는다면, 사람은 그 어떤 선함도 추구할 수 없다는 말과 다르지 않다.

마음에 없는 행동이라 할지라도 그게 선한 행동이라면 지지하고 싶다. 슬프지 않더라도 위로를 건넬 수 있으면 좋겠다. 잘 보이고 싶어서 한 행동이라면, 잘 봐주면 또 어떤가. 아무것도 하지 않는 것보다는 작은 변화라도 만들어내는 가식이 낫다. 단지 착한 척이라도, 선한 행동을 했다면 나는 기꺼이 박수를 보내련다.

결방 덕분에 방 안에 멍하니 앉아 있다가 찾아간 분향소의 벽면에는 고인이 된 이들에게 적어 보내는 쪽지들이 붙어 있었다. 고인이 출석하던 교회의 목회자들이 찾아와 쓴 듯한 메시지들이 중간중간 눈에 띄었다. “하나님께서 이 영혼을 잘 거두어주시길.”

외람될 수 있지만, 내가 기독교인임에도 ‘참으로 무력하다’고 느꼈다. 누군가를 향한 기도에는 힘이 있다고 믿지만 영정사진 앞에서 만큼은 그 무력함을 부정할 수 없었다. 영혼의 구원은 하나님의 영역일지 몰라도 몸의 구원은 함께 숨을 쉬는 사람의 몫이었다.

사람들은 사소한 선행밖에 할 수 없어 무력하다고 느낄 때, 그 사소함에 위선이라는 딱지를 붙이고 아예 잊으려 애쓸 때가 많다. 간절한 마음으로 프로필 사진에 노란 리본을 달고, 다른 이들의 글에 공감을 표하는 것을 두고 ‘쓸데없는 착한 척’이라며 돌을 던진다. 편안한 방 안에서 고작 사소한 표현이나 하는 것이 괴롭다며 이내 그마저 포기해버리기도 한다. 할 수 있는 것이 도무지 없을 때는 마음속에 움찔거리는 작은 아픔과 양심조차 불편할 수 있다. 하지만 할 수 있는 것이 없다고 해서 그 마음을 가지는 것조차 포기할 필요는 없다.

일상을 살다가 작은 모바일 창 안에서 잠시 괴로움을 표현하고 다시 일상으로 돌아가면서 느끼는 부끄러움은 귀한 부끄러움이다. 위선이라는 말이 싫다. 어느 누구도 ‘그것 하나 했으니 충분하다’며 자위하는 사람은 없다. 그 부끄러움 하나하나가 쌓여온 사람과 무력감에 짓눌려 고개를 돌려버린 사람 사이에는 언젠가 큰 차이가 나타난다.

작고 사소한 선의는 늘 불안하다. 그것이 확신과 행동으로 발전하기까지는 시간이 필요하고, 그 행동이 다시 유의미한 결과로 이어지려면 더 많은 시간이 필요하다. 물론 모두가 거기까지 가지 못할 수도 있다. 그렇다고 해서 처음의 그 불안한 선의에 위선이라는 이름을 적어 싹을 잘라낼 필요까지는 없다.

가식과 위선의 착함조차 절실한 세상이다. 적어도 이건 아니라고 말할 일들이 넘쳐난다. 동시에 아직 매듭짓지 못한 아픔을 잊지 않기 위해 애쓰는 사람들도 여전히 있다. 그들이 만들어내는 글과 영상이 눈에 띄면 한번 더 관심을 갖고 봐주고, 변화를 위해 모이는 자리에 사소한 발걸음을 한번 보태는 것은 그 자체로 충분히 의미 있다.

결국 10대에 했던 고민의 답은 무대만 바꾸어 다시 나를 이끈다. 무력감을 느끼더라도 당장 발끝의 할 수 있는 것들을 따라가다 보면 분명 어딘가에 도착해 있을 것이다. 그곳에서 눈을 들었을 때 보이는 풍경이 부디 부끄럽지 않길 바랄 뿐이다.

지겨워하다

존재하지만 존재하지 않는

두 장의 사진이 있다. 굳이 함께 놓고 비교하지 않아도 두 번째 사진은 확실히 이상하다. 보통 인물 사진을 찍을 때 저런 이상한 여백을 남겨 두고 찍지는 않는다. 게다가 주인공이 다름 아닌 이오시프 스탈린Iosif Stalin이지 않은가. 이 철권 통치자를 정면에서 촬영할 수 있도록 권한을 부여받은 사진사의 부담감은 쉽게 상상이 된다. 저런 과감한 구도를 시도하다니. 분명 위험한 행동이었을 거다. 두 장을 함께 놓고 보면 더없이 명확하지만 두 번째 사진만 놓고 봐도 이건 무언가를 지운 사진이다.

지워진 인물의 이름은 니콜라이 예조프Nikolay Yezhov, 소비에트 연방 당시 KGB의 전신인 비밀경찰 NKVD의 수장이었다. (사실 이 이름도

작자 미상, 1930년대, 니콜라이 예조프가 스탈린과 함께 걷고 있다.

작자 미상, 1940년대, 니콜라이 예조프는 숙청된 후 사진에서도 지워졌다.

소설 속 인물에서 따온 것이다. 정치적으로 활약하기 전 그의 개인사와 관련해서는 정확히 알려진 내용이 없다.) 1930년대 후반, 예조프는 스탈린의 명령을 받아들고 대대적인 정적 숙청을 주도했다. 그러니까 스탈린 옆에서 단단하게 웃고 있는 저 첫 번째 사진은 그가 권력의 칼자루로 활약하던 1930년대의 것이다.

지워진 사진은 1940년대의 것. 예조프는 짧은 권력을 누리고 1940년 2월에 총살당한다. 딱히 체제를 배반했던 것도 아니다. 오히려 그 누구보다 강한 충성을 바쳤고, 그 충성의 대가로 받은 권력이 도리어 체제가 부담을 느낄 만큼 커졌을 뿐이다. 결국 그는 자신이 수많은 이들을 숙청했던 그 방식 그대로 최후를 맞는다. 그가 충성을 바친 시스템의 논리대로 말이다.

그리고 역사는 다시 쓰인다. 소설 《1984》에서 그랬던 것처럼, 예조프는 모든 기록에서 '없었던 사람'이 된다. 다만 그 방식은 훨씬 노골적이다. 스탈린은 예조프가 등장했던 사진들을 없애는 대신 사진 속에서 예조프만 골라내 지워버린다. 짧은 기간이었지만 체제에 부담이 될 정도의 권력을 누리던 이였다. 사진 속 예조프가 지워진 자리에는 아무것도 없지만 그 자리에 누가 있었는지는 모든 사람이 기억한다.

스탈린은 자신의 '조작'을 숨길 생각이 전혀 없다. 수정된 두 번째 사진의 어색한 공백에서는 공포스러울 정도의 뻔뻔함이 느껴진다. 지워진 예조프, 이것은 그 자체로 또 하나의 강력한 메시지가 된다. "이 체제에서는 누구든지 이렇게 될 수 있다." 예조프는 지워짐으로

써 더 강력한 흔적을 남긴다.●

조금 다른 얘기다. 2015년 겨울, 온라인에서 어떤 사진 하나가 수도 없이 반복해서 노출되었다. 흥미로운 것은 그때마다 맥락이 완전히 달라졌다는 점이다. 사진은 그해 11월 14일 광화문에서 벌어졌던 시위 중 한 장면을 담고 있다. 눈에 최루액이 들어가 괴로워하는 의경에게 물을 뿌려주고 있는 시위 참여자의 모습. 양쪽의 폭력성에만 모든 여론이 집중되어 있었기에 이 사진은 하나의 미담이 되어 온라인상에서 빠른 속도로 확산되었다.

그런데 얼마 뒤 어느 종합편성채널(종편) 뉴스에서 아무런 맥락도 없이 전·의경 부모와의 전화 인터뷰 화면에 이 사진을 삽입했다. 시위 참여자들을 비난하고 싶어 하는 네티즌들은 이 장면을 교묘히 잘라냈고, 사진 속 인물이 시위 참여자가 아니라 해당 의경의 어머니였다는 내용의 글을 앞다투어 퍼뜨리기 시작했다. 급기야 사진의 주인공이 직접 나서서 사실 왜곡을 중지하라고 요구했고, 사진 속 옷이 자기 것이라는 사실을 증명해 보였다. 그러자 이들은 다시 그가 '알바연대알바노조' 소속이라는 개인 정보를 찾아냈고 '불순한' 세력으로 몰아붙이기 시작했다. 미담의 주인공이 순식간에 '불순분자'가 되어버린 것이다.

● 《논쟁이 있는 사진의 역사》(다니엘 지라르댕·크리스티앙 피르케르 지음, 정진국 옮김, 미메시스, 2011년)을 참고했다.

포토저널리즘이라는 단어는 사진의 역사만큼이나 새삼스러운 말이 되었다. 처음엔 이전의 미술과는 달리 '창작이 아닌 기록'이라는 점 때문에 그 현장성이 주목받았다. 그러나 이내 사진도 맥락이 제거된 하나의 '선택된 순간'이라는 특성이 부각되면서 끊임없이 주의가 요구되었다. 그런데 근 100년이 흐르도록 이 저널리즘의 윤리는 여전히 관심을 못 받고 있는 것 같다. 오히려 한 장의 사진을 찍기 위해 많은 시간과 공을 들여야 했던 초창기보다 압도적으로 많아진 사진의 양 속에서 저널리즘 윤리의 농도는 더욱 희석된 듯하다.

보란 듯이 예조프를 지워놓은 스탈린의 뻔뻔함과 어떻게 읽힐지 뻔히 알면서도 시위 참여자의 사진을 전·의경 부모 인터뷰의 배경으로 삽입한 종편의 뻔뻔함 중 어느 쪽이 더 공포스러운가. 새롭게 조작된 맥락이 조금이라도 희석될까 봐 오해가 더욱 강해지도록 방송 화면을 잘라내 뿌린 네티즌들에 이르면, 스탈린의 그 뻔뻔함이 오히려 우직해보일 지경이다.

11월 14일 광화문에서 벌어진 집회를 다룬 뉴스들은 하나같이 참여자들과 경찰의 물리적 충돌에만 관심을 보였다. 10만 명이 모인 집회였다. 경찰이 일방적으로 규정한 '불법 폭력 시위자'의 숫자는 594명. 논란의 여지가 있는 '불법 폭력'에 대한 경찰의 기준을 그대로 수용한다 하더라도 채 1퍼센트도 되지 않는 사람들이다. 10만 명이 왜 모였는지, 무슨 목소리를 전하고 싶어서 추운 겨울 길 위로 나섰는지에 관심을 가지고 다루는 주류 언론은 어디에도 없었다. 오직 1퍼센트도 안 되는 이들의 처절한 몸싸움에만 카메라를 들이댔을 뿐.

예조프가 지워진 사진을 다시 들여다본다. 불균형한 구도 속에서 웃으며 걷고 있는 스탈린의 모습보다 어색한 빈자리가 더 크게 눈에 들어온다. 보도되지 않은 10만 명의 목소리가 마치 어색하게 지워진 예조프의 빈자리 같다. 권력이 언론을 다루는 방식, 언론이 권력에 기생하는 방식은 지긋지긋하게도 변하지 않는다.

다가가다

진짜를 알고 싶다면

여행은 주로 혼자 다니는 편이다. 함께하는 여행이 동반자와 추억을 쌓는 일에 좀 더 무게가 실린다면, 혼자 하는 여행은 여행이라는 경험 자체에 집중할 수 있는 것 같다. 나에게 여행이란 일상의 흔적에서 잠시 눈을 떼고, 전혀 새로운 맥락에서 생각도 못 했던 자극을 얻는 시간이다. 그러니 그 자극들을 조용히 다듬고 갈무리할 수 있는 시간이 필요하다. 한참 걸어가다가 수시로 멈춰서서 무언가를 물끄러미 보기도 일쑤이거니와 어느 순간에는 퍼질러 앉아 노트에 한참을 끼적이기도 해야 한다. 일행을 곁에 두고 그랬다가는 예의 없는 사람이 되기 십상이다. 안 싸우면 다행이다.

물론 혼자 하는 여행에도 단점은 있다. 아늑한 숙소와 식도락의 홍분이 여행에서 중요한 사람이라면 일행이 있는 편이 낫다. 그편이 선택의 폭도 넓고 비용도 적게 든다. 나는 숙소도 먹거리도 크게 신경 쓰는 편이 아니라서 혼자 여행할 때도 이런 점들이 그리 아쉽지는 않다. 그럼에도 딱 한 가지 아쉬움을 꼽자면 여행을 마치고 돌아와 열어본 카메라에 '내 사진'이 드물다는 점이다.

누군가와 함께 여행을 떠난다면 아마 대부분 서로를 향해 셔터를 눌러대며 시간을 보낼 거다. '남는 건 사진뿐'이라는 말은 상당 부분 진실이다. 아무리 즐거운 추억이라 해도 그 순간을 고스란히 담은 사진 한 장이 없다면 후일 반추하는 것은 상상이 될 가능성이 다분하다.

혼자 여행한다는 것은 내 사진을 찍어줄 누군가가 곁에 없다는 말이고, 순간은 기억하되 그 순간의 '나'는 상상으로 채워진다는 뜻이다. 상상은 현실이 아니다. 자주 미화된다. 물론 여행지에서는 사진 또한 최대한 미화하려 애쓴다. 어차피 미화할 거라면 객관적인 척, 기록인 척하는 사진의 미화가 상상보다 낫다. 그래야 어디 내놓고 자랑이라도 하지.

혼자 여행을 다니면서도 내 모습을 새겨둘 방법은 있다. 작심하고 삼각대를 챙겨 다닐 정도의 열정이 있다면 고민할 것도 없겠지만 그게 아니라면 대개 방법은 두 가지다. 전통적으로는 지나가는 다른 여행자에게 부탁하는 방법, 또 하나는 '셀프 카메라'.

직접 자기 모습을 보며 찍을 수 있는 셀카는 스스로를 기록하기에는 더없이 좋은 방법이다. 아무래도 휴대전화가 애용되는데, 일반 카메라에 비해 선명도가 떨어지는 렌즈 덕분에 뽀얗게 찍히는 얼굴, 렌즈-피사체 간 거리가 가까워 눈이 커지는 왜곡처럼 의도하지 않은 미용 효과는 덤이다. 물론 관광지마다 바글바글한 사람들 속에서 혼자 카메라를 보며 방긋 웃는 민망함을 무릅쓸 용기도 필요하다. 뭐 어떤가. 관광객인데.

다만 촬영 거리가 팔 길이에 한정되어 있는 만큼 늘 비슷한 크기, 비슷한 구도의 사진밖에 남기지 못한다는 한계가 있다. 세계적인 유행을 일으킨 셀카봉을 이용해도 크게 다양해지지는 않는 것 같다. 그러니 셀카는 여행지의 '멋진' 사진이라기보다는 말 그대로 '기록' 혹은 '기념', 그 이상도 이하도 아닌 셈이다. 친구들과 함께 찍을 수 있는 '설정 사진' 같은 건 포기해야 한다.

휴대전화가 아니라 DSLR쯤 되는 '좋은 카메라'를 갖고 있으면 문제는 또 달라진다. 이 좋은 카메라를 두고 전화기 따위로 나를 찍어야 하다니. 아까워 죽는다. 하지만 그 좋은 카메라는 셀카를 찍기에 그리 훌륭한 도구가 못 된다. 이쯤 되면 전통적인 방법으로 돌아가야 한다. 그 좋은 카메라를 들고 두리번거리기 시작하는 것이다.

"사진 한 장만 찍어주시겠어요?"

여행지가 해외라면, 만리타국에서 낯선 사람에게 부탁하는 마당이니 제대로 예의를 갖추어 "Could you take a picture for me, please?" 하고 질문하는 것이 맞겠지만, 카메라 들고 설레는 얼굴로 다가가서

"Excuse me, can you"까지만 하면 벌써 카메라 받아간다. 실은 더 많은 경우 그냥 "Photo……?"에서 끝난다. 위 아 더 월드.

누구에게 부탁할지도 고민되는 부분인데, 일단은 좀 착해 보이는 사람에게 가는 게 마음이 편하다. 조금 더 잔머리를 굴리면 역시 커다란 DSLR을 들고 있는 사람이 그럴듯해 보인다. 들고 있는 카메라가 좋으면 어쩐지 사진도 더 잘 찍어줄 것 같으니까. 물론 찍어준 사진을 확인해보면 장비와 실력 사이에는 별 상관관계가 없다는 걸 깨닫게 된다. 하지만 어쩌겠나. 부탁하는 마당에 "사진 좀 찍으세요?" 물어볼 것도 아니고. 기댈 것은 오로지 눈치뿐이다.

이렇게 해서 찍은 사진은 재앙일 확률이 상당하다. 뉴욕 여행 중 부탁해서 찍은 자유의 여신상 사진은 너무 개성이 넘쳐서 오히려 마음에 들 정도다. 여신상의 발과 내 머리만 나온 사진(여행 사진 1). 세상 어느 관광객이 그 앞에서 이런 사진을 찍을까. 차라리 컬트적이기까지 한 이런 사진은 희소성이라도 있다. 대부분은 초점이 나가서 흐릿하거나 엄청 심심한 구도라 여행이 끝나면 다신 꺼내 볼 일 없을 사진이 된다.

사진이 실망스러워 아무래도 안 되겠다면 같은 자리에서 좀 기다렸다가 다른 사람에게 다시 부탁하면 된다. 이쯤 되면 꽤나 애쓰고 있다는 느낌에 스스로가 살짝 안쓰러워지기도 한다. 게다가 아까 내 부탁을 들어줬던 사람이 저 멀리서 그 광경을 목격이라도 한다면 되게

여행 사진 1

서운할 거다. 어머, 나 사진 엄청 못 찍나 봐.

이런 사진들이 심심한 건 어쩔 수 없다. 찍어주는 사람 입장에서도 애매할 거다. 보통 랜드마크나 빼어난 경관 앞에서 찍어달라는 부탁을 받을 텐데, 사람도 웬만큼 잘 보이고 배경도 잘 나오려면 심심한 사진이 될 수밖에. 지나가던 스티브 맥커리Steve McCurry나 앙리 까르티에-브레송Henri Cartier-Bresson에게 부탁한다 한들 무난한 사진이 될 거다. 생판 모르는 남의 카메라로 예술을 할 수야 없는 노릇 아닌가.

그래서 찾은 타협안은 여행지에서 임시 일행을 만드는 것이다. 사실 혼자 하는 여행의 가장 큰 재미는 낯선 곳에서 만나는 새로운 사람이다. 사람이 일상에서 맺는 관계의 범주는 의외로 굉장히 협소하다. 나고 자란 지역, 계층, 연령이 구획 지어놓은 울타리 안에서 그 바깥에 있는 사람을 만날 수 있는 기회는 별로 없다. 그걸 넘어서려면 발품 꽤나 팔아야 한다. 여행지는 이런 가능성과 훨씬 쉽게 조우할 수 있는 '관계의 무중력 지대'다. 백패커들이 모이는 호스텔 로비 같은 곳에서는 생면부지의 사람들과도 밤새 대화를 꽃피우기 쉽다. "사진 좀 찍어주시겠어요?"를 시작으로 대화를 이어나가는 것도 좋은 기술이다.

생각하기에 따라 대단히 로맨틱할 수도 있는 일이다. 여행지에서 종종 만나는 '나홀로 여행자'들이 저마다의 〈비포 선라이즈〉를 마음에 품고 있는 것도 그럴 만한 일이다. 안타깝게도 여행지에서 만난 임시 일행과 〈비포 선라이즈〉까지 이루어지는 경우는 별로 없지만 적어도 양질의 '내 사진'을 얻을 수 있게는 해준다.

어느 도시를 가든 '사진을 꼭 찍고 싶은' 명소란 얼추 정해져 있기 마련이고, 행선지가 겹치는 일행 한 명 정도는 쉽게 만들 수 있다. 행인에게 부탁할 때와 달리 여유롭게 포즈를 취해도 용서가 되고, 마음에 안 들면 다시 찍어달라 하기에도 훨씬 부담 없다. 보통은 각자의 카메라가 있어 사이좋게 서로 찍어주니 공평하기까지 하다. 짧게는 한 식경에서 길게는 하루 정도까지 이어지는 이 임시 일행과는 쿨하게 헤어지기도 쉽다. 마음에 드는 사진도 얻었겠다, 일행이 생긴 김에 모처럼 괜찮은 식사도 한 끼 했다면 이제 다시 혼자의 여유 속으로 복귀하면 된다.

임시 일행이 됐든 친구가 됐든 여행지에서 찍고 찍힌 사진들을 볼 때면 곧잘 느꼈던 아쉬움이 있다. 심심한 사진이 아쉬운 이들에게 간단하면서도 유용할 팁을 하나 소개한다.

카메라를 든 수많은 관광객들 사이에서 빠짐없이 들리는 목소리는 "저기 가서 서봐!"다. 상기된 표정으로 달려가는 '저기'는 사진의 배경이 될 랜드마크와는 가깝고, 카메라를 든 이로부터는 먼 경우가 많다. 그렇게 한참을 달려가서 랜드마크 바로 옆에 바짝 붙어 사진을 찍는데, 그럴 때 얻게 되는 사진이란 보통 이렇다(여행 사진 2).

지나가는 낯선 관광객에게 부탁해서 얻는 가장 흔한 사진. 기념을 위해 랜드마크 전체가 다 나오게 찍기는 해야겠고, 사람도 보여야 하니 그 옆에 가서 서보라는 것이다. 그럼 딱 이렇게 랜드마크와 사람,

여행 사진 2

두 개체가 공평하게 나온 '증명사진'을 얻을 수 있다. '나 여기 왔었다'를 증명하기에는 더없이 좋은 사진이지만, 그 이상의 기능을 하는지는 의문스럽다.

사람이 랜드마크에 가까워질수록 한 가지 정보만큼은 더없이 명확해지는데, 바로 랜드마크의 실제 크기다. 그나마 콜로세움처럼 거대한 구조물은 어지간히 떨어져 있지 않으면 전체를 다 담을 수조차 없으니 자연히 멀리 서게 되는데, 적당히 큰 탑이나 조형물 같은 경우는 아예 바짝 옆에 서서 찍는 경우도 많다. 그럼 그 사진에서는 사람과 비교한 피사체의 정확한 크기를 파악할 수 있다. 정확한 크기 비교를 위해서라면 또렷한 얼굴 사진은 과감히 포기한다. 구매 리뷰 사이트 같은 데서 상품의 실제 크기를 보여주기 위해 옆에 놓는 동전 역할쯤 되시겠다.

랜드마크 기념이 끝났다면 이제 사람에게 집중하면 어떨까. 방법은 간단하다. 거리 A를 줄이고 거리 B를 늘릴수록 좀 더 안정적인 사진이 된다. 랜드마크가 클수록 B의 값을 키우는 것이 좋다. 소설가 모파상Guy de Maupassant은 파리의 미관을 해친다며 에펠탑 건축을 강력하게 반대했었다. 그런데 정작 에펠탑이 완공되자 매일 탑 바로 아래서 식사를 했다. 누군가 그 이유를 묻자 "파리에서 유일하게 이곳에서만 에펠탑이 보이지 않는다"는 훌륭한 답변을 남겼다. 피사체가 클수록 거리를 충분히 확보해야 좋은 사진을 얻을 수 있음을 보여주는 일화

여행 사진 3

여행 사진 4

다. 때로는 굳이 랜드마크 전체를 다 담으려 노력하지 않아야 인상적인 사진을 얻을 수 있다. 자유의 여신상 발목만 나온 그 과감한 사진처럼.

여기에 카메라에 대한 상식을 하나 더하면 훨씬 다양한 표현이 가능해진다. 친구를 세워 놓고 뷰파인더를 들여다보니 사람이 너무 작다. 사람을 좀 더 크게 찍고 싶다면 방법은 두 가지다. 하나는 카메라를 든 내가 친구 쪽으로 더 가거나 친구가 내 쪽으로 더 오는 방법이고, 다른 하나는 렌즈의 줌을 당기는 것이다. 이 두 방법은 모두 피사체의 크기를 키우는 방법이지만 결과는 약간 다르다. 배경이 충분히 멀리 있다면, 카메라나 친구가 직접 움직이는 경우 A값은 꽤 바뀌지만 B값에는 크게 영향이 없다. 따라서 친구는 커지지만 배경의 랜드마크는 여전히 비슷한 크기가 된다.

그런데 렌즈의 줌을 당겨서 피사체와의 거리를 줄이면, A값과 B값이 함께 줄어든다. 카메라의 광학 줌은 당기면 당길수록 보이는 모든 것의 거리를 줄여버리니까. '여행 사진 3'과 비교했을 때 '여행 사진 4'에서 사람은 좀 줄었지만 배경은 더 커진 것을 볼 수 있다. 찍힌 사람의 위치는 같으니 실제로 B값은 변하지 않았다. 그러나 찍힌 사람의 크기가 작아졌다는 것은 카메라를 든 사람이 뒤로 물러서서 A값을 키웠다는 것이고, 건물의 크기가 커졌다는 것은 거기서 다시 줌을 당겨 A+B 전체 값을 줄였다는 뜻이다.

설레는 경치를 담고 싶어 급한 대로 휴대전화를 꺼내 카메라를 켰는데, 눈에 보이는 것보다 심심하기 짝이 없는 사진에 기운 빠질 때가 많다. 렌즈를 통해 보는 거리와 직접 눈으로 보는 거리의 차이 때문일 가능성이 크다.

휴대전화에 달려 있는 카메라는 대부분 광학 줌 기능이 없다. 광학 줌은 두 개의 렌즈로 이루어진 카메라에서 두 렌즈 사이의 거리를 조절해 상의 크기를 키운다. 실제로 사물에 반사된 빛의 거리를 조절하기 때문에, 보이는 피사체들 사이의 간격까지도 달라진다. 하지만 얇디얇은 휴대전화 카메라엔 렌즈를 두 개나 달 공간이 없다. 두 렌즈 사이의 거리까지 확보하려면 양껏 두꺼워져야 하니 곤란하다. 대신 디지털 줌을 쓴다. 카메라 센서가 읽은 이미지 그대로를 강제로 늘려버리는 기능. 피사체들 사이의 거리는 변하지 않는다. 똑같은 이미지의 크기만 커질 뿐이다.

스포츠 경기 사진이 유독 박진감 넘치는 것도 광학 줌이 거리를 줄여버렸기 때문이다. 물론 경기 장면은 그 자체로도 박진감 넘치지만 줌의 혜택을 받는 영역은 따로 있다. 보통 스포츠 사진기자들은 안전상의 문제로 현장과 까마득히 떨어진 프레스석에서 촬영을 하게 된다. 때문에 어마어마한 배율을 자랑하는 줌렌즈를 사용할 수밖에 없다. TV 스포츠 중계를 보면 가끔씩 천체망원경 같아 보이는 카메라가 주르륵 깔려 있는 기자석을 볼 수 있다.

광학 줌은 두 렌즈 사이의 거리가 멀어질수록 피사체를 당겨오는 원리로 작동된다. 그러니 대포 같은 길이의 렌즈라면 배율이 어마어마할 거다. 그런데 이렇게 거대한 배율을 자랑하는 망원렌즈는 저 멀리 있는 선수들을 획기적으로 당겨줌과 동시에 선수와 선수 사이의 거리도 극단적으로 압축시키는 효과를 낳는다. 덕분에 실제로는 적당한 거리를 두고 뛰고 있는 선수들도 이 엄청난 줌렌즈 앞에서는 금방이라도 부딪힐 것처럼 바짝 붙어 있는 모습이 된다. 그만큼 더 위험해 보이면서 박진감도 더해지는 셈이다.

배율이 높은 망원렌즈를 가지고 있다면 배경으로 삼고 싶은 대상에서 최대한 멀리 떨어져서 있는 힘껏 줌을 당겨 찍는 것도 좋은 방법이다. 광학 줌은 당길수록 심도가 얕아진다. 배경이 흐려진다는 말이다. 멀리 있는 멋진 건축물을 이만큼 당겨와 흐릿한 실루엣의 멋진 배경으로 활용하는 것도 빛나는 인물 사진을 얻는 좋은 방법이다.

결국 미화다. 극단적인 망원렌즈를 활용해서 피사체 간 거리를 줄여버리고, 얕은 심도로 흐릿한 배경을 만드는 것도 다 미화된 사진을 얻는 방법이다. 미화는 결국 예쁜 왜곡이다. 여행의 추억을 예쁘게 왜곡하는 건 귀여운 일이다. 그걸 왜곡했다고 뭐라고 한다면 좀 너무한 거다.

다만 예쁜 왜곡 기술을 가늠하다 보면 이 기술의 또 다른 측면도 깨닫는다. 내가 움직이지 않은 채 줌만 열심히 당기면 결국 왜곡된 모습만 보게 된다. 가만히 자리에 서서 렌즈만을 통해 세상을 바라보는 것은 렌즈가 주는 왜곡 안에 머무는 것이다. 그저 예쁜 사진을 얻고 싶을 뿐이라면 줄을 열심히 당기는 게 좋은 방법이겠지만 진짜 모습을 제대로 알고 싶다면 발을 떼서 직접 움직여야 한다. 가까이 다가가야 한다. 조금 수고스럽더라도.

담다

마음을 쏟고 마음을 쌓고

천박하게 들릴지도 모르겠지만 내게 글은 보통 쓴다기보다는 '싸는' 행위에 가깝다. 뿌직뿌직. 좀 그런가? '배설'이라고 쓰면 좀 덜 민망하긴 하다. 글을 배설한다, 이건 좀 있어 보인다. 오히려 그래서 '싼다'는 표현이 더 정확한 느낌이다. 그 벌거벗은 느낌이 고스란하다.

스스로도 정리가 안 되는 감정이나 상념들이 머릿속에서 날뛰며 부딪칠 때 키보드 위에 손을 올리고 걸리는 대로 활자에 눌러 담는 것 말고는 이를 진정시킬 수 있는 다른 방법을 아직 찾지 못했다. 나에게 글은 확실히 싸는 게 맞는 것 같다.

글을 싸는 경험은 누구에게나 있다. 문득 쌀쌀해진 어느 초가을 밤, 아직 미련이 남은 옛 연인의 카카오톡 프로필 사진에서 다른 이와 잡은 손을 우연히 봤다든지, 괜히 더 지치는 것 같은 퇴근길 버스 라디오에서 딱 내 마음 같은 노래를 들었다든지. 그럴 때 손 가는 대로 마구 쓴 글을 페이스북 같은 데 올리기라도 한다면 후회는 필연이다.

영화 〈건축학개론〉을 본 날도 딱 그런 날이었다. 이런저런 생각에 괜히 싱숭생숭해지는 날. 영화의 내용이 그토록 마음을 건드렸는가 하면 딱히 그렇지는 않다. '첫사랑'이라고 부르기에도 애매한 내 '첫 연애'의 기억은 '추억 보정'의 도움을 아무리 받아도 별로 기억하고 싶지 않은 경험이다.

사실 영화가 그리는 그들의 첫사랑도 썩 아름답지는 않다. 영화를 본 많은 이들이 느꼈겠지만 '서연'은 '썅년'(영화 속 대사다. 나는 고운 말을 사랑한다)이 아니었고, 그 첫사랑의 안타까운 실패는 그저 '승민'의 지질함과 술 취한 후배를 어떻게 해보려는 쓰레기 같은 선배 때문이었을 뿐이다.

물론 누구나 관계에 서툴고 어렸던 시절이 있다. 어른이 된다고 딱히 나아진다는 보장도 없다. "우리 모두는 누군가의 첫사랑이었다"라는 영화의 홍보 카피는 사실 "우리 모두는 이불킥을 할 만큼 지질했던 기억이 있다"를 예쁘게 칠해놓은 말에 다름 아니다.

마음이 싱숭생숭해진 이유는 그저 '1980년대 중반에 태어나 영화가 개봉할 즈음 20대 중반을 보내는 사람'으로서 처음으로 '향수'를 자극하는 이야기를 만났기 때문이다. 원래 향수 마케팅은 격동의

1970년대에 청춘을 보낸 중년의 기억이 주된 양분이었다. 그랬던 것이 이제 1990년대에 청춘을 보낸 20~30대에게도 가능해진 것이다. 굳이 김광석까지 거슬러 올라가지 않아도 된다. '전람회'만으로도 묻어날 운치가 꽤 쌓인 세월이라는 이야기다. 물론 세월과 함께 두둑해진 것은 어느덧 경제인이 되어버린 그네들의 지갑이기도 하다. 문화상품이란 늘 두둑한 지갑을 찾아가기 마련이다.

〈건축학개론〉으로 몽실해진 마음이 채 가시기도 전에 또 다시 건축을 말하는 다른 영화를 만났다. 한국 건축계의 이단아였던 고 정기용 선생의 삶을 담담하게 그린 다큐멘터리 〈말하는 건축가〉가 비슷한 시기 극장에 걸린 것이다.

제목에 '건축'이라는 단어가 들어갔다고 해서 억지로 두 영화를 묶을 생각은 없다. 사실 이 두 영화는 닮은 구석이라고는 없다. 포스터부터 뽀송한 햇살 냄새가 고스란히 느껴지는 〈건축학개론〉의 사랑 이야기와 오래된 건물의 묵은 벽돌 냄새가 날 것만 같은 〈말하는 건축가〉에서 겹치는 그림을 찾기란 쉬운 일이 아니다. 오히려 두 영화를 보고 있으면 이들이 이야기하는 '건축'이 과연 같은 단어이기는 한가 싶을 정도다.

서연 앞에 서서 '스페이스를 디바이드하면서 주변 랜드스케이프를 끌어들이는 솔루션'을 현란하게 떠드는 승민을 정기용 선생이 마주한다면, 걸진 목소리로 욕 마디라도 던질 것만 같다. 건축가 승민의 공간은 현대적이고 세련된 사무실이다. 그곳에서 승민은 위계가 자유로워 보이는 작은 조직의 일원으로 일하며, 밤새 입면을 손보고 그대로 책상 위에 드러누워 잠이 들기도 한다. 영화가 묘사하는 승민은 젊은이들이 가진 '이상적인 전문직'의 이데아를 고스란히 투영한 인물이다. 질서가 단단하지는 않지만 전문 분야에 있어서만큼은 격무를 감당해내는 프로의 삶.

그에 비해 자신만의 영역을 구축했다고 평가받는 정기용 선생의 사무실은 몹시 심심하게 생겼다. 안과 의사들이 하나같이 안경을 쓰고 있는 것마냥 '아름다운 건축'을 업으로 삼는다는 선생의 사무실은 동네 복덕방보다 한 뼘 정도 더 세련된 수준이다. 선생은 아파트에 살았다. 아파트 창문으로 흘러들어 누운 햇살을 어루만지던 그의 모습은 인상적이었지만 아파트 자체는 고루하리만치 평범하다.

건축을 붙든 채 철학에 닿으려 했던 노선생의 세월과 건축주의 입맛을 맞추기 위해 '디자인 좀 날려줘야 하는' 승민의 세월. 그 차이에서 오는 간극일까? 혹은 극영화와 다큐멘터리의 오래도록 좁혀지지 않는 지난한 괴리일까?

그래도 〈건축학개론〉이 보여주는 건축을 그저 극영화를 풍성하게 꾸미기 위한 도구적 환상 정도로 치부하기엔 승민이 좀 억울할 듯하다. 건축가에게 기능인을 넘어 예술가이자 철학자의 위상을 부여하는 모습은 요즘도 곳곳에서 만날 수 있다. 내가 아는 가장 유명한 사례는 르네상스의 시작을 알렸던 피렌체 대성당의 돔이고, 가장 오래된 사례는 고대 그리스 로마와 유대문화까지 거슬러 올라간다. 식민지 유대인들의 민심을 얻기 위해 헤롯왕이 지어 올린 황금 성전이 저 멀리 사막 한가운데서도 보였다니, 소위 말하는 '토목정치' 혹은 '삽질정치'는 유행도 안 타는 모양이다.

건축물이 부여하는 권위의 세례는 종교에서 국가로 계승됐고, 자본주의 시대에 와서는 '돈 많은 평민'들에게도 이어졌다. 그 맥락에서 내뱉는 승민의 푸념은 정확하다. 서울의 몇몇 부촌을 잠깐만 걸어봐도 오늘의 건축주들은 확실히 '좀 날려주는' 디자인을 좋아하는 것 같다. 〈건축학개론〉의 이용주 감독 자신이 극 중 배경이 된 연세대 건축공학과 출신이라는 사실이 새삼스레 떠오르는 대목이다. 하지만 승민의 푸념이 현실적이라는 이유 말고도, 영화가 후반부에 이를수록 그가 1학년 때 '건축학개론' 수업을 허투루 듣지만은 않았구나 싶은 모습들이 이어진다. 이건 꽤 대단한 거다. 그에게는 생애 첫 '썸'에 쉼 없이 가슴 뛰었던 한 학기였으니까.

〈말하는 건축가〉에는 동대문디자인파크플라자 설계 공모에서 '수치스러운' 2등을 수상한 조성룡 선생이 자하 하디드Zaha Hadid를 비판하는 장면이 나온다. 그는 '건축에는 추억이 담겨 있어야 한다. 사람들이 공간 안에 머무르며 발견할 수 있는 기억들이 있어야 한다'고 한다.

정기용 선생도 비슷한 말을 한다. "문제도 이 땅에 있고 그 해법도 이 땅에 있습니다. 이 땅에 사는 사람들이 다 가지고 있습니다. 그걸 귀담아 들을 자세만 있으면 되는 거예요. 그걸 반영 안 하고 대가들의 건축만 배워가지고 건축가와 사회는 따로 가고 있습니다."

후배 건축가들에게 힘주어 한 이 말을 승민도 들었을까. 서연에게 제주도 낡은 집을 새롭게 다시 지어달라 부탁받은 승민은 첫 작품에 대한 의욕이 앞서 온갖 '날아가는' 디자인의 설계를 내보인다. 그게 죄 퇴짜 맞고 나서야 그 집이 가진 기억에 주목하기 시작한다. 서연이 부탁한 집은 병마와 싸우느라 지친 아버지가 쉬면서 여생을 보내기 위한 공간이었다. '현대 의학은 마치 토목공사와도 같다'고 한 정기용 선생에게 응수라도 하듯 서연의 아버지는 환자복 아래 헤집어진 육체의 목소리로 '집에 가고 싶다'고 내뱉는다. 그리고 마침내 승민이 보낸 마지막 설계를 보며 '이제 좀 집 같다'고 답한다.

사실 승민이 완성한 집은 너무 현대적이어서 수더분한 섬마을과는 썩 어울리지 않아 보인다. 정기용 선생이 자랑스레 아끼는 시골의 '자두나무집' 같은, 동네 수풀 사이로 슬며시 수그린 겸손함은 부족해 보인다. 현대적으로 다시 꾸며진 벽 위로 가발처럼 얹혀 있는 기와지붕에서는 이질감마저 느껴진다.

그럼에도 서연에게 그리고 그의 아버지에게 이곳이 집다운 이유는 고집스러울 정도로 과거의 흔적들을 고스란히 남겨놓은 승민의 손길 때문이다. 실수로 찍은 시멘트 위의 발자국, 해마다 키를 쟀던 흔적처럼 켜켜이 쌓인 서연의 어린 시절이 집을 집답게 만들어준다. 썩 겸손해 보이진 않지만, 정기용 선생이 자두나무집을 보며 되뇌었던 찬사를 빌려와도 과히 혼날 것 같지는 않다.

"여기는 시간이 머무는 집인 것 같아. 도시에는 시간이 다 도망가 버렸는데……."

미술이나 음악처럼, 예술 그 자체를 자신의 언어로 삼는 이들은 굳이 다시 입을 열어 '말'하는 것을 싫어하는 경우가 많다. '작품번호 몇 번'이니 '무제'니 하는 이름들로 가득한 현대미술에서는 말과 글은 물론이거니와 그저 몇 글자의 작품명이 주게 될 인상에조차 갇히고 싶지 않다는 몸부림이 느껴진다. 가끔은 그 덕분에 오히려 말잔치만 더욱 풍성해지는 역설을 낳기도 하지만.

공간에 대한 철학을 3차원에 보란 듯이 구현해놓은 뒤에는 조용히 말을 삼가는 것이 건축가의 멋일지도 모르겠다. 그곳을 찾는 이들이 이해할 수 있도록 말로 풀어주는 것은 해설가들에게 맡겨둔 채 말이다. 혹은 궁색한 단어들에 갇히지 않고, 그저 사람들이 자신을 둘러싼 공간에서 말을 뛰어넘는 소통을 경험하길 원할 수도 있다. 설명을 달지 않을 이유야 많겠지만 그 많은 이유들을 축약하는 가장 강한 한마디는 많이 들어본 문장이다. "건축가는 건축으로 말해야 한다."

건축뿐이랴. 화가는 그림으로, 작곡가는 음악으로, 언어를 사용하지 않는 모든 예술은 물론이거니와 언어를 사용하는 시인도 시로만, 소설가도 소설로만 말해야 폼이 난다. '아니, 내가 하고 싶었던 얘기는 그게 아니고'로 시작하는, 창작자가 자신의 창작물을 구절구절 설명하는 것만큼 모양 빠지는 일도 없다. 작품으로 말하기를 실패했다는 선언과 다를 바 없으니.

때문에 항암 치료의 상흔으로 나오지도 않는 걸걸한 목소리에 마이크까지 들이대가며 자신의 건축을 말로 설명하려 애쓰는 정기용 선생의 행보는 구차해 보일 수도 있다. 영화 속 내로라하는 건축가들이 선생을 평하는 말 가운데서도 그런 속내를 다분히 느낄 수 있었다. 고인을 다룬 다큐멘터리이니만큼 수긍할 수 있는 미화가 동반되고, 그들 역시 이에 대한 암묵적 합의 아래 다들 표현을 아꼈을 텐데 말이다. 읽기에 따라서는 세상을 향한 자신의 신념을 건축이란 언어로 쉼 없이 표현했던 〈말하는 건축가〉일 수도 있겠지만, 실은 별로 대단하지도 않은 건축물을 철학적 수사로 포장해 부풀리기 바빴던 〈말하는 건축가〉로 보일 수도 있는 것이다.

내게는 전자로 읽혔다. 그는 건축이라는 언어로 끊임없이 말하는 건축가였으며, 건축이라는 언어가 익숙하지 않은 이들을 위해 말로 풀어 설명하는 것도 게을리하지 않았을 뿐이다. 많은 말로 둘러싸였다 한들 그의 건축 언어가 궁색해 보이지는 않았다.

글을 통한 소통의 미덕은 비동시성에 따른 기다림에 있다. 약속 시간에 상대가 나오지 않아 마냥 기다려야 했던 시절을 미화할 생각은 없지만, 글을 쓰느라 걸리는 '숙의의 시간'에는 분명한 가치가 존재한다. 덕분에 많은 곳에서 말보다 높은 위상을 부여받은 글이건만, '버디버디' '네이트온'을 지나 '카카오톡'을 손에 달고 사는 오늘에 이르자 글의 비동시성도 빛이 바랬다. 손으로 쓰던 '글자'의 속도에 비하면 키보드로 두드리는 '활자'는 차라리 말에 더 가까울 정도다.

마음을 쏟아놓는 시간이 이토록 단축되었기에 예전 같으면 말실수에서나 찾아볼 만한 사건들이 글에서도 나타나고 있다. 하지만 또 뒤집어 생각하면 한순간 터져나온 감정을 붙잡아 새겨놓기에 글은 적당히 빨라지기도 했다. 종이 위에 펜으로 획을 그어나가는 그 길지 않은 시간에도 휘발돼버릴 만큼 사람 마음이란 게 야박할 때도 많다.

이러할진대 표현의 수단으로써 '건축이라는 언어'는 참으로 무서운 것일 테다. 순간 떠오른 영감을 몸으로, 글로, 노래나 그림으로 구체화하는 데 걸리는 시간은 건축이란 언어가 필요로 하는 시간에 비교하면 찰나에 가깝다. 짧아야 몇 주, 보통 한두 해, 길게는 저 유명한 사그라다 파밀리아처럼 수백 년에 이르기까지 건축가는 처음 도면을 그리던 순간의 영감을 붙든 채 기둥에 벽에 지붕에 그 고민의 결과를 담아내야 한다.

고작 서너 쪽 종잇장을 써내려가는 동안에도 처음 그 감정이 흐트러져 펜대를 던져버리는 게 우리 모습이다. 진정 건축을 언어로 삼고자 하는 이라면 자기 마음을 붙들어놓는 일에 도가 터야 하지 않을까.

승민의 약혼녀는 15년 만에 나타난 승민의 첫사랑이 불편할 수밖에 없다. 부탁받은 도면만 그려 주고 시공은 다른 사람에게 맡기면 안 되겠느냐 묻는 것도 당연한 반응이다. 그런 약혼녀에게 "내가 끝낼게. 그렇게 하게 해줘"라고 말한 승민은 무슨 마음이었을까.

그로부터 한 달이 넘는 시간 동안, 승민은 첫사랑의 흔적이 어린 현장에서 먹고 자며 15년 전 감정을 건축의 언어로 차곡차곡 쌓아낸다. 그렇게 만들어진 서연의 집은 분명 승민의 언어다. 별안간 수면 위로 떠오른 혼란스러운 과거를 벽돌 하나 타일 하나에 담아냈으리라. 그것은 말로 표현하기 위한 것이라기보다는 쏟아내거나 비워내기 위함이었을 것이다. 서연의 기억 위로 승민의 감정을 쌓아올렸으니 이토록 농염한 공간이 또 있을까. 그리 생각하면 드디어 완공된 집 안에 나란히 앉은 승민과 서연이 서로를 향해 터져나오는 감정을 통제하지 못한 것도 당연한 일이다. 그러게 둘이 거기 왜 앉나. 전개가 빤한데.

승민은 자신의 감정을 다 쏟아놓고 떠났지만 서연은 그렇게 꽉 짜인 공간에 평생 몸을 담기로 했으니 무섭도록 잔인하다. 그리고 마치 자물쇠라도 채우듯 배달된 CD 플레이어와 '전람회' 앨범. 긴 여운이 남는 마지막 장면이었건만 곰곰이 생각해보면 승민은 잔잔했던 자신의 일상에 파문을 일으킨 서연을 향해 '할 수 있는 가장 몹쓸' 복수를 한 게 아닐까.

과시하다

넘지 말아야 할 선

디즈니를 보며 자랐다. 사교육 없이 또래들보다 일찍 영어를 깨우쳤던 것도 디즈니 애니메이션의 공이 크다. 인종주의, 제국주의, 보수적 가족주의, 성역할에 대한 고정관념 등 수많은 비판거리에도 불구하고 디즈니는 내게 여전히 행복의 상징이다. 온갖 골치 아픈 뉴스와 이야기, 속 답답해지는 영화만 보다가 디즈니 캐릭터들의 사랑스러운 꼼작거림을 보고 나면 온몸이 다 개운해지는 느낌이다. 왠지 세상이 그래도 살만한 곳인 것 같다는 생각을 다시 하게 된다.

〈인어공주〉부터 〈라이온킹〉, 〈뮬란〉까지 이어지는 이른바 '디즈니 르네상스' 이후로는 작품들이 좀 심심해진 게 사실이다. 동화같이 아름다운 작화를 자랑할 수 있었던 2D 애니메이션의 시대가 가고 본격적인 3D 애니메이션의 시대가 도래한 뒤로는 그 아성을 픽사에 많이 내주었다.

디즈니와 픽사가 합쳐진 지 꽤 됐는데도 여전히 '디즈니'와 '디즈니-픽사'의 작품에서는 차이가 느껴진다. 디즈니 쪽의 내러티브들이 비교적 단선적인 '스토리'가 대부분인 반면 디즈니-픽사는 구성을 더 촘촘하게 신경 쓴 '플롯'이라는 느낌이다. 러닝타임 내내 요소 하나하나가 유기적으로 내용을 이뤄가는 그 치밀한 호흡에 감탄하게 된다.

디즈니-픽사의 위상을 다시 한번 각인시켜준 〈인사이드 아웃〉에서도 그 즐거움은 여전했다. 잘 짜인 내러티브를 따라가는 것만으로도 신이 나는데, 내러티브와는 아무 관계없이 군데군데 자리 잡은 요소들은 쉴 틈 없는 잔재미를 더한다. '앵거'가 읽어대는 신문의 헤드라인, 트리플덴트 껌의 CM송, 브라질인 헬기 조종사 같은 건 반복의 묘미를 제대로 살렸다. 뇌 속을 모험하는 동안 만나는 '데자뷔'나 '사실과 의견'을 묘사하는 방식 등은 딱히 내러티브에는 아무 영향이 없는 조각들인데, 오히려 그 속에서 제작진의 기지가 더욱 빛난다.

픽사의 작품들은 이런 디테일을 보는 즐거움이 굉장히 큰 지분을 차지한다. 이야기 진행과 상관없이 세계를 풍성하게 만들어주는 온갖 요소들. 이런 디테일을 보고 있노라면 제작진이 회의실에서 아이디어를 꺼내놓으며 낄낄거렸을 모습이 상상되어 어쩐지 더 즐겁다.

디테일은 중요하다. 솔직히 〈인사이드 아웃〉의 초기 제작 소식을 접했을 때, 기획 자체는 흥미로웠지만 캐릭터가 참 성의 없어 보였다. 저게 어딜 봐서 21세기 픽사 애니메이션의 캐릭터 디자인인가. 아무리 감정을 의인화했다지만 전형성이 지나쳐 너무 촌스러운 느낌이었다. 게다가 일관성도 없다. 여성형 캐릭터인 '조이' '디스거스트' '새드니스' 셋은 꽤 신경을 쓴 티가 나는데, 남성형 '앵거'와 '피어'는 심지어 사람 형태도 아니다. 너무해.

그런데 정작 영화를 보니 그 단순하기 짝이 없는 디자인에도 디테일이 생명력을 불어넣었더라. 표정 하나하나도 그렇고 입매며 눈썹까지 관습적으로 움직이는 법이 없다. 픽사의 디테일을 구경하는 즐거움은 특히 살아 있는 듯 움직이는 캐릭터의 표정을 볼 때 가장 크다. 〈인사이드 아웃〉에서는 동공 크기며 눈 밑 애교 살까지 감정에 맞춰 움직인다. 영화를 보는 내내 조이의 입술 색이 참 예쁘다는 생각이 들 정도로 작은 것 하나까지 세심하게 신경 쓴 흔적들이 눈에 띈다.

그중에서도 관객들에게 가장 강한 인상을 남긴 것은 이 감정 캐릭터들의 표면 질감인 것 같다. 영화를 본 꽤 많은 사람들이 캐릭터의 반짝반짝 포슬포슬한 표면에 대해 다들 한마디씩 하고 있었다.

사람들이 질감에 대해 떠들었다는 건 제작진의 고심이 그대로 전달됐다는 뜻이다. 제작진은 이 감정들이 '물질'이 아니라 일종의 '에너지'로 이루어진 존재라는 것을 강조하고 싶었다고 한다. 그래서 아직 디자인이 완성되지 않은 단계의 조이를 모델로 마치 거품을 연상시키는 질감을 구현하려 시도했다. (제작진의 표현을 빌리면 "샴페인 거품"처럼 "스파클링"하게!) 이 질감을 완성하는 데 8개월이 걸렸다고. 미쳤나 보다.

그런데 8개월에 걸친 결과를 모든 캐릭터에 적용하기란 곤란했던 모양이다. 비용 상승이나 장비 문제도 있어 내부적으로는 포기하는 쪽으로 의견이 모이고 있었다. 그런데 픽사 사장인 존 래시터John Lasseter가 보더니 "와, 이거 멋진데! 캐릭터 전부 다 이렇게 만들자!" 하는 바람에 어쩔 수 없이 전부 적용하기로 했단다. 결과적으로 우리에겐 기쁜 일이 됐지만 직원들은 쌍욕을 하지 않았을까. 원래 영웅은 주변을 피곤하게 만드는 법이다. 군복무 시절, 군인 정신 투철한 부대장을 만나 고생하던 나는 동기와 함께 '이순신 부하들도 이순신이라면 학을 떼고 싫어했을 것'이라 확신했다. "뭔 배에 철갑을 두르래, 미쳤나 봐."

〈인사이드 아웃〉의 질감 효과가 없었더라도 영화의 감동에는 크게 영향을 미치지 않았을 것이다. 저 놀라운 시각 효과가 주는 따스함이 영화의 정서를 지배하긴 했지만 어쨌든 내러티브 자체와는 상관이 없는 영역이니까.

그러니 내게 이 질감 효과는 제작진이 보내는 일종의 '과시'로 느껴진다. 사슴뿔이라든지 공작새 꼬리 같은 것들 말이다. 3D 애니메이션이 발전해온 역사의 고비마다 이런 요소들이 꼬박꼬박 등장하는데, 말하자면 "봐! 우린 이제 여기까지 할 수 있어! 이만큼이나 할 수 있다고!"를 열렬하게 외치는 목소리나 마찬가지다.

영화는 널 변호해줬지만
나는 아직도 네가 겁나.

미안해.

처음 3D 기술이 발달하는 과정에서 자연스러운 묘사가 가장 어려운 영역은 '질감'과 '물리력'의 표현이었다. 단순하고 매끈한 질감일수록 표현하기 쉬웠고, 물리력의 영향을 거의 받지 않는 단단한 고체일수록 묘사하기 쉬웠다. 그러니 이 두 가지 모두를 충족하는 〈토이 스토리〉가 극장에서 개봉한 최초의 3D 애니메이션인 것은 어찌 보면 당연한 일이었다.

예상컨대 〈토이 스토리〉의 기획은 '어떤 이야기를 할 것인가'가 아니라 '지금의 3D 기술로 무엇을 제일 자연스럽게 구현할 수 있는가' 하는 질문에서 출발했을 것이다. 완벽하진 않아도 장편 애니메이션을 한 편 제작할 기술을 갖춘 픽사로서는 어쨌든 얼른 깃발을 꽂긴 해야 했을 터. 그러니 3D로 만들되 현재 기술력으로도 큰 무리가 아닌 소재를 찾는 것이 먼저였을 테고 그에 어울리는 스토리를 짜는 것은 나중이었을 것이다.

물리력 표현이 쉬운 단단한 고체, 질감 구현이 크게 중요하지 않은 플라스틱 소재라는 제한은 자연스럽게 '장난감'으로 귀결됐다. 픽사는 이미 1988년 〈틴 토이〉라는 단편을 통해 관련 테스트도 끝냈다. 애니메이션의 주 타깃이 아동이라는 점에서도 물 흐르듯 자연스러운 흐름이다.

해서 1995년에 개봉한 〈토이 스토리 1〉의 장난감은 죄다 질감 구현이 쉬운 플라스틱 소재다. 피곤하게 곰 인형 이런 거 안 나온다. 머리칼이 찰랑거리는 장난감도 등장하지 않는다. 장난감이 아닌 사람 캐릭터들이 주로 발이나 몸통 위주로 등장하는 것도 당시 기술력으로 사람을 자연스럽게 구현하는 데 한계가 있었기 때문이다. 그런데 이걸 마치 '장난감의 시야로 보면 다 이렇게 보인다'는 듯 천연덕스럽게 연출해 보여준다. 어쩔 수 없는 선택을 너무너무 자연스럽게 녹여내는 픽사의 연출력이 기똥찰 따름이다.

4년 뒤인 1999년 개봉한 〈토이 스토리 2〉는 헝겊과 가죽의 질감을 좀 더 살린 '우디'와 함께 봉제 인형 질감이 제대로 구현된 말을 타고 다니는 '제시'가 등장한다. 1편으로부터 15년의 세월을 넘어온 〈토이 스토리 3〉에서는 심지어 복슬복슬한 털로 된 곰 인형 '랏쏘'에 찰랑이는 머릿결을 자랑하는 바비 인형도 나다닌다. 물론 인간들의 얼굴도 훨씬 자주 나오고. 그러니까 이 녀석들이 〈토이 스토리〉 시리즈의 '과시'인 셈이다. 우리 기술력이 여기까지 발전했다고!

이렇게 콘텐츠의 역사에는 기술적 제약이 콘텐츠의 정체성까지 결정해버리는 일이 자주 있다. 조명 설치 예산이 부족해 시종일관 어두침침한 현장에서 촬영하다 보니 내용마저 그런 화면에 걸맞은 범죄 이야기가 되고, 결국엔 그대로 하나의 장르가 되어버린 '필름누아르'(film noir, 누아르는 불어로 '검다'는 뜻)의 이야기는 유명하다.

1990년대에 유행했던 외계인과 괴물 등이 등장하는 공포 영화의 배경이 항상 침침한 우주선이나 뿌연 심해인 것도, 그래서 캐릭터들의 조악한 만듦새가 드러나지 않는 것도 같은 맥락이다. 컬러 출력의 감도가 열악하니 선명한 원색 위주로 쓰라는 출판사의 요구에 따라

빨강 노랑 파랑 원색의 스판덱스 옷을 입고 활약할 수밖에 없었던 미국의 히어로 코믹스도 그러했으며, 원래는 회색으로 설정했는데 부족한 인쇄 기술 덕에 녹색이 되어버린 '헐크'도 그러했다.

〈토이 스토리〉 이후로 사람들에게 가장 회자된 기술력의 과시는 〈몬스터 주식회사〉였다. 〈인사이드 아웃〉을 본 사람들이 감정 캐릭터의 질감 얘기를 하듯, 당시 〈몬스터 주식회사〉를 본 사람들은 하나같이 '설리번'('설리'로 불린다)의 복슬복슬한 털을 얘기했다. 내러티브만 생각하면 전혀 적절하지 않은 디자인이다. 주인공은 잠든 아이들에게 겁을 줘서 그들의 공포를 에너지로 삼는 괴물들이고, 심지어 설리는 꽤 베테랑 괴물이다. 그런데 저렇게 꼭 끌어안고 자고 싶은 질감이라니.

3D 기술이 등장한 이후 표현하기 어려운 소재 중 하나가 털이었다. '물리력'을 구현하는 것이 문제였다. 2D 애니메이션에서 물리력의 작용을 묘사하는 일은 무척 고되지만 원리는 간단하다. 실제 물리현상을 잘 관찰한 다음, 한 프레임씩 손으로 열심히 잘 그리면 된다. 하지만 3D 애니메이션은 그리는 게 아니라 시뮬레이션 설계를 통해 이루어진다. 캐릭터가 누비고 다닐 세계의 물리 법칙, 광원 효과 등을 계산 값으로 입력하는 것이다. 미술이 아니라 코딩이다.

그런데 털 뭉치를 구현하라니. 수천 가닥의 털은 빛도 그림자도 제각각이다. 게다가 털은 가벼워서 공기 저항을 많이 받는다. 그러니 단단한 고체가 운동할 때와는 달리 설리가 움직이면 털은 반 박자 늦게

나풀거려야 한다. 이런 수만 가닥의 털이 제각기 렌더링돼야 했으니 제작진의 노고를 알 만하다.

비교적 최근에 나온 〈라푼젤〉도 비슷한 고난을 보여준다. 오죽 고생스러웠으면 주인공의 길고 긴 금발머리를 시뮬레이션하다가 실패한 화면들을 모아 클립을 다 만들었을까. 유튜브에서 'disney's tangled hair trouble'을 검색하면 제작진이 수도 없이 날밤을 새운 흔적들을 볼 수 있다. 〈몬스터 주식회사〉는 〈라푼젤〉보다도 10년이나 전에 개봉한 작품이니, 10년 전 기술력으로 설리의 털을 구현한 제작진에게 경의를 표함이 마땅하지 않을까. "봤지? 우리는 이제 털도 이렇게까지 표현할 수 있어!"라는 외침이 화면 가득 들려오는 것 같다. (〈몬스터 주식회사〉의 감독이 〈인사이드 아웃〉의 피곤한 영웅 존 래시터다.)

아마도 당사자들은 '과시'라는 단어에 동의하지 못할 거다. 기술을 다루는 이들에게 '구현 가능한 더 좋은 기술'이 존재하는데 그걸 사용하지 않는 것은 용납할 수 없는 일인 경우가 많다. 회사에서 예능을 만들 때도 오디오를 모노 채널로 사용하면 일이 훨씬 편해지는데, 오직 '스테레오가 가능하다'는 이유만으로 스테레오 채널을 활용하느라 일을 복잡하게 만드는 선배가 있었다. 음향이 중요한 방송도 아니었다. 게다가 대부분의 시청자는 모노와 스테레오가 확연히 차이 나는 음향 시설을 갖추고 있지도 않다. 하지만 그 선배는 모노 음향을 결코 용납할 수가 없었다. 그는 공대 출신에 음악 마니아였다. 고정관념이긴 하지만 그 사실을 떠올리니 그냥 수긍이 되었다.

이쯤에서 한 가지 의아한 지점이 생긴다. 이제 마음만 먹으면 얼마든지 실제를 뛰어넘는 그래픽을 구현할 수 있는데, 왜 꼭 '사람'만은 〈토이 스토리〉 때보다 썩 발전하지 않은 수준으로 묘사되는 걸까? 주인공 '라일리'를 비롯한 〈인사이드 아웃〉의 '인간' 캐릭터를 보면 머리카락이나 옷의 질감은 놀라울 정도로 현실적인데 비해 신체 비율, 이목구비, 피부 질감 등은 '찰리 브라운'보다 조금 더 현실적인 정도다. 털이며 헝겊 같은 소재의 질감에는 과시라고 느껴질 정도의 무시무시한 노력을 들여왔으면서 정작 중요한 감정이입 대상인 '인간'에게는 어째서 이렇게 기술을 아끼는 걸까?

여기서 '불쾌한 골짜기uncanny valley'라는 이론이 등장한다. 간단히 설명하면 이렇다. 인간은 인간이 아닌 대상이 인간과 닮을수록 더 호감을 느끼는데, 닮을수록 더 좋아하다가 어느 애매한 지점에서 갑자기 호감도가 급격히 떨어진다. 물론 인간과 구별할 수 없을 정도로 똑같아지는 순간 떨어진 호감도는 다시 급속도로 회복된다. 이 호감도 그래프가 푹 꺾였다가 다시 올라오면서 골짜기 모양을 이루는 것을 일컬어 '불쾌한 골짜기'라는 이름을 붙였다.

이해가 가는 얘기다. 인형이나 로봇이 인간을 닮으면 일단 호감이 간다. 〈스타워즈〉만 봐도 예쁜 짓은 바퀴 달린 R2-D2가 다하는데, 먼저 눈에 들어오는 건 수다스럽게 뛰어다니기만 하는 인간형 로봇 C-3PO다. 반면 최근 일본에서 자꾸 만들어내는 사람 형상의 실리콘 커버를 씌운 '휴머노이드' 같은 걸 보면 갑자기 엄청 불쾌해진다. 아우, 재넨 왜 자꾸 저런 걸 만드나 싶다.

왜 그럴까? '불쾌한 골짜기' 이론은 두 가지 이유를 제시한다. 첫째, 사람과 별로 안 닮은 수준에서는 오히려 사람과의 얼마 안 되는 공통점이 더 눈에 띄지만 어느 선 이상 닮아버리면 차이점이 더 부각되기 때문이라고 한다.

두 번째는 진화심리학적 근거를 끌어온다. 인류 역사상 사람이 다른 이의 표정이나 생김새, 움직임 등을 보고 미묘한 위화감을 느꼈던 경우는 질병이나 장애를 가진 사람, 혹은 시체를 마주했을 때가 많았다. 이는 대개 질병 전염 등의 위험으로 이어지고는 했으니 본능적으로 거부감을 느끼게 됐다는 설명이다.

인간이라는 유일무이한, 아니 유일무이해야 하는 존재의 절대성이 위협받는 게 두려운 것일지도 모르겠다. 침팬지나 고릴라의 영리한 행동을 감탄하고 귀여워하며 보다가도 너무 사람같이 행동하는 순간 소름이 끼치는 것처럼 말이다.

애니메이션에서 '불쾌한 골짜기' 현상은 워너브라더스가 만든 〈폴라 익스프레스〉가 대표적인 사례로 꼽힌다. 서정적인 영상미에 톰 행크스를 성우로 섭외할 만큼 공을 들인 크리스마스 시즌 기대작이었다. 그런데 엄마 손잡고 영화 보러 온 아이들이 무섭다고 울음을 터뜨리며 중간에 나와버리는 일이 비일비재했다고 한다. 굉장히 현실적인 그래픽으로 사람을 구현하긴 했는데 뭔가 어색한 그 미묘함 때문에 거부감을 불러 일으켰다는 게 지배적인 해석이다.

며칠 간격으로 〈인크레더블〉을 개봉한 픽사는 이러한 지점을 본능적으로 알고 있었던 모양이다. 작정하고 불쾌한 골짜기를 피한 것처럼 보이는 〈인크레더블〉의 주인공들은 애초에 현실적인 신체 비율 따위는 씹어먹은 만화체 인물들이었고, 거부감이 들래야 들 수 없는 이 히어로들의 활약은 흥행에 있어서도 〈폴라 익스프레스〉를 압도했다. 굉장히 영리한 선택이었다.

이 영리한 선택이 적용되는 영역은 비단 애니메이션만은 아닌 것 같다. 비슷하게는 이런 얘기도 들은 적이 있다. '사용자 정보를 기반으로 하는 구글이나 페이스북의 광고 매커니즘이 실제로는 지금보다 훨씬 더 일상에 밀접한 수준까지 가능하지만, 거기까지 가면 사용자들이 공포감을 느끼기 때문에 그보단 훨씬 덜 영리한 수준에 일부러 맞추고 있다'고. 무서운 이야기다.

물론 〈인크레더블〉과 〈폴라 익스프레스〉 두 작품 다 10여 년 전 기술이다. 인간형 로봇이라면 모를까, 비디오 그래픽 기술은 이미 불쾌한 골짜기를 넘어 다시 호감도가 상승하는 영역에 들어선 것 같다. 픽사 정도의 기술력이면 실제 사람과 구분하기 어려운 3D 캐릭터를 주인공으로 이야기를 만들어나갈 수 있을 것이다. 다만 그렇게 하지 않을 뿐이다. 그럴 거면 이름 있는 진짜 배우들을 데려다가 촬영하지, 뭐하러 힘들여 3D 캐릭터를 디자인하겠는가. 흥행도 그쪽이 훨씬 나을 텐데.

결국 모든 이에게 "질감"은 필요하니까.

만약 진짜 배우들로 촬영을 하고 '하키섬'이니 '정직섬'이니 하는 배경들만 3D로 구현한다면 현실감은 오히려 더 떨어질 것이다. 관객과 약속한 문법에 어긋나기 때문이다. 〈인사이드 아웃〉은 처음부터 동화적인 인물들을 제시하면서 관객과 공유할 세계관을 약속한다. 처음에 이 약속을 수용하는 것은 그리 어렵지 않고, 영화가 끝날 때까지 약속이 지켜지기만 하면 아무리 비현실적인 디자인이라도 하나의 세계로 받아들여져 감정을 이입하기 편해진다. 그런데 배경은 동화고 등장인물은 실제 사람이야, 이러면 오히려 판타지 애니메이션보다 몰입하기 더 어렵다. 두 개의 문법이 충돌하기 때문이다.

관객이 동화적 상상의 세계를 받아들이기 위해서는 그 세계에 대한 약속이 필요하다. 현실적인 사람 캐릭터를 구현해낼 수 있는 기술이 충분함에도 불구하고 여전히 20년 전 〈토이 스토리〉 같은 사람 캐릭터를 사용하고, 머릿속 감정 캐릭터들에게 '샴페인 거품' 같은 질감을 입히는 데 더 공들이는 이유가 여기 있다.

역시 과시는 적절한 곳에 적절하게 써야 빛이 나는 법이다. 잘난 척도 똑똑해야 해먹고 산다.

동경하다

내 안의 먹물

사람을 유형으로 구분 짓는 일에 질색한다. 사람은 그냥 사람 나름이라고 생각한다. 근거 없는 유사 과학의 대명사 '혈액형 성격론'은 물론이거니와 '화성에서 온 남자, 금성에서 온 여자'류의 이야기도 듣는 순간 짜증이 확 치밀 때가 많다. 그나마 체계성을 갖췄다고 평가되는 MBTI나 애니어그램 같은 성격 유형 검사들에 대해서도 매번 삐딱해진다. 열여섯 개 중에 하나가 되는 건 싫단 말야.

이렇게나 싫어하면서도 그나마 고개를 끄덕이는 것은 MBTI의 I형-E형 분류다. 성격 검사의 대명사 MBTI는 우선 사람을 I형과 E형으로 나누는 데서 시작한다. 보통 '내향형'으로 번역되는 I형과 '외향형'으로 번역되는 E형은 사람들이 이 말을 들었을 때 반사적으로 떠올리는 이미지와는 약간 다르다.

대개 외향적인 사람은 밝고 쾌활한 이미지로, 내향적인 사람은 조용하고 소심한 이미지로 치환되기 쉽다. 하지만 이 I형-E형 분류는 겉으로 보이는 성격을 말하는 것이 아니다. 에너지의 방향이 어디로 향하는가를 묻는다.

이를테면 주말에 친구들과 하루 종일 떠들썩하게 즐거운 시간을 보냈다고 하자. 외향형의 사람이라면 모처럼 한바탕 어울려 스트레스도 풀었으니 활기차게 새로운 한 주를 시작할 것이고, 내향형의 사람은 즐겁긴 했으나 혼자 차분히 재충전할 시간을 가지지 못한 탓에 지친 채로 새로운 한 주를 맞게 될 것이다. 내향형의 사람이라고 그 자리가 즐겁지 않다는 말이 아니다. 에너지를 외부에서 얻는지 내부에서 얻는지로 구분한다.

이런저런 기회로 MBTI 검사를 할 일이 종종 있는데, 다들 그렇듯 나 역시 할 때마다 유형도 점수도 매번 바뀐다. 굉장히 강한 I형이라는 사실만 빼고.

학창 시절부터 앞에 나서서 말할 일이 많았다. 그래서 외향적인 사람이라는 소리를 더 들었다. 하지만 내 에너지는 늘 안에서 나온다. 나는 천성이 '먹물'인 사람이다. 일부러 햇볕 아래서 땀 흘리는 일도 해보고 직접 발로 밟고 부대끼며 경험하는 노력도 해보지만 해가 지면 꼭 책상머리에 앉아 무언가를 끼적여야 안정을 찾는다.

먹물 냄새라는 것이 어쩐지 부끄러워 한동안은 그걸 떨어내보려고 노력했지만 지금은 그냥 내 일부라 받아들이고 끌어안기로 했다. 예능 프로그램을 만드는 사람이 된 뒤, 나의 '먹물내'를 맡은 선배들에게 그걸 빼내야 한다는 조언도 종종 들었다. 그런 말을 하는 이유야 이해하지만 이미 불가능한 일이라는 것을 느낀 지 오래기에 무심히 고개를 끄덕이는 것으로 대답을 다한다. 그걸 빼내는 대신 다른 방법을 찾아야겠지.

받아들이기로 했지만 부채감은 여전히 남아 있다. 부채감이란 이를테면 이런 느낌이다. 글쓰기를 즐기다 보니 주변 사람들에게 장문의 편지를 쓰는 일이 종종 있다. 가르쳤던 과외 학생들에게 쓴 편지도 많았는데, 그들이 보내온 답장 서두에는 이런 문장이 종종 있었다.

"저는 선생님처럼 글을 잘 쓰지는 못하지만 그래도 진심을 담았어요."

물론 그런 뜻은 전혀 아니었겠지만 엉뚱한 부채감을 가진 내 눈에는 "그러니까 선생님의 편지가 감동적인 건 진심 때문이라기보다는 '글발'일 가능성이 커요"라는 뜻으로 읽힐 때가 많았다.

못됐다. 예쁜 마음을 엉뚱하게 비꼬았으니 분명 몹쓸 해석이다. 하지만 그럴듯한 말과 글로 마음을 위장하는 재주는 책상머리에 오래 앉아 있는 사람들에게 더 많은 것이 사실이다. 그 가능성만으로도 늘 마음이 쓰이는 것은 어쩔 수 없다.

에드워드 즈윅 감독의 〈디파이언스〉라는 영화가 있다. 제2차 세계대전 중의 독일, 나치 치하의 유대인들이 독일군의 눈을 피해 숲속에서 공동체를 꾸리고 살았던 실화를 다뤘다. 극적인 서사에 비해 담백하고 묵직한 연출 때문인지 큰 흥행은 못했지만 내게는 꽤 강한 인상을 남겼다.

영화는 마을에서 도망쳐 나온 유대인들이 공동체를 만들어가는 과정에 꽤 많은 분량을 할애한다. 맨몸으로 도망쳐 나와 힘겹게 자리 잡은 임야를 조금이라도 마을답게 만들려면 필요한 일손이 한둘이 아닐 터. 남자들은 모두 팔을 걷어붙이고 저마다 망치니 톱을 든다. 근육에 날을 세운 건장한 남자들 사이로 어울리지 않게 안경을 쓴 남자 하나. 일하는 모습이 영 불안하더니 실수로 목재를 떨어뜨려 다른 사람이 다칠 뻔한다. 망치질 처음 하냐는 핀잔에 이어 원래 직업이 뭐였느냐 묻는 말에 망설이며 내놓는 남자의 대답이 걸작이다.

"나는 인텔리요."

"Intellectual." 그 한마디 대답에 다른 남자들은 순간 멍해진다. 진지한 목소리로 그게 직업이냐고 묻는 말도 이어진다. 독일군이 언제 쳐들어올지 모른다는 불안 속에서 나무 기둥을 세워 올리는 가운데 '인텔리'가 직업이었다고 말하는 남자란 개미 눈에 비친 베짱이로 보이기 쉽다.

그러나 폭력과 권력의 지배에 맞설 사람들을 조직하는 것은 늘 지식인이었다. '펜은 칼보다 강하다'는 경구도 같은 맥락이다. 결국 〈디파이언스〉에서도 후반부에 이르면, 비웃음을 사던 바로 그 '인텔리'

가 마을을 꾸려나가는 데 가장 중요한 역할을 하게 된다. 물리적인 건설을 마치고, 조직과 운영이 필요한 단계에 이르자 그의 힘이 필요해졌기 때문이다.

그럼에도 불구하고 나는 여전히 먹물내 나는 나의 고운 손에 어딘지 모를 부끄러움을 느낀다. '펜이 칼보다 강한 것'은 사실일지 모르겠지만 그 펜보다 강한 것은 땀일지도 모른다는 생각을 한다. 다른 누군가가 자연을 벗하며 혹은 자연과 맞서며 얻어낸 열매들을 종이돈으로 사 먹을 수 있는 시스템이 존재하지 않는다면 나는 스스로 먹을 것조차 구할 수 없는 미완의 존재일 뿐이다.

확신 앞에서 망설임 없이 움직이기 위해 노력하고 다음 일은 그때 가서 생각하자는 편인데도, 결정의 순간 고민하는 버릇은 버리질 못한다. 이것이 옳은 것인가. 정말 맞는가. 이렇게 된 이유는 무엇인가. 결국 그 답을 책에서 찾으려는 것도 버릇이다. 그러다 보니 수많은 결정 앞에서 마음이 외치는 소리를 가장 먼저 듣고, 거리낌 없이 그것을 따르고 부딪치며, 질문에 대한 답을 몸으로 찾아내는 사람들이 그저 놀랍다. 그런 삶을 늘 동경해왔다. 나는 그럴 수 없다는 것을 알기 때문에 더 커 보이는지도 모른다. 나는 그런 이들을 '몸 사람'이라고 불러왔다. 《그리스인 조르바》를 읽기 전까지.

《그리스인 조르바》는 사회주의적 이상을 실현시키기 위해 크레타 섬으로 들어가는 1인칭 서술자가 세상을 몸으로 살아내는 '조르바'를 항구에서 만나 함께 섬으로 가 겪는 일을 이야기한 소설이다.

조르바를 바라보는 주인공은 전형적인 먹물이다. 다만 자신의 이상을 책상물림의 허상으로만 남겨두지 않고 "원고 나부랭이를 팽개치고 행동하는 인생으로 뛰어들 구실"을 찾는 사람이다. 그러니 그저 유약한 몽상가는 아니다. 소설 곳곳에서 그가 세상과 직접 부대꼈던 흔적들을 발견할 수 있다. 그러나 동시에 그는 단테의 《신곡》을 여행의 동반자로 품고 다니는 사람이다. 부처의 말을 베껴 쓰며 마음을 달래고, 생의 감각이 몰아칠 때는 황급히 책상으로 달려가 글로 적어내야 하는 사람이다. 그런 모습들에서 어딘지 깊은 공감을 느꼈으니, 결국 품고 있는 서로의 먹 냄새 때문일 테다.

나 역시 일부러 여행을 많이 다녔다. 연장을 들고 먼지를 뒤집어쓰는 일도 찾아서 했다. 예술 하는 친구들과 어울리며 이런저런 공연에도 빠져봤다. 그때마다 나는 내가 결국 책상 앞으로 돌아가리라는 것을 알고 있었다.

여행 중에 우연히 만난 간호사 형은 아프리카 대륙을 종단하는 여행을 넉 달째 혼자 하고 있었다. 학교에서 공부 잘 하고 있던 어떤 후배는 농활을 다녀오더니 농민들의 삶에 한탄하며 별안간 농사를 지으러 떠났다. 이런 이들을 만날 때면 그들과 내 안에 숨 쉬고 꿈틀거리는 무언가가 처음부터 다른 색이라는 생각이 든다.

긴 시간 혼자 하는 아프리카 여행이나 갑자기 농사를 지으러 떠나는 행동 그 자체가 중요한 것은 아니다. 비슷하게나마 나도 그렇게 살아본 조각들이 있다. 그러나 지금까지도 간혹 얼굴을 마주하는 그들과 이야기를 나누노라면 나의 그런 행동은 흉내에 머무르는 것 같다는 느낌을 받는다.

그 경험들이 거짓과 가식이라는 말이 아니다. 다만 내 안의 먹물이 짙어지는 데 기여했을 뿐이다. 조르바는 글로 진리를 깨우치지 않았다. 세상에 부딪혀 몸에 난 생채기만큼 쌓인 지혜는 불필요한 허울 없이 정수에 닿아 있다. 내가 '몸 사람'들과 이야기를 나눌 때 느끼는 감각이 그것이다. 몸으로 깨우친 그 지혜와 내가 책에서 만난 현인들의 지혜가 깔끔히도 닮아 있음을 발견하는 기분.

《그리스인 조르바》만큼이나 사랑하는 또 다른 책, 헤세의 (최근에는 원제를 살린 《나르치스와 골드문트》로 나오는) 《지와 사랑》은 책상의 지혜도 몸의 지혜도 종국에는 서로 만나게 됨을 말한다. 그러나 책상의 지혜가 몸의 지혜와 만나기까지의 과정에는 불필요한 오만과 오해에 빠질 수 있는 위험이 많다. 그런 군더더기라고는 찾을 수 없는 '몸 사람'들의 지혜에 아득한 동경과 부채감을 느끼는 것은 어쩌면 당연하다.

그런데 조르바를 활자로 탄생시킨 이도 결국 글쟁이다. 거침없는 신념, 몸으로 부딪혀 얻어낸 지혜의 정수를 보여주는 문학작품 속 수많은 '조르바'들은 결국 먹물들의 펜대 끝에서 태어나기 마련이다.

40년이 넘도록 매번 새롭게 재현되고 있는 연극 〈에쿠우스〉에는 말 여섯 마리의 눈을 찌른 소년과 한 중년 남자가 등장한다. 남자는 원초적 생명력 앞에서 자신을 돌아보는 정신과 의사다. 그 의사의 시

선도 결국 작품 밖의 또 다른 먹물인 작가 자신의 부채 의식이다. 빚진 것 같은 이 기분은 먹물들의 본능인 모양이다. 책상과 활자에 파묻히느라 창밖의 사람들과 더 많은 시간을 쌓지 못하는 것에 대한 부끄러움은 몸으로 살아내는 인물들을 창조하고 그 피조물을 동경하는 것으로 구현된다.

나 역시 문학으로 만난 조르바를 동경한다. 하지만 제멋대로에 거칠고, 자기 경험 밖의 것은 무시하며, 늘 정욕에 사로잡혀 있으면서도 여성을 대하기는 말할 수 없이 폭력적인 그의 태도를 생각하면 하루는커녕 한시도 같이 있고 싶지 않다. 그는 문학 안에서만 놀라운 인간이다. 현실로 나오면 내가 질색하는 인간상, 마초일 뿐이다. 먹물들의 손끝에서 탄생한 '몸 사람'들의 지혜도 현실에서는 책상머리 지혜와 똑같이 부족하고 어긋날 때가 있을 것이다.

그럼에도 불구하고 내게는 없는 조각을 가진 '몸으로 세상을 깨우치며 살아가는 사람들'을 만나는 것은 포기할 수 없는 즐거움이다. 내게 없는 그들의 조각들이 새로운 활력을 불어넣어 준다. 예전에는 내식대로 '몸 사람'이라 부르곤 하던 그들을《그리스인 조르바》덕분에 새로운 호칭으로 부를 수 있게 됐다. 그 호칭이 불러일으키는 온갖 풍성한 이미지가 싫지 않기에 늘 이 책에 고마워한다. 나는 이제 그들을 '조르바 같은 사람'이라고 부른다. 물론 현실 속 그들은 책 속 조르바보다는 훨씬 예의 바른 사람들이다.

자라다

우리의 유년기가 끝나던 날

참 길었다. 〈해리 포터〉 시리즈, 그 대단원의 마지막 〈해리 포터와 죽음의 성물 2〉를 보기 위해 개봉 첫날부터 극장을 찾았다. 시리즈의 여느 편보다 잘 만들어진 영화라고 생각은 했지만 엔딩 크레디트가 올라가는 순간 상영관 안에서 박수가 터져 나올 줄은 몰랐다. 극장에서 박수라니. 초등학생도 아닌 '국민학생' 때 시민회관에서 무료로 봤던 〈토이 스토리〉에서 '버즈'가 날개를 펼치며 "무한한 우주 저 너머로!"를 외쳤던 순간 이후 10여 년 만에 처음 경험하는 일이다.

그날 나도 박수를 쳤다. 솔직히 〈해리 포터〉 시리즈를 그리 좋아하는 편은 아니었지만 마음에서 우러나온 갈채를 보냈다. 그렇게나 훌륭한 영화였을까? 이유는 다른 곳에 있다.

작품의 완성도만 놓고 본다면 영화가 TV 드라마를 압도하는 것이 보통이다. 방영 전에 제작을 모두 끝내는 선제작 드라마라면 모를까, 그 어떤 나라보다 선제작 시스템이 정착되지 못한 한국에서는 어지간해서 영화에 버금가는 만듦새의 드라마를 기대하기 어렵다.

하지만 완성도를 떠나 시청자들에게 미치는 정서적인 위력은 드라마가 한 수 위다. 어떤 드라마가 한창 인기일 때는 드라마를 즐겨 보지 않는 사람도 대략의 줄거리부터 어제 방송된 내용이며 주인공들의 관계 혹은 버릇까지 알게 되는 경우가 많다. 영화는 아무리 흥행을 한다 해도 그런 경우가 흔치 않다. 그만큼 드라마는 사람들의 일상 속에 슬며시 들어와 자리 잡는다.

영화의 인상은 크레디트가 끝나고 불이 켜지는 순간, 상영관의 어둠과 함께 사라지기 일쑤다. 반면 저마다의 일상에서 매주 꼬박꼬박 위로와 즐거움을 주는 드라마는 현실과 촘촘하게 엮어진다. 그러는 가운데 사람들은 드라마 속 인물들에게 온전히 몰입한다. 진부한 대사에도 쉽게 마음을 내주고 눈물을 흘린다. 실상 우리네 삶의 장면들이란 대개 어설픈 드라마 대사 한 줄보다도 서툰 말로 가득하지 않나. 그럼에도 우리는 그 말들에 설레고 떨리며 울음을 터뜨리곤 한다. 그 한마디가 나오기까지 쌓여온 시간, 자라온 유대감 때문이다. 드라마의 감동이란 것도 차곡차곡 쌓인 시간만큼의 정서적 유대감이 큰 부분을 차지한다.

바로 그 점에 있어서 〈해리 포터〉 시리즈는 전례 없는 기념비를 세웠다. 자그마치 10년이다. 10년 동안 거의 매년 한 편씩. 이야기가 걸어온 시간도 그렇거니와 그 대장정 동안 같은 배우들이 등장인물 대부분을 꾸준히 연기했다는 사실 또한 다시 볼 수 없는 사건이다.

영화 〈해리 포터〉가 그 역사를 쓰기 시작한 것은 2001년이지만 책으로 인기를 얻은 건 1997년부터였다. 나는 1997년에도, 2001년에도 그 열기에 동참하지 못했다. 내가 〈해리 포터〉에 조금이나마 애착을 가지기 시작한 것은 그로부터 한참 뒤의 일이다. 소설 《해리 포터》 시리즈가 한국에서 한창 유행을 타고 있던 그때, 나는 《드래곤 라자》라는 판타지 소설에 빠져 있었다. 《해리 포터》보다 먼저 PC통신에서 연재되며 국내에 장르소설 열풍을 일으킨 이 소설은 장르의 특성과 문학성을 고루 살린 보기 드문 수작으로 꼽힌다. 그리고 무엇보다 재미있다. 위트 넘치는 문장들이 쉴 새 없이 이어져 '수불석권 식음전폐'가 그냥 된다.

《드래곤 라자》에 감복한 나머지 뒤이어 쏟아진 몇몇 장르 문학을 읽어보다가 나머지는 대부분 함량 미달임을 깨닫고 금세 흥미를 거두었다. 그러니 청소년 문학을 자처하고 나선 《해리 포터》가 눈에 찼을 리 없다. 얼마나 재밌기에 난리인가 싶어 한 편을 읽었지만 시큰둥했던 기억이 난다.

몇 년 뒤 개봉한 영화도 좀 싱거워 보였다. 당시만 해도 판타지 영화가 흔치 않았는데, 그해에는 〈반지의 제왕〉과 〈해리 포터〉라는 걸

출한 판타지 영화가 두 편이나 극장에 걸렸다.

호기심을 잔뜩 그러안고 극장에 갔다. 완성도나 연출력이나, 내게는 〈반지의 제왕〉의 압승이었다. 대신 〈해리 포터〉에서는 어릴 적 보았던 〈구니스〉며 〈네버엔딩 스토리〉 같은 옛날 가족 영화의 내음이 났다. 재밌다기보다는 '호그와트'를 표현한 그 미장센의 고전적인 질감과 분위기에서 묘한 향수를 느꼈던 것 같다. 보고 있으면 기분 좋아지는 게 따뜻하고 아늑했다. 그렇게 영화 〈해리 포터〉는 내게 이야기보다는 인상으로 남았다.

소설 《해리 포터》 시리즈에 애정이 생긴 건 고등학생 때다. 우연히 기숙사 같은 방 선배 책꽂이에서 《해리 포터와 마법사의 돌》 영어 원서를 발견했다. 영어 공부도 할 겸 만만한 청소년 소설들을 원서로 읽으려던 차에 《해리 포터》는 실로 적절했다. 기숙사는 꽤 엄격한 분위기여서 매일 자정까지 의무적으로 자습실에 붙어 있어야 했는데, 학업과 상관없는 소설책 등을 읽는 것은 금지였다. 그러니 영어 공부라는 핑계 뒤에 숨어 원서로 소설을 읽는 것은 요긴한 여흥거리였다.

퍽퍽한 분위기 속 작은 편법이라 그랬는지 아니면 원문의 맛을 알게 된 것인지, 수년 전 실망스러웠던 번역본과 달리 원문 《해리 포터》는 눈에 착착 감겼다. 결국 시큰둥했던 어릴 적 반응이 무색하게 기숙사 자습실에 앉아 그 두꺼운 원서 소설을 4권까지 내달았다. 소설에 재미를 붙이니 영화도 반가워졌다. 어느새 나도 〈해리 포터〉 시리즈가 개봉할 때마다 약속처럼 극장을 찾는 사람이 되어 있었다.

정말 그랬다. 〈해리 포터〉의 팬들은 정말 '약속처럼' 극장을 찾았다. 2편이 나오고 3편이 나올 즈음부터 한 편 한 편의 완성도는 관객들에게 더 이상 별 문제가 되지 않는 듯했다. 매 권마다 700쪽은 우습게 넘겨버리는 방대한 분량의 원작을 고작 2시간 남짓한 러닝타임에 욱여넣었으니 영화에서는 당연히 부족함이 느껴질 수밖에 없다. 원작이 있는 모든 영화가 그렇듯 원작 소설의 팬들은 첫 번째 〈해리 포터〉 영화가 나왔을 때부터 불만이 많았다.

심지어 편 수가 쌓여갈수록 시리즈 전체를 관통하는 '해리 포터 대 볼드모트'의 큰 갈등이 부각되면서 영화는 시리즈의 일부로 구속될 뿐, 각 작품으로서 독립성은 희석되어갔다. 결코 짧지 않은 영화를 보았음에도 불구하고 이렇다 할 절정이나 대단원도 없이 엔딩 크레디트를 만나는 개운치 않은 감정도 잦아졌다.

그럼에도 관객들은 매번 해리를 만나러 극장을 찾았다. 마치 드라마의 중간 몇 편이 썩 재미없어도 '보던 거니까' 방영 시간에 맞춰 성실하게 TV 앞에 앉는 시청자들처럼. 바로 그 지점이 〈해리 포터〉라는 영화 시리즈의 매력이 됐다. 내러티브가 좀 약해도 차근차근 정서적 유대를 쌓아 결국 감동까지 끌어내는 TV 드라마의 힘을 스크린으로 고스란히 옮겨온 것이다. 심지어 〈해리 포터〉의 주인공들은 처음부터 그 관객들 대부분과 또래였다. 친구였다. 시리즈가 거듭되면서 나이도 함께 먹는 사이였다.

하여 관객들은 마지막 편인 〈해리 포터와 죽음의 성물 2〉가 상영

되는 극장 안에서 자신들의 유년기를 만난다. 여기서는 드디어 호그와트 삼총사가 볼드모트를 쓰러트리기 위해 볼드모트의 생명을 나누어 담은 '호크룩스'들을 찾아내 파괴하는 과정을 보여준다. 호크룩스는 1편 〈해리 포터와 마법사의 돌〉에 등장했던 '그린고트 은행'의 금고 안에도 있었고, '소망의 거울'이 있는 방에도 있었다. 삼총사는 그것들을 파괴하기 위해 2편 〈해리 포터와 비밀의 방〉의 무대였던 '비밀의 방'에 다시 찾아가, 그때는 위협적이었지만 이제는 유골이 되어버린 '바실리스크'의 이를 뽑아낸다.

그렇게 이들은 그간 시리즈에 등장했던 공간을 다시 하나씩 밟아간다. 끝판왕을 무찔러야 하는 꽤 다급한 상황이지만 '해리'도 '론'도 '헤르미온느'도 그곳에 다시 발을 들이는 순간 지난날의 기억들이 스쳐갔으리라.

그리고 그 기억은 영화를 보는 관객들에게도 같은 거리의 추억으로 떠오른다. 〈해리 포터와 마법사의 돌〉을 볼 때 나는 몇 살이었지, 〈해리 포터와 비밀의 방〉은 누구랑 보러 갔었지 등등. 등장인물들의 추억이 곧 나의 추억이 된다.

배경뿐이랴. 영화 속 인물들을 향한 저마다의 애정은 시리즈가 끝난 지금까지도 심심찮게 회자될 만큼 지극하다. 등장인물들과 함께 나이를 먹어온 관객들에게는 마법계의 위기 앞에서 하나가 된 짙은 표정의 호그와트 교수들이 꼭 자신들의 은사처럼 친근했을 것이다. 10년의 시간은 영화 속 허구의 인물들에게 진짜 애정을 갖기에 충분했다. '맥고나걸 교수'로 분한 매기 스미스는 시리즈가 시작하던 1편에서도 이미 환갑을 넘긴 나이였다. 그를 10년간 꾸준히 맥고나걸 교수로 만나면서, 관객들은 시종일관 엄격한 표정 뒤의 그 따뜻한 마음씨를 잘 알게 되었다. 마치 해리처럼, 그의 제자가 된 것마냥 말이다. 맥고나걸 교수가 해리를 향해 "Good to see you"라고 인사를 건네며 살며시 웃을 때, 그 깊은 반가움을 느낀 것은 스크린 속 해리만이 아니었을 것이다.

호그와트 삼총사야 말해 무엇할까. 이제 그네들의 인생은 해리, 론, 헤르미온느로 살아온 시간이 그렇지 않은 시간만큼이나 길다. 〈해리 포터〉 시리즈 말고도 다양한 활동을 하며 주목을 받아온 엠마 왓슨이건만, 여전히 많은 사람들은 그를 헤르미온느라 부르길 좋아한다. 활동이 상대적으로 덜 눈에 띈 대니얼 래드클리프나 루퍼트 그린트는 더하다. 그들이 해리 포터와 론 위즐리에서 벗어나려면 앞으로도 긴 시간이 필요할 것이다. 아니, 솔직히 말하면 평생 벗어나지 못할 것 같다. 장담컨대, 먼 훗날 대니얼 래드클리프의 부고 기사 헤드라인은 '해리 포터, 마침내 빗자루를 타고 하늘나라로 떠나다' 정도가 될 테니까.

〈해리 포터〉 시리즈는 결국 성장 영화다. 아무것도 모르고 사고만 치던 소년 소녀들이 정의가 무엇인지, 옳은 것이 무엇인지를 배워나가는 이야기다. '소망의 거울' 앞에서 욕망을 감추지 못하고, 출입 금

해리 포터 안경은 언제부터인지
멋쟁이의 상징이 되었다.

나는 김구 선생이 될까 봐
감히 쓰지 못한다.

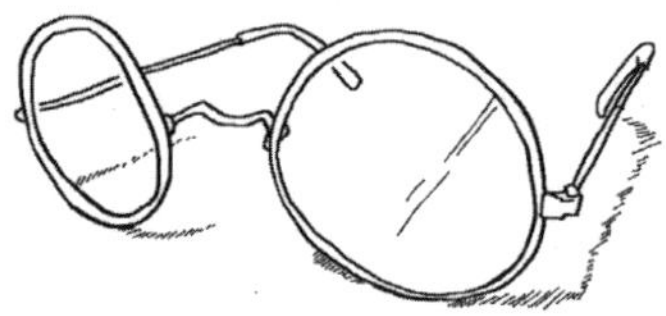

지된 '비밀의 방'에 다가가던 호기심 많은 아이들은 이제 세상에서 가장 강력한 지팡이를 덤덤히 부러뜨린 다음 절벽 아래로 던져버릴 수 있는 진짜 어른이 되었다.

이런 종류의 성장 영화는 많다. 그러나 수많은 성장 영화와 달리 〈해리 포터〉만이 담을 수 있었던 또 하나의 '성장'은 스크린 밖에서 실제로도 커버린 주인공들이다. 시리즈가 거듭될수록 몰라보게 달라진 신체적인 성장은 물론 시리즈 마지막에 이르러서는 여느 중견 연기자 못지않은 깊은 연기를 구사하는 배우로서의 성장도 보여준다. 모르긴 해도 너무 어린 나이에 날벼락처럼 몰아친 유명세를 치러낸 만큼 그들의 내면도 '그 10년'과 함께 성장해오지 않았을까.

또 다른 판타지 영화인 〈나니아 연대기〉의 제작진은 1편을 촬영할 때 모든 장면을 영화 속 시간 순서대로 찍었다고 한다. 매우 드문 일이다. 보통은 로케이션과 배우들의 일정을 고려해 스토리상의 시간과 상관없이 시퀀스별로 촬영한다. 이유를 들어보니 당시 주인공을 맡은 아역배우들이 워낙 어렸기 때문에 촬영 기간 동안 조금씩 성장하는 과정을 자연스럽게 드러내기 위해서였다고 한다. 이 역시 일종의 성장 영화였기 때문이다.

실제 배우들의 성장을 그대로 담아 깊이를 더한 성장 영화는 또 있다. 현실과 허구의 시간 경계를 허물기 좋아하는 리처드 링클레이터 감독의 〈보이후드〉가 그렇다. 그는 한 가족의 12년간의 성장 스토리를 실제로 12년 동안 촬영한 것으로 화제를 모았다. 하지만 12년의 성장을 보여준 〈보이후드〉보다 10년에 걸쳐 찍은 〈해리 포터〉 시리즈에 더 애정이 간다. 〈보이후드〉의 12년은 한자리에서 2시간 만에 볼 수 있지만 〈해리포터〉의 10년은 오롯이 함께 성장하며 그 과정을 지켜보았기 때문이다.

〈해리 포터〉 마지막 편의 마지막 장면. 마침내 대단원의 막이 내려가고 "19년 뒤"라는 자막과 함께 등장한 주인공들의 모습에서 우리는 자기 자신을 발견한다. 사실 "19년 뒤"라는 자막을 보는 순간 느껴지는 이유 모를 불안감은 너무도 성의 없는 분장에 여전히 뽀송뽀송한 얼굴로 천연덕스럽게 등장하는 주인공들을 보는 순간 실소로 터져 나온다. 하지만 그 웃음기는 이내 뭐라 말할 수 없는 감정으로 번져간다.

호그와트 삼총사는 자신들의 2세를 호그와트로 보내기 위해 9와 4분의 3 승강장을 찾는다. 아이들이 그 기둥 속으로 뛰어드는 모습을 본 순간, 삼총사는 맨 처음 자신들이 그리로 뛰어들던 순간을 떠올렸을 것이다. 그리고 스크린 너머 객석에 앉아 그런 그들을 바라보는 우리 역시 그들과 함께했던 유년기를 돌아본다. 2세들이 호그와트행 기차를 타고 떠나는 모습을 보면서 시리즈와 함께 마침내 우리의 유년기도 끝나버렸음을 실감할 때 말할 수 없는 먹먹함을 느낀다. 여덟 편, 잔치는 끝났다.

그러니 영화가 끝나고 엔딩 크레디트가 올라갈 때 터져 나왔던 박수는 영화의 작품성을 향한 것만은 아니었다. 그것은 10년 동안 계속된 여덟 편의 대단원을 기념하는 박수이고, 그 세월 동안 우리의 상상력을 다채롭게 일깨워준 제작진의 노고에 고마워하는 박수이며, 마침내 끝나버린 우리의 유년기를 향해 보내는 박수이다. 내가 고등학교 기숙사에서 원서로 〈해리 포터〉와 인연을 맺었던 것처럼, 그곳에서 박수를 치던 사람들도 각자가 기억하는 〈해리 포터〉의 순간을 떠올리고 있었겠지.

시간을 쌓은 이야기는 사람들과 인연을 맺기 마련이다. 좋은 이야기는 작가가 찍은 마지막 마침표에서 완성되는 것이 아니라 독자가 덮는 마지막 책장에서 완성된다. 수많은 삶과 인연을 맺은 작가, 제작진이 한없이 부러워진다. 나도 나 아닌 누군가가 마침표를 찍어줄 이야기를 만들어가고 싶다.

듣다

신념이 야위어가는 계절

예전에는 영화 시사회를 줄기차게 신청해도 당첨된 적이 없었는데, 언론사에 입사했더니 먼저 초대받는 경험을 다 한다. 노동조합 앞으로 티켓이 몇 장 왔는데 마침 다들 바빠서 졸지에 내가 조합 대표 관람객이 되었다. 제목은 〈헝거〉. 1980년대 영국 정부로부터 북아일랜드의 독립을 요구하던 아일랜드공화국군IRA의 이야기다.

영화는 처음부터 끝까지 이들이 수감된 교도소만 비춘다. 교도소 내의 정치범 지위 보장을 요구하는 IRA 소속 청년들의 투쟁과 요구가 관철되지 않자 66일간의 단식투쟁 끝에 목숨을 잃은 보비 샌즈Bobby Sands의 실화가 영화 내용이다. 영국에서는 2008년에 개봉했던 영화가 8년이나 지나 한국에 들어왔다. 영화의 울림이 좀 더 고스란히 전해질 수 있는 정치적 상황을 기다렸던 걸까.

영화는 인상적이었다. 정치적 지위를 위해 목숨까지 포기할 수 있었던 한 인간의 신념. 숭고한 이야기다. 그런데 선뜻 입이 떨어지지 않는다. 영화가 준 강렬한 인상은 감동보다는 고민을 얹어주었다.

우선 IRA라는 단체가 생소했다. 20세기를 고스란히 관통하며 전개돼온 영국연방의 정치 분쟁사는 한국인들에게 낯선 이야기다. 같은 시기 한국의 근현대사만으로도 충분히 복잡한데, 그들의 이야기는 한국의 복잡한 역사와 직접적인 연결 고리도 없다. 아주 가끔씩 접하는 외신 보도는 영국 주류의 시선을 대변했을 가능성이 크다. 그런 단편적인 이야기 속의 IRA는 영국의 안전을 위협하는 테러 조직 정도의 이미지였다. IRA는 실제로도 꽤 오래 무장투쟁 노선을 견지해오며 크고 작은 테러를 일으켰으니 아주 호도한 것은 아닌 셈이다.

영화가 끝나고 집으로 돌아와 IRA에 대한 자료를 조금 찾아보았다. 영국연방에 속한 아일랜드, 스코틀랜드 등의 정치적 갈등은 어렴풋이 들어온 이야기다. 이 모든 과정과 그 안의 IRA에 대해 이해하려면 20세기 영국사를 통째로 공부해야 할 판이다. 하지만 굵직한 사건들은 분명 있었다.

영국의 공수부대가 아일랜드 평화 시위대를 향해 발포하면서 열네 명의 사상자를 냈던 '피의 일요일' 사건이나 폭탄 테러범이라는 누명을 뒤집어쓰고 15년 동안 징역을 살았던 제리 콘론 등 '길포드 4인방' 사건은 사람들의 무장투쟁을 부추길 만큼 분노를 일으키기에 충분했다. 제리 콘론의 경우는 무고한 다른 가족들까지 억울한 혐의를 받아 체포되었는데, 심지어 그의 아버지는 아들이 석방되기 8년 전 옥중에서 결핵으로 죽고 말았다. 어딘지 한국에서도 익숙한 서사다. 2005년에 이르러서야 토니 블레어 영국 총리가 당사자들에게 공식 사과한 이 끔찍한 이야기는 〈아버지의 이름으로〉라는 영화로 만들어져 베를린 국제영화제 금곰상을 수상하기도 했다.

사실 근현대사까지 오지 않아도 수세기에 걸쳐 영국의 침략을 받고, 400년의 식민 지배를 거치며 개종을 강요받고 토지를 몰수당하는 등 갖은 수모를 겪은 아일랜드의 역사는 문화를 넘어 능히 공분할 수 있는 이야기다. 비슷한 아픔을 겪은 한국인으로서 더욱 그렇다.

'어떠한 경우라도 폭력과 불법은 수단이 되어서는 안 된다'는 말에 동의하지 않는다. 더구나 이 말의 주체가 남의 나라 주권을 멋대로 빼앗았거나 '합법적인 폭력'을 앞세워 정당한 목소리를 억압하고 있다면 이미 그 말이 폭력이다. 일견 단호한 정의 같아 보이는 저 말이 일제 강점기에 목숨을 걸고 싸웠던 이들을 깎아내리는 데 동원되는 것 또한 여러 번 보았다. 그 말을 하는 이들은 어째서 비교도 못할 만큼 더 큰 제국주의의 폭력에는 눈을 감는 것일까.

그럼에도 불구하고 이 영화가 그리는 신념 앞에서 망설였던 이유는 IRA가 벌인 여러 차례의 민간인 테러 때문이었다. 신념을 말하고 주권을 되찾기 위해서라면 직접적으로 상관이 없는 무고한 사람들을 희생시키는 것까지 용인할 수 있을까. 그건 전혀 다른 문제다.

눈 딱 감고 그냥 산다면 몰라도 세상을 들여다보기 시작하면 골치가 갈려나간다. 옳고 그름의 경계가 자로 그은 선처럼 정확하게 나누어져 있다면 세상 편할 텐데, 그게 아니니 이토록 답답스러운 날들이 이어진다. 그러다 보니 옳음 자체보다는 '아무리 그래도 이것만은 하면 안 되는 일'을 더 고민하게 됐다. 그쪽이 훨씬 선명해 보였다. 덜 위험해 보였다. 영웅이 될 마음은 없지만 양아치만은 되지 말자. 그럼 부끄럽지는 않겠지. 그래서 아닌 걸 아니라고 하는 데 모든 결정을 집중했다. 그래도 여전히 어렵다.

IRA의 분노는 정당하지만 수많은 민간인을 희생시킨 행동 앞에서 그 모든 분노를 신념으로 받아들일 수는 없다. 중동의 이슬람 문명은 테러리스트를 대표하는 이미지로 소비되고 있지만 그 분노의 근원을 따라가면 역시나 팔레스타인 땅에 멀쩡히 잘 살고 있던 이들을 들쑤시고 들어간 유대인들과 이를 도운 국제사회가 있다. 무고한 이들을 향한 테러에 동의할 수는 없지만 먼저 때린 놈들은 항상 너무나 우아하다. 한 치의 과오도 없는 신념만이 제 목소리를 낼 수 있는 것은 아니다. 그런 신념은 어디에도 없다.

다행이라고 해야 할까. 〈헝거〉의 카메라는 담담하다. 그래서 더 인상적이다. 투쟁하는 IRA 청년들과 보비 샌즈가 주인공이지만 딱히 그들 편을 열심히 들어주진 않는다. 숭고함을 덧칠하지도 않는다. 오히려 너무하다 싶을 만큼 싸우는 신체 자체에 집중하며 그것이 얼마나 처절한지 지켜볼 수 있는 거리를 허락한다.

그 안에서 조금씩 무너져가는 또 다른 인간들, 교도관이나 진압대원에게도 렌즈를 허락한다. 오히려 조금이라도 감정이 느껴지는 것은 이들 쪽이다. 수감된 채 지난한 싸움을 이어가는 이들에게 감정은 사치인지도 모른다. 수감자들의 메마른 눈빛은 차라리 인간이길 포기한 것처럼 비친다. 지는 싸움, 버티는 싸움은 대개 감정이 개입되는 순간 힘들어진다.

영화의 백미로 꼽히는 장면은 죽음까지 각오한 단식을 앞둔 보비 샌즈와 그를 설득하려는 신부가 설전을 벌이는 16분의 롱테이크다. 롱테이크 양식은 단순히 '긴 컷'만을 뜻하지 않는다. 편집과 앵글을 동원해 '무엇을 보아야 할지' 강요하기를 최대한 자제하고, 관객이 화면 속 요소들을 능동적으로 취하도록 하는 의미가 있다. 마주 앉은 두 사람의 옆모습을 경직된 풀숏으로 잡은 이 길고 긴 한 컷은 앵글이 무심한 만큼 대화마저 관조한다. 목소리는 조소와 격앙을 오가고 있지만 클로즈업된 얼굴은 보여주지 않는다.

이 장면은 가장 긴 컷이기도 하지만 영화를 통틀어 유일하게 '말'이 살아 있는 장면이기도 하다. 100분에 가까운 시간 동안 영화는 차가운 회색 벽 안에서 싸우며 시들어가는 육신만을 보여준다. 유의미한 언어가 살아 있는 순간은 이 16분의 롱테이크뿐이다. 왜 싸우는지, 왜 그렇게까지 해야 하는지, 그것에 어떤 의미가 있는지를 치열하게 주고받는다. 옳은지 그른지 설득하는 것이 아니라 왜 그렇게 하는지에 대한 대화를 보여준다.

오늘 우리 언론의 카메라엔 그게 없다. 왜 싸우는지가 없다. 왜 그렇게까지 하는지가 없다. 시위 참여자와 전경으로 가득한 광장을 비추는 카메라에도, 192시간 27분 동안 이어진 필리버스터를 비추는 카메라에도 그들이 왜 그렇게까지 하는지, 무슨 말을 하고 있는지는 보이지 않는다. 관객 스스로 말을 찾아내게 하는 〈헝거〉의 담담한 롱테이크 풀숏은 없고 판단을 강요하는 클로즈업 인서트가 이어진다.

단식은 인간이 낼 수 있는 극한의 목소리다. 목숨까지 담보로 삼으며 들어주길 바라는 목소리다. 여기에는 '인간의 생명은 소중하다'는 상식이 전제되어 있다. 보비 샌즈의 66일간 단식은 연일 언론에 보도되었으며, 1981년 당시 한국의 지면에도 꾸준히 등장했다. 그의 죽음 뒤 아홉 명의 단원들이 같은 방식으로 목숨을 내놓았다. 끝내 정치범 지위를 인정받지는 못했다. 내가 당시의 영국민이었다면 어땠을까. 수차례의 살상 테러 사건을 지켜보며 그들을 정치범으로 인정해주어야 한다고 생각할 수 있었을까.

목숨까지 건 신념이라 한들 반드시 옳으리란 법은 없다. 하지만 목숨을 걸면서까지 하고자 하는 말이 무엇인지는 들어봐야 하지 않을까. 정상적으로 목소리를 낼 수 있는 창구가 어째서 없었는지 돌아볼 만큼의 의미는 가질 수 있어야 하지 않을까.

2016년 한국에서 이 영화는 어떻게 읽힐까. '교도관들만 불쌍하다.' '스스로 선택해서 죽는 건데 뭐가 문제야.' 익숙한 비아냥이 벌써부터 귓전에 울리는 것 같다. 아니, 누군가가 목숨을 걸고 호소하고 있다는 사실조차 알려지지 않을지도 모른다. 지금도 스스로의 안위를 버린 수많은 목소리들이 들리지 않는 것처럼.

아로새기다

제 몫의 무게

태극기가 보고 싶어진 게 얼마 만이었더라. 영화 〈동주〉에서 동주와 몽규가 일본으로 유학을 떠나는 장면. 유람선 갑판 위에 선 두 사람의 어깨 너머로 일장기가 얄궂게도 펄럭인다.

바로 그 상영관에서, 영화 앞에 붙는 광고에서 태극기를 봤다. 국가주의를, '창조경제'를 찬양하는, 실상 '대한늬우스'와 다를 바 없는 그 광고 속에서 펄럭이던 태극기는 그리도 역할 수가 없었다. 그런데 불과 1시간 뒤, 암흑 같던 시기에 남의 나라로 떠나는 두 청춘의 어깨 너머로 태극기가 너무나 보고 싶었다.

말하고 싶은 것을 못하게 하고, 잘못된 것을 잘못됐다고 말할 수 없게 하는 것. 나부끼던 그날의 일장기는 그런 존재였다. 동주는, 몽규는 알았을까. 그들이 평생 그토록 보고 싶어 했을 공활한 하늘 아래 힘차게 펄럭이는 태극기가 그날의 일장기와 비슷한 노릇을 하게 되리라는 것을.

고통받고 소외당해도 호소할 데 없는 설움에 그렇게도 조국을 되찾고 싶어 했는데, 되찾은 조국이 불과 수십 년 뒤에는 '강한 나라'를 위해 모든 고통을 받아들이라고 할 것을.

이유 없이 끌려간 어린 여인들을 위해서라도 나라를 되찾고 싶었는데, 되찾은 그 나라가 백발이 돼버린 그녀들에게 "나라를 위해 이해하고 희생하라"는 말을 하게 되리라는 것을.

동주는, 몽규는 알았을까.

두 번이나 관람한 이 영화에서 똑같이 설움을 울어낸 장면은 마지막 동주의 독백이었다. 이런 세상에 태어나 시를 쓰고 싶은 것이, 시인이 되고 싶은 것이 부끄러워 견딜 수가 없다며 두 손 앞의 종이를 마음처럼 찢어내던 그 장면은 내 가슴도 비틀어 찢었다.

가장 오래된 내 기억 속의 나는 만화를 그리고 있었다. 아버지가 회사에서 한무더기씩 가져다주신 이면지를 쌓아 놓고, 버릇처럼 작은 밥상을 끌어안고 앉아 하루가 어떻게 가는 줄 모르게 무언가를 그려대곤 했다. 상상하고 싶은 게 많았다. 머릿속에는 늘 이야기로 가득했고, 어린 키만큼 쌓여 있던 이면지는 늘 부족했다.

자랄수록 이야기를 담을 수 있는 것이라면 무엇이든 좋았다. 이면

지 시절부터 계속된, 버릇처럼 그린 만화는 어느새 친구들의 손을 타고 교실을 넘어 다니며 탐독되고 있었다.

인터넷을 처음 접한 즈음부터는 온라인 커뮤니티에 소설을 썼다. 아직 집에는 인터넷이 연결되지 않아 시간만 나면 PC방으로 달려갔다. 스타크래프트를 하고 있는 사람들 사이에 앉아 사용 시간이 1분씩 줄어드는 것을 보며 서둘러 한 편을 마무리 짓고는 했다. 내 소설을 읽은 사람들로부터 이메일을 받는 것이 좋았다. 내가 만든 이야기를 궁금해하고 시간을 들여 읽어준다는 것이 고마웠다.

나의 만화와 소설은 재능 있는 다른 친구들을 만나 연극이 되고, 콘서트가 되고, 뮤지컬이 되고, 영화가 되었다. 내 머릿속, 내 손끝에서 나온 이야기에 울고 웃는 사람들을 보는 것이 한결같이 황홀했다. 어른이 되어서도 계속 이런 일을 하고 싶다는 생각을 막연하게 했다. 우연인지 필연인지, 대학을 졸업하고 예능 PD가 되었다. 그리고 꼬박 3년을 채운 뒤에 그 이름을 빼앗겼다.

얼떨결에 얻은 PD란 이름 앞에 '해직'이란 말까지 추가로 붙은 이후로는 만들게 되는 것들이 달라졌다. 공정하지 못한 언론에 대해, 고통받는 사람들에 대해, 민주주의에 대해, 옳고 그름에 대해 무언가를 만들고 말할 일이 많아졌다. 말해달라고, 만들어달라고 손을 뻗어오는 이들도 많아졌다. 사실 그건 감사한 일이었다. 내가 발을 디디고 사는 이 사회에서 답답함을 느끼고 울분을 삼킬 때마다 내 손에 든 것으로 미약하나마 할 수 있는 일이 있다는 것, 사람들이 그것을 필요로

해준다는 것은 감사한 일이었다. 아무것도 할 수 없는 무력함을 한 줌 덜어내는 일이었다.

그러나 한편으로는 또 다시 무력함을 확인하는 일이었다. 콘텐츠는 자주 무력하다. 요즘같이 볼 것이 범람하는 시대에는 더욱 그렇다. 그래도 세상을 변화시키는 것은 사람이라고, 때론 그 사람들의 옆구리를 쿡 찌르고 때론 지친 이들의 마음을 어루만지는 것이 콘텐츠라고, 애써 의지를 다져보지만 그럼에도 콘텐츠는 무력할 때가 많다. 마치 세상을 바꾸기라도 할 것처럼 파문을 일으키는 콘텐츠가 등장해도 이내 돌이 가라앉은 수면처럼 잔잔해지는 장면을 수없이 본다.

하물며 시란 어떠한가. 동주는 얼마나 많은 순간 절망 같은 무력함을 마주했을까. 그의 오랜 벗이 제 몫의 무게를 감당하기 위해 중국으로 떠나고, 모진 고문을 당하고, 남의 나라 이름을 써가며 동료들을 모으고 있을 때, 동주는 방바닥에 누워 농밀한 싯말로 고뇌를 읊조리고 있었을 따름이다. 그만큼이 벗의 무게였고, 딱 그만큼이 동주의 몫이었다.

끝내 동주는 그 무게만큼의 부끄러움을 한 줌도 덜어내지 못한 채 형무소에서 눈을 감았다. 날 때부터 식민지 하늘 아래였고, 결국 광복을 한걸음 앞에 두고 지금 내 나이만큼의 삶을 끝내야 했다. 살면서 단 한 번도 마음 놓고 그 유려한 언어의 나래를 펴지 못했다. 평생을 기지개 한번 시원하게 켜지 못한 채 움츠리고 살았다. 스스로를 사랑할 수 있었을까. 스스로 써나간 그 싯말들을 사랑할 수 있었을까. 이런 세상에 태어나 시를 쓰고 싶어 한 것이 부끄러울 따름이라는 그 말이 지독히도 슬펐다.

해직 PD이자 프리랜서 PD로 생활하는 동안, 해직 PD에게 들어오는 일거리와 프리랜서 PD에게 들어오는 일거리는 확연히 달랐다. 한번은 어느 게임회사에서 부탁한 외주 작업을 했다. 자사의 인기 게임 OST가 제작되는 과정을 영상으로 담는 일이었다. 프리랜서 PD에게 들어온 일. 모처럼 민주주의, 공정언론, 노동과 인권 같은 말과 상관이 없는, 그저 상상과 유희로 가득한 작업을 했다. 즐거웠다. 휴가 같은 즐거움이 부끄러웠다. 이런 세상이 아니었다면 이렇게 즐거운 작업만 하며 살 수 있었을까.

〈동주〉가 끝나고 크레디트가 올라가면서 여느 젊음과 다를 바 없는 그네들의 푸르른 모습이 펼쳐졌다. 웃고 떠들고 설레고 장난치고. 허구처럼 아름다워 다시 눈물을 삼키게 만드는 장면이었다. 동주는 그런 세상이 아니었다면 죽어가는 것들을 사랑하지 않을 수 있었을까. 다른 때, 다른 시였다면, 별을 노래하며 부끄러워하지 않아도 됐을까.

아니다. 동주는 내 나라 말, 내 나라 글로 시를 쓰고 책을 낼 수 있는 오늘에 와서도 제 몫의 무게를 졌을 것이다. 일장기 대신 태극기가 마음껏 펄럭이고 있지만 여전히 이런 세상에 태어나 시를 쓰고 싶어서 부끄럽다 곱씹었을 테다. 어느 때 어느 곳인들 고통이 없을까. 그저 아름다움만 좇기에 한 점 부끄러움이 없을 수 있을까.

(……)

너의 '서시'를 뇌까리며

민족의 제단에 몸을 바치는 젊은이들은

후꾸오까 형무소

너를 통째로 집어삼킨 어둠

네 살 속에서 흐느끼며 빠져나간 꿈들

온몸 짓뭉개지던 노래들

화장터의 연기로 사라져버린 줄 알았던

너의 피 묻은 가락들

이제 하나둘 젊은 시인들의 안테나에 잡히고 있다

그 앞에서 '하늘과 바람과 별과 시'가 습작기 작품이 된단들

그게 어떻단 말이냐

넌 영원한 젊음으로 우리의 핏줄 속에 살아 있으면 되는 거니까

예수보다 더 젊은 영원으로

—문익환, 〈동주야〉, 《두 하늘 한 하늘》(창비, 1989년)

동주의 또 다른 오랜 벗 문익환 목사가 "동주야" 부르는 말을 제목으로 붙인 시의 일부다. 동주 자신은 평생을 부끄러워하며, 무력하기 그지없다 여겼을 싯말들을 찬찬히 되짚어주는 문 목사의 말이 내 마음도 도닥인다. 시대 앞에 무력했던 언어는 어느 때 어느 곳에서 또

다시 꽃핀다. 결국 동주는 그 열매를 보지 못하고 젊은 눈을 감았지만, 나와 또 수많은 누군가에게 그렇듯 그의 시는 오롯이 고뇌했던 그 서른 인생만큼의 흔적을 다시 살아내고 있다.

그렇게 제 눈으로 열매를 못 보더라도 제가끔의 무게를 감당하면 될 일이다. 이런 세상에 태어나 즐거운 이야기를 만들고 쓰고 좇고 싶은 것이 부끄럽지만 여전히 내 몫의 즐거움을 좇고 내 몫의 부끄러움 또한 살아내고자 이렇게 글에 새긴다.

선택하다

세상은 원래 다 안 그래

나이 차가 꽤 나는 어른과도 벗 삼기를 곧잘 하는 편이지만 2015년 해직 이후로는 만나는 이들과의 나이 차가 부쩍 커진 느낌이다. 적어도 나보다 10년 이상의 세월을 안고가는 선배들을 만나면 보통 밥을 얻어먹게 된다. 이건 꽤 큰 즐거움인데, 단순히 공짜로 끼니를 해결한다는 의미보다는 직장생활 최소 10년차 이상의 경험에서 누적된 맛집 리스트를 엿볼 수 있기 때문이다. 그러는 중에 생긴 버릇 하나는 약속 장소가 번화가 대로변에 있는 버젓한 유명 식당이면 어쩐지 살짝 실망을 하게 되는 것이다.

대신 생경한 식당 이름을 듣고, 지도를 보며 제대로 찾아가고 있나 싶을 정도로 허름한 골목을 지나 기다리던 간판을 만나는 묘한 즐거움이 생겼다. 세월이 고스란히 쌓인 낡은 내부에, 가짓수가 초라한 나머지 뚝심마저 느껴지는 차림표가 보이면 금상첨화다. 맛집이란 구석진 위치와 허름함, 궁색한 차림표를 갖추기 마련인 것.

사실 이건 딱히 신뢰할 만한 기준은 아니다. 구석진 위치나 단출한 메뉴가 음식 맛을 보장해주진 못하니까. 오히려 호사로운 식당일수록 서비스며 위생 관리에도 철저한 경우가 더 많을 거다. 게다가 맛이란 굉장히 주관적인 영역이다. '김밥천국'을 맛집으로 꼽을 이는 많지 않겠지만, 거기서 끓인 라면 위에 치즈 한 장 얹어 먹는 편이 한 덩이에 수만 원을 호가하는 초밥보다 맛있다는 사람도 분명 있을 터. 선배들 따라다니며 이러저러한 산해진미도 얻어먹어봤지만, 바람직한 음식이라 하기는 힘든 '기름에 튀긴 닭'이 여전히 세상 제일 맛있는 나도 마찬가지다.

먹어야 살 수 있는 동물인데, 하필이면 발달한 미각과 취향이라는 걸 가져버린 인간은 식사 메뉴라는 선택과 매일 마주하게 됐다. 성실하고 건강한 생활 습관을 가진 사람이라면 하루 세 번, 나같이 제멋대로 들쭉날쭉 사는 사람도 최소 하루에 한 번은 선택해야 한다. 사실 나도 어릴 적 집에서 매끼 차려주는 음식을 먹거나 기숙사 생활과 군복무를 하며 급식을 먹을 때는 딱히 가리는 것 없이 다 맛있게 잘 먹었다. 나에게 뭐가 먹고 싶냐 묻고 차려준 것도 아니건만, 밥때가 돼서 먹으면 다 맛있다. '시장이 반찬'은 오래된 진리다.

그런데 대부분의 생활을 밖에서 하기 시작하면서 얘기가 달라졌다. 선택이 끼니때마다 찾아온다. 그냥 닥치고 주는 대로 먹으라면 맛있게 먹겠는데, 고르라니. 대학가 주변이나 오피스 타운은 밥때만 되면 밀려나오는 입들로 곳곳이 붐빈다. 그만큼 선택지도 많다.

메뉴 선택이란 대개 이런 식이다. 친구랑 신촌에서 만났다. 배는 고프다. 딱히 먹고 싶은 건 없다. 그렇다고 아무 곳이나 들어가기는 싫다. 나름 맛집을 찾아보겠다고 거리를 배회한다. 스마트폰 맛집 검색은 공신력을 잃은 지 오래다. 광고를 피할 수 있다는 '신촌+오빠랑' 검색어 조합도 이미 바랬다.

결국 여기서 발휘되는 건 휴리스틱heuristic, '체험적인' '경험적인' 혹은 '단순추론' 등으로 번역되는 생각법이다. 내 경우는 후미진 골목의 허름한 가게, '차림표'에 메뉴가 다섯 개 미만이면 보통 성공이다. 종업원이 거리에 나와 전단지를 준다든지, 멀끔한 인테리어에 손님이 그득한 식당은 그리 신뢰하지 않는다. 심리학자들의 말을 빌자면 대표성 단순추론representative heuristic이다.

대표성 단순추론은 한 대상의 기능을 추론하기 위해서 같은 기능을 가진 다른 대상과 비슷한 점을 찾는 것이다. 기능 자체는 확인할 방법이 없다. 모양만 보고 대충 짐작하는 거다. 들어가보지 않고서야 식당의 '맛'을 판단할 도리가 없으니 내 경우에는 맛있었던 다른 가게들의 특징과 닮은 점을 찾는 식이다.

대표성 단순추론으로 기껏 식당을 골라놓으면, 친구가 전혀 다른 이유로 반대할 수도 있다. 일전에 한번 거기서 밥을 먹었는데, 하필 장염에 걸려서 고생을 했다면서. 장염에는 여러 가지 원인이 있을 테니 꼭 마지막으로 먹었던 음식에 모든 혐의를 돌리기는 어려울 수도 있다. 하지만 개인에게는 그 식당을 다시 찾지 않을 강력한 이유가 된다. 이건 가용성 단순추론availability heuristic이다. 어떤 대상을 판단할 때 관련된 기억 중 가장 강렬한 기억, 그래서 가장 쉽게 떠오르는 기억이 결론으로 연결되는 것을 말한다.

미국인들에게 물놀이의 위험성과 관련해 질문한 사례가 대표성 단순추론을 설명할 때 가장 많이 활용된다. 구조대원이 대기하고 있는 바닷가에서 물놀이를 하다가 익사하는 것과 상어에게 습격당하는 것 중 어떤 위험의 가능성을 더 크게 느끼는지 물었는데, 상어의 습격을 고른 쪽이 훨씬 많았다.

영화 〈죠스〉가 문제다. 선혈이 낭자한 바닷물 아래로 어른거리는 식인상어의 모습은 쉽게 잊을 수 없다. 익사는 상어의 습격보다 서른 배나 많은 해수욕장 사망 원인이다. 하지만 '식인상어가 등장하는 강렬한 그림'처럼 각인될 만한 장면을 만들어내지 못한다. 비행기 사고와 자동차 사고에 대해 사람들이 느끼는 공포감의 차이도 마찬가지다. 가용성 단순추론에 쓰이는 '강렬한 기억'은 객관적으로 얼마나 적절한 정보인지와는 별로 상관이 없다.

저녁 메뉴 하나 고르는 데 별 얘길 다한다. 하지만 가장 성가시게 만나는 선택이라는 사실은 변함이 없다. 뭐 먹고 싶냐 물으면 '아무거나'라고 해놓고, '이건?'-'싫어' '저건?'-'별로'를 남발하다가 멱살 잡힐 뻔한 이야기는 자주 들을 수 있다.

사람은 기본적으로 생각하는 걸 귀찮아한다. 심리학에서는 인지적 구두쇠cognitive miser라는 짓궂은 표현을 쓰는데, 합리적으로 곰곰이 생각하기보다는 지름길로 가고 싶어 한다는 얘기다.

안타깝게도 신촌 한복판에서 저녁 메뉴를 고르는 상황은 단순추론이 동원되는 모든 조건을 다 갖췄다. 신중하게 생각할 시간도 없고 고려할 정보는 너무 많다. 사실 엄청나게 중요한 게 아니라서 너무 깊이 고민하고 싶지는 않을 때 보통 단순추론이 사용되니까. 심지어 '맛'에는 객관적 실체가 있는 것도 아니니 애초에 비극은 정해져 있다.

언제부턴가 '결정 장애'라는 말이 일상적으로 들린다. '장애'라는 단어는 결코 쉽게 쓸 수 있는 말이 아닌데, 아마 이 단어가 붙은 말 중에 가장 쉽게 들을 수 있는 말일 거다. 십중팔구 먹을 거 결정할 때 등장한다. 어찌나 고르는 걸 힘들어하는지 메뉴를 무작위로 골라주는 동영상이며 큰 그림부터 한 단계씩 골라나가면 최종 메뉴를 결정해주는 표마저 등장했다.

뭐가 그리도 고르기 힘든 걸까. 첫 소개팅이나 상견례 자리면 모를까. 먹고 나면 사라질 그저 한 끼 식사일 뿐인데.

선택은 곧 책임을 뜻한다. 내가 뭔가를 선택한다는 것은 그 결과도 책임지겠다는 말이다. 함께 먹을 메뉴를 선택하지 못해 괴로워하는 사람은 밥이 좀 덜 맛있어도 그 아쉬움을 책임지고 싶지 않은 거다. 함께 먹은 상대에게 미안하고 싶지 않은 거다. 사실 어지간히 엉망인 식당이 아니고서야 그럴 일은 좀체 없다. 고민 끝에 선택한 짜장면이 일단 입에 들어가면, 짬뽕의 기회비용은 생각보다 쉽게 잊힌다.

실제로는 그다지 만날 일 없는 사소한 불안을 애써 만들어 끌어안고, 그것에 대한 책임이 두려워서 결정을 피한다. 개인에게 너무 많은 것을 책임지우는 사회가 되어버린 걸까? 그래서 매일 만나는 사소한 선택의 책임에서라도 도피해 안주하고 싶은 걸까? 혹은 이미 너무 많은 것을 정해놓고, 개인에게는 선택할 자유를 빼앗아버린 사회여서일까? 그래서 별거 아닌 선택의 미미한 책임조차 익숙하지 않은 걸까?

너무 멀리 튀는 것 같지만, 인류사의 많은 비극은 결국 '내 몫의 책임'을 지지 않은 데서 비롯했다. '예루살렘의 아이히만'을 목격했던 한나 아렌트Hannah Arendt나 '권위복종실험'의 스탠리 밀그램Stanley Milgram이 보았던 것은 결국 한 가지였다. 선택의 책임을 구조와 권력에 미루고, 내 몫의 책임마저 숨겨버리는 것.

'세상은 원래 다 그래'의 괴물이 되지 않는 방법은 하나다. 어찌 됐든 내 행동은 내 선택임을 받아들이고, 내 선택만큼의 책임을 두려워하지 않는 것이다. 물론 오늘날 마주하는 꽤 많은 선택은 독약과 설사약 중에 하나를 고르라는 꼴이다. 어쩔 수 없는 선택 앞에 강제로 세워놓고 니가 고른 거니 전부 감당하라는 식이어서는 곤란하다.

하지만 그 상황을 말이 되는 선택으로 만들어가는 것도 결국 각자의 몫이자 선택이다. 부당한 것들을 그냥 지나칠지, 마주 대면하고 함께 목소리를 낼지는 때론 사소하기도 때론 비장하기도 한 또 다른 선택들의 끝에 있다. 그걸 찾아내고 결정해가는 과정 없이는 매번 새로운 독약과 설사약 앞에 서게 될 따름이다.

그러니 매일 메뉴를 고를 때마다 소소하게 연습해보는 것도 좋을 것 같다. 사는 입장에서도 상대방이 먹고 싶은 걸 확실하게 밝혀야 보람도 크고 예쁜 법이다.

배려하다

도시 어른과 깍두기

시간이 많았다. 회사에서 '짤린' 덕분에. 넘어진 김에 쉬어간다고, 그동안 막 써온 몸도 챙길 겸 이런저런 운동을 했다. 그때 내 해고 소식을 들은 어느 선배가 대뜸 연락을 해서는, 내 이름으로 체육관 회원권을 두 달 치 끊어놨으니 군말 말고 가서 운동하며 몸을 챙기라고 했다. 크로스핏이라는 생소한 이름의 운동이었는데 알고 보니 회비도 비쌌다. 당황스럽긴 했지만 고마운 마음에 열심히 나가기로 했다.

그런데! 왜! 크로스핏이란 운동은 이렇게도 힘들단 말인가. 운동을 굉장히 즐기는 편은 아니어도 어디 가서 뒤처지는 수준은 아니라고 생각했는데, 이놈의 크로스핏은 도저히 익숙해지지가 않는다. 알고 보니 짧은 시간 안에 집중적으로 하는 근력 운동이 크로스핏이었다.

그러니까 힘듦 그 자체가 본질인 운동인 것이다.

근력이 약한 편인 나에게는 정말 고역과도 같았다. 이 운동을 묘사하는 가장 흔한 수사가 '토 나온다'인데 괜한 말이 아니었다. 진짜 토할 것 같았다. 실제로 운동하다 토하는 사람도 흔히 나온다고. 자기 돈으로 시작한 사람 중 상당수는 쉴 새 없이 몰아세우는 강사 앞에서 진을 빼다가 어느 순간 '내가 왜 내 돈 내고 기합을 받고 있지' 하는 회의감을 느낀다고들 한다. 그래도 나는 선물해준 선배의 얼굴을 떠올리며 열심히 했다.

다행히 본격적인 운동 전에 하는 몸풀기는 즐거웠다. 크로스핏이 워낙 강도가 세서 1시간 내내 할 수가 없다 보니 수업 시간의 절반을 이 몸풀기가 차지한다. 둥글게 서서 기다란 장대를 하나씩 들고 서 있다가 구령에 맞춰 재빨리 옆 사람의 장대로 뛰어가 쓰러지기 전에 잡아 세우고, 한 손에 방석을 든 채 서로의 방석을 쳐서 떨어뜨리는 등 운동이라기보다는 놀이에 가까웠다. 정신없이 빠져들다 보면 제대로 된 운동을 했을 때처럼 땀에 젖는다. 크로스핏은 내내 인상을 쓰게 되고, 몸풀기는 폭소가 끊이질 않는다는 점이 가장 큰 차이 같다.

그런데 이 몸풀기의 상황은 어릴 적 놀이터에서 매일 누리던 순간이 아닌가. 딱히 약속이 없어도 놀이터에 공터에 골목 어귀에 나가면 늘 아이들이 모여 있었고, 모두가 합의한 놀이의 규칙이 있었다. 뉘엿한 해에 그림자가 길어질 때까지 놀았다. 누구는 밥 먹으라 부르는 소리에, 누구는 손목이 붙들려 끌려 들어갈 때까지 이리저리 뛰면서 땀 흘리고 놀았다. 운동량 같은 단어가 낄 자리는 없었다. 뜯어말려도 운동량을 채우고야 말았던 때가 아닌가. 유년기엔 새삼스러울 만큼 당연했던 놀이마저 적지 않은 돈을 내고 '서비스'를 사야 누릴 수 있는 것이 도시 어른의 삶인 모양이다. 어른은 참 어렵게 산다.

크로스핏 체육관에서 다른 회원들과 수업을 듣다 보면 혼자만 뒤처지는 것이 여간 민망한 게 아니다. 유독 힘이 달려서 다른 회원들에게 한참 못 미치는 기록을 내고 있으면 강사가 다가와 은근히 핀잔을 주기도 하고, 격려를 하면서 거들어주기도 한다. 답답스레 따라가지 못해도 끈질기게 이끌어주는 이유는 내가 돈을 주고 그의 서비스를 샀기 때문이다. 그 안에 뒤섞인 인간적인 호의도 결국 그 거래 관계 위에서 이루어진다.

유년기의 놀이터에도 유독 뒤처지는 아이는 있기 마련이다. 어릴 때는 한 해 한 해가 다르게 크지 않나. 서너 살이라도 어린 친구들은 몸으로 하는 놀이에서 따라오기 힘들다. 해서 그 친구는 '깍두기'가 된다. 조금 틀리고 조금 서툴러도 벌칙을 받지 않고 패배의 이유가 되지 않는, 규칙으로부터 예외인 깍두기. 그것은 거래 관계 위에서 이루어지는 체육관의 호의 같은 것이 아닌 순수한 배려였다. 어찌 보면 시혜였지만 깍두기가 된 아이의 입장에서도 빛지는 기분 없이 즐기는 것이 보통이었다.

편을 나눌 때도 잘하는 아이들을 고루 나누는 것이 너무나 당연했

설렁탕집 밖에서는
깍두기를 만나기 어려운 날들.

다. 승부욕에 꾸린 팀은 "야, 그러면 재미없잖아" 하며 곧장 반발에 부딪혔다. 어떻게 해야 놀이터에서 모두가 빠짐없이 즐거울 수 있는지 알고 있었던 것이다. 누가 가르쳐준 것도 아닌데 고작 열 살 남짓, 혹은 그보다 더 어린아이들이 공정함에 대해서, 배려에 대해서, 함께함에 대해서 지혜를 발휘하고 있었다.

놀이터에 그렇게 늘 아이들이 있기가 어려운 세상이 되어서인가. 요즘에는 아이들 사이에서도 깍두기라는 말을 듣기가 어려운 것 같다. 대신 나 어릴 적에는 없었던 '왕따'라는 말이 자리를 잡았다. 사실 마음먹기에 따라서는 깍두기로 보호받던 아이가 따돌리기에도 딱 좋은 아이였다. '걔 끼면 재미없어.' '걔 어차피 못 따라와.' '왜 걔만 봐줘, 불공평해.' 이유는 얼마든지 있다. 어쩌면 왕따와 깍두기는 명분도 별반 다르지 않다. 좀 더 재미있게 놀기 위해서. 나이가 어리면, 머릿수가 안 맞으면, 운동신경이 조금 뒤떨어지면 확실히 게임의 긴장감은 떨어지겠지. 이 얼마나 타당한 이유인가.

모자란 아이를 깍두기로 끼워주는 아이들과 따돌리는 아이들로 나뉘는 지점은 하나다. 놀이에 끼지 못한 채 저 구석에 앉아 있는 축 처진 어깨가 눈에 밟히는가, 그렇지 않은가.

자기계발서의 시대다. 이 정글 같은 사회에서 살아남으려면 자신의 가치를 높이라는 목소리는 새로울 것도 없는데 매일 새 옷을 입고 나타난다. 시스템을 개선하는 건 요원해 보인다. 그나마 내 손으로 변화시킬 수 있는 건 나뿐인 것 같다. 그래서 세상을 돌아보길 포기하고 나에게 집중한다. 위기감을 먹고사는 저 거대한 목소리들에 몸을 맡긴 채 미친 듯이 나를 '계발'한다.

지금은 힘들어도 언젠가 이 모든 노력이 결실을 맺을 거라는 희망이 나를 지탱한다. 위기감이라는 채찍을 휘두르는 목소리들은 빛나는 성공 신화라는 당근도 함께 속삭여준다. 부족한 잠에 눈을 비비며 새벽 별을 바라보면 이 모든 피로를 담보 삼아 안락한 미래가 보장될 것만 같다.

그렇게 노력하는 삶을 폄하할 생각은 없다. 오늘을 기꺼이 불태우며 추구하는 바가 있는 젊은 열정은 그 자체로 아름답다. 나 역시 24시간 도서관을 나오며 느꼈던 새벽 공기의 쾌청함을 기억한다.

다만 그러다 보면, 뒤처진 사람도 그의 탓이다. 나는 이토록 노력하고 있고 언젠가 그 열매를 맛볼 것이기에, 저이의 가난과 저이의 재앙 역시 온전히 그의 노력이 부족한 탓이다. 그의 고통이 노력으로 극복할 수 없는 구조 때문임을 인정하는 순간, 오늘의 내 노력도 보상받을 수 있을지 불투명해진다.

그러니 시스템을 개선하자는 목소리는 파렴치한 무임승차여야 하고, 권리 보장을 요구하는 것은 떼쟁이의 악다구니여야 한다. 니가 공부를 열심히 안 해서 좋은 대학 못 간 건데 왜 학벌을 탓해. 니가 스펙을 못 쌓아서 비정규직이 돼놓고 왜 정규직을 시켜달래. 수학여행 가다 죽은 걸 왜 정부한테 책임지래. 돈 벌려고 일본군 따라가서 위안부

해놓고 이제 와서 무슨 보상이야.

모든 것은 '니 탓'이다. 어떤 문제를 만나더라도 모든 맥락과 환경으로부터 절대적으로 자유로운 주체적 인간을 전제한다는 점에서는 이들이야말로 가장 순수한 이상주의자다. 자기계발서는 순수한 사상서다. 정말로 그럴 수 있으면 좋겠다. 어떤 인간이든 그를 둘러싼 환경에 상관없이, 오로지 개인의 노력과 각자의 재능으로만 그 성취가 드러나는 세상이라면.

하지만 아니지 않나. 알면서 왜 모르는 척하나. 사실은 떼쟁이라 불리는 사람들이 그 구조를 뜯어고쳐 만들고 싶어 하는 세상과 그들에게 징징거린다며 욕하는 이들이 살고 싶어 하는 세상은 같다. 손가락질하는 이들은 이 역설을 알까.

어릴 적 놀이터의 그 아이들에게 상품이라도 걸었다면 어떻게 됐을까. 깍두기는 왕따가 됐을까. 성질 나쁜 골목대장이 같이 놀 머릿수라도 정해버리면 금방 그렇게 됐겠지. 밀려난 아이가 놀이에 끼려면 아끼는 딱지며 구슬이라도 바쳐야 했을 거다. 다행스럽게도 성질 나쁜 골목대장 이야기는 듣기만 했지 내 추억 속엔 없다. 한데 그 골목대장들이 이제는 골목 말고 더 큰 곳에서 대장놀이를 하고 있는 모양이다.

그 시절 땀 흘리며 뛰던 놀이뿐 아니라 깍두기의 배려마저도 이제는 돈을 내야 누릴 수 있는 서비스가 되었다. 설렁탕집에라도 가야 깍두기를 실컷 먹을까.

뒤돌아보다

꼰대도 전염이 되나요

해외는 여행으로 갈 때나 매력적이지 출장으로는 안 가느니만 못할 때가 많다. 해직 기간 중에 업무 차 어느 회사 직원들과 며칠 다녀왔던 그 해외 출장도 그랬다. 구미가 당기는 풍경이 눈앞에 펼쳐져 있는데, 내 카메라로는 별 재미없는 인터뷰만 찍고 있었다.

해외 출장이 피곤한 이유는 또 있다. 막상 가보면, 대개 실무와는 큰 상관없는 '높은 분'이 한 명씩 따라나선다. 이런저런 조직에서 비슷한 경험을 몇 차례 했는데, 사실 그 '어른'의 역할은 뭔지 아직도 잘 모르겠다.

별로 동의할 수 없는, 이른바 '사회생활'에 내가 미숙해서인지는 모르겠지만, 보통 이분들은 출장에서 업무를 분담하기보다는 존재

자체로 업무를 더하는 편에 가깝다. 무슨 일이 생겨도 항상 먼저 챙겨야 하고, 하루 일과를 마치고 이제 좀 쉴 수 있는 저녁이 되면 꼭 다 같이 어딜 가자고 할 때가 많다. 모처럼 나온 해외이니 식사 때나마 이국의 정취를 느껴보려 해도, 이분들 덕에 꾸역꾸역 한식당을 방문하는 건 어쩜 그리 매번 똑같은지. 해외의 한식당이 으레 그렇듯 맛은 서울의 여느 식당보다 덜하고 값은 더한데도 말이다.

다행히 그 출장에서의 '어른'은 해외생활을 오래한 경험이 있어서인지 한식을 고집하지는 않았다. 그런데 차라리 한식을 고집하는 정도였으면 입맛은 어쩔 수 없는 문제라며 넘어갔을 거다. 기분이 상했던 이유는 사람을 대하는 태도였다. 한번은 내 숙소에 모여 잠시 회의를 하기로 했는데, 그 어른이 들어오자마자 내가 꽂아 놓은 휴대전화 충전기를 아무 양해도 없이 덥석 빼서 자기 휴대전화에 꽂는 게 아닌가. 솔직히 별로 대단한 일은 아니다. 충전기야 이따가 다시 꽂으면 될 일이다. 다만 조금의 망설임도 없는 그 태도에 어처구니가 없어서 말문이 턱 막혔다.

어떻게 이렇게 무례할 수 있을까. 늘 대접받는 데 익숙하고, 조직에서 다른 누구보다 우선시되는 게 일상이라 기본적인 예의조차 잊은 걸까. 평소 성격대로라면 그 자리에서 한마디 했겠지만, 그를 '모셔야 하는' 부하직원들이 함께 있었고 나는 엄연히 외부인이었다. 공연한 내 까칠함 때문에 그렇잖아도 고생하고 있는 다른 직원들을 더 곤란하게 만들고 싶지는 않았다.

대신 그때부터 출장 일정이 끝날 때까지 그 어른과는 최대한 상종하지 않으려 했다. 그와 며칠을 더 보내며 느낀 사실은 휴대전화 충전기 때와 비슷한 행동을 계속하면서도 그는 스스로를 대단히 배려 깊고 신사적인 어른이라 생각하고 있다는 것이었다. 사람에게 가장 심각한 문제는 '문제를 모른다는 사실조차 모르는 것'이다.

스탠퍼드 대학의 심리학 교수 필립 짐바르도Philip G. Zimbardo는 '스탠퍼드 교도소 실험'이라 불리는 프로젝트를 통해 인간의 선악이라는 것이 환경에 의해 얼마나 쉽게 변할 수 있는지를 보여주었다. 그의 저서 《루시퍼 이펙트》에는 실험의 경과가 소설처럼 상세히 기술되어 있다.

그는 실험에 지원한 젊은이들을 무작위로 교도관과 죄수 역할로 나누어 실제 교도소를 방불케 하는 역할극에 투입시켰다. 그러자 아무런 공통점도 없었던 이들이 불과 몇 시간 만에 맡은 역할을 충실하게 재현하며 상상 이상의 행동을 보이기 시작했다. 교도관 역들은 죄수 역의 젊은이들을 삼엄하게 감시하는 것을 넘어 인격적인 모독과 학대에 가까운 행동을 아무런 죄의식 없이 일삼았다. 더 놀라운 것은 죄수 역을 맡은 이들 역시 이런 부당한 행동을 특별한 반발 없이 수용하는 비굴한 모습을 보였다는 점이다.

권력은 사람을 이토록 쉽게 변화시킨다. 《반지의 제왕》에서 고매한 인품을 가진 주인공이 '절대반지'라는 유혹 앞에서는 추악하게 무너져버리듯 말이다. 군복무 중에도 여러 번 실감했던 일이다. 위병소 밖에서 예쁘게 차려입고 만났다면 절대 그러지 않았을 스물댓 살의 젊은이들이 얼룩무늬 군복을 입고는 더할 나위 없이 폭력적이고 권위적으로 변한다.

나는 군복무를 강원도 고성 DMZ에서 했다. 큰 훈련이 마무리된 어느 여름날, 부대는 모처럼 한가했다. 그날 지휘통제실 병사들이 할 일이라고는 새로운 상황판에 쓸 수백 장의 종이를 똑같은 크기로 잘라놓는 것뿐이었다. 무더위와 무료함에 축 늘어진 우리는 그 단순노동거리를 들고 저마다 지휘통제실 안 서늘한 구석을 찾아 앉았다. 새로 부임해 딱히 할 일이 없었던 신임 장교도 심심했던 모양인지 우리의 종이 공작에 동참했다. 그런데 때마침 무슨 일인지 기분이 잔뜩 상해 있던 소령이 지휘통제실로 들어왔다. 병사들이 죄다 이 구석 저 구석에 앉아 있으니, 공교롭게도 그의 시야에는 한가로이 종이나 오리고 있는 신임 장교의 모습만 눈에 띄었다. 별안간 성난 목소리가 사무실을 쩌렁쩌렁 울렸다.

"야! 너 지금! 너보고 종이나 오리라고 나라에서 세금으로 월급 주는 줄 알아! 병사들 다 어디 갔어? 당장 전부 집합하라고 해!"

어라, 이건 오해다. 우린 분명 일을 하고 있었고, 그 소령도 평상시라면 우리가 어디 앉아서 일하는지 정도는 크게 신경 쓸 사람이 아니었다. 지휘통제실을 분노에 가득 찬 일갈로 채우고 씩씩거리며 사라진 소령은 담배 한 대 정도 필 시간이 지난 후 쥐 죽은 듯 모여 서 있는 우리 앞에 다시 나타났다.

"이것들이 훈련 끝났다고 좀 풀어줬더니 지금 제정신이야!"

나는 평소에 짜증이나 화를 잘 내는 편은 아닌데, 유독 '윗사람'들의 부당함에는 꼭 알레르기 반응처럼 뿔이 나곤 했다. 내가 나온 남자 중학교는 워낙 거친 분위기였고, 그만큼 교사들도 학생에 대한 통제권을 잃지 않으려고 일부러 권위적인 태도를 취하는 경우가 많았다. 문제는 교사가 요령이 없으면 이게 엉뚱한 폭력으로 이어진다는 거다. 나는 그게 너무 싫었다.

부당한 대우에 항의하는 것 자체는 잘못된 일이 아니지만, 내 방법이 썩 현명하지 못할 때가 많았다. 예의 바르게 이의를 제기해도 충분했을 텐데, 꼭 삐딱한 모양새와 가시 박힌 목소리를 다른 학생들 앞에서 교사의 면전에 뱉어내지 않고는 못 배겼다. 또래들 앞에서의 궁색한 공명심까지는 아니었고, 그저 욱하는 치기를 다스리는 데 서툴렀을 뿐이다. 스스로도 경솔한 부분이라 생각했기에 고치려 애썼지만 잘 안 됐다. 덕분에 남중, 남고를 거치는 동안 혼나기도 많이 혼나고 가끔은 따귀에 발길질도 당했다.

그런데 군대라는 계급사회에서 또 그 버릇이 튀어나와버렸다. 머리끝까지 화가 나 불을 뿜고 있는 소령 앞에서 막대기 두 개짜리 일병이 볼멘소리를 툭 뱉은 거다. "작전과장님, 지금 잘못 알고 계신데, 저희 전부 지휘통제실 안에서 일하고 있었습니다." 뱉어놓고도 아차 싶었다. 틀린 말은 아니지만 꼭 지금 해야 할 필요는 없었다. 상황이 좀 정리된 뒤에 아까는 오해였다고 설명해도 충분했다. 그 자리에서 뱉고야 마는 성미를 속으로 탓하며 또 다시 떨어질 일갈을 기다리고 있는데, 의외의 대답이 들려온다.

"그래? 야, 이 자식아, 니가 그렇게 얘기하면 어! 내가, 어! 할 말이 없어지잖아."

버럭버럭 소리치던 중이라 호흡조차 고르지 못한 목소리로 의외의 대답을 해놓고는, 몹시 당황스러워진 공기를 휘저으며 소령은 총총히 지휘통제실을 빠져나갔다.

아무리 자기가 잘못했어도, 아니 자신의 잘못일수록, 그런 말을 들으면 "뭐 이 새끼야"로 시작해서 "아니, 근데 이게 어따 대고"로 이어지는 게 보통이다. 더구나 여긴 군대가 아닌가. 고작 2년 동안에도 온갖 권위주의의 폭력을 뼛속까지 새기고 나가는 사람이 태반인 곳.

대단한 사람이라고 생각했다. 제복을 입고 소령을 달기까지 엄격한 계급사회를 겪은 사람인데도 저렇게 나이 들 수 있구나. 내 반골 기질은 겸허함을 먼저 드러내 보이는 '어른'에게는 배알도 없이 딸랑이로 변하는 종류의 것이었다. 슬금슬금 따라 나가 건물 밖에서 담배를 태우고 있는 그에게 존경의 마음을 담아 어색한 농을 건넸다. 남은 군복무 동안 '기꺼이 부하가 될 수 있었던' 몇 안 되는 이였다.

징병제로 끌려간 병사가 전역 후에도 군시절 간부를 찾는 일은 흔치 않은데, 서울에 사는 그에게는 지금도 가끔 연락을 한다. 그러면 그도 반가워하며 나와 함께 술잔을 기울인다. 서로가 쌓아온 세월은 제법 차이가 나지만, 이런 어른과 만날 때에는 그리 걸림돌이 되지 않는 것 같다.

권력은 사람을 변화시킨다. 하지만 인간은 주체적인 존재다. 환경의 지배에 누구도 맞설 수 없었다면 역사는 진보하지 않았을 것이다. 한동안 TV만 틀면 볼 수 있었던 요리 연구가이자 외식 사업가인 백종원 씨에게 사람들이 느끼는 호감 역시 그의 나이와 배경에서는 나오기 어려운 소탈함이 큰 이유일 게다. 자기 분야에서 충분히 '권위 있는' 인물임에도 전혀 '권위적'이지 않은 그의 이야기를 듣고 있으면 마음이 편해진다.

반면 많은 국민들이 청와대에 느끼는 절망감의 가장 큰 원인 역시 '권위주의'에 있다. 권위적이기 이를 데 없는 태도, 권력에 젖을 대로 젖은 그 '꼰대스러움'말이다.

사람들이 꼰대에게 느끼는 가장 큰 절망은 그 모든 권위적인 불편함에 더해 어떠한 비판도 수용하지 않는 태도일 것이다. 개인의 단점이야 이러저러 존재할 수 있지만, 꽉 막힌 태도 하나가 개선과 변화의 가능성을 완전히 폐쇄해버린다. 이게 꼰대의 가장 무서운 점이다.

흔히 꼰대라 하면 나이 많은 이를 떠올리지만 사실 나이랑 직접적인 상관은 없다. 한국 사회에서는 나이가 권력이 되는 경우가 많아서 나이가 많을수록 꼰대가 되기 쉬워질 뿐이다. 이런 한국 사회에, 문제만 생기면 전부 '니 잘못'이라는 꼰대 정권이 들어섰으니 온갖 조직과 개인들에게도 그런 태도가 점점 더 전염되는 것 같다. 그럴수록 이들을 감시하고 견제해야 할 언론이 스스로 권력이 되어 눈을 감고 있으니 숨 막힐 지경이다.

'꼰대스러움'에 답답해질 때마다 민망함을 무릅쓰고 자기 잘못을 인정했던 그 여름의 소령을 떠올린다. 그리고 당장 오늘 하루 나부터 꼰대가 되지는 않았는지 돌아본다. 결국 변화는 거기서부터 시작할 테니까.

속다

달콤한 영웅의 덫

토크쇼 팀에서 일을 하다 보면 유명한 이들의 깊은 속내를 들을 수 있어서 즐겁다. 물론 방송에 '못 내는 속내' 말이다. 방송에 나가는 거야 방송으로 보면 되니까.

하지만 때로는 방송에 못 내보내는 이야기라 불편할 때도 있다. 소위 멘토로 불리던 이가 게스트로 나왔을 때도 그랬다. 그는 나름 인기를 구가하는 중이었다. 하지만 이런저런 미디어에서 그를 볼 때마다 나는 왠지 모르게 불편한 느낌이 들었다. 그가 출연한 녹화분을 편집하는 동안 그 불편함의 이유가 선명해졌다. 그는 오랫동안 전문 강사로 살아왔다. 늘 청중을 압도해야 했다. 청중을 압도하기 위한 말에는 망설임이 있으면 안 된다. 이론의 여지로부터 고개를 돌려야 한다. 그의 단언이 명쾌하고 화려할수록 듣는 이들은 빨려 들어갔을 것이다. 물론 이 화려한 언변은 청중의 욕구도 함께 공명한 소리다.

멘토 강사를 찾는 이들은 담백하고 담담한 강의보다는 스펙터클을 기대할 때가 많다. 그 말들이 얼마나 조밀하고 진실로 가득한지는 중요하지 않다. 조금 허술하더라도 가슴을 뛰게 해주는 뜨거운 말이길 원한다. 무료한 일상을 꾸역꾸역 살아내는 이에게는 그런 말이 삶에서 꽤 큰 디딤돌이 되기도 한다. 그러니 나름의 가치는 분명 있다.

아마 그래서였을 거다. 카메라 앞에서 당당하게 내던진 그의 화려한 직언이 MC의 사소한 반문 앞에서 허우적거렸던 것은. 예능은 일방적인 강연이 아니다. MC는 일방적으로 마음을 열고 그의 말을 새기러 온 청중이 아니었다.

좋은 말, 맞는 말도 부딪히고 깎일 기회를 얻지 못하면 타성에 젖어 스스로 생명력을 갉아먹는다. 그가 늘 섰던 연단에서는 반론과 토론을 맞닥뜨릴 기회가 드물었을 것이다. 당연한 물음에도 제대로 대답하지 못하는 모습을 보니 스스로 말을 곱씹고 되짚어볼 여유가 없었겠다는 생각이 들었다. 물론 MC의 반문에 제대로 대답하지 못한 그의 모습은 대부분 편집되어 방송에 나가지 않았다. 그 부분을 썩둑썩둑 썰어내는 입맛이 씁쓸했다. 결국 그는 여전히 훌륭한 멘토로 전파를 탔다.

나도 가끔 강의 자리에 불려 다닌다. 대학생 때부터 그랬다. 주로 은사님들의 부탁으로 중학교, 고등학교를 찾았다. 대학 시절 동안 70명

넘게 과외를 했으니 학생들에게 공부 노하우 같은 걸 들려달라고 부르시는 경우도 있었지만, 이도저도 아닌 애매한 이야기를 해야 하는 자리도 많았다. 아마 그런 이야기의 명분은 이른바 명문대라 불리는 학교의 간판 때문이었을 테다.

지금 와서 돌아보면 딱 멘토였다. 그때는 멘토라는 말이 그렇게 보편적으로 쓰이는 단어가 아니었다. 멘토 강사가 된다는 건 몹시 조심스러운 일이다. 목표와 성과가 분명하게 드러나는 과외 교사가 되는 것과는 다른 문제다.

수험생활에 지친 중고생들에게는 대학생이라는 이름 자체가 동경의 대상이 된다. 선망하는 대학교의 학생이라는 이유만으로, 그 학교 안에서 내가 정말 어떤 학생인지는 부차적인 문제가 된다. 강단에 서는 순간 선망의 눈길을 받게 되고, 거기서 하는 말들은 적극적으로 수용된다. 내가 하는 말을 누군가 눈을 반짝이며 듣고, 때때로 받아 적기까지 한다는 것은 놀라운 경험이다. 달콤한 순간이 아닐 수 없다. 그만큼 위험하다.

심지어 PD는 어떠한가. 단순히 숫자로만 헤아려도 명문대생보다 훨씬 희귀하다. 희귀한 만큼 그 이름을 바라는 이들에게 주어지는 정보 역시, 온갖 정보로 넘실대는 대입 시장에 비하면 턱없이 부족하다. 그러니 현직 PD라는 이름표를 달고 강단에서 하는 말들은 중고생들 앞에 선 명문대생의 말을 훨씬 상회하는 환영을 받는다. '언론사 지망생'들 앞에서는 더욱 그렇다. 물론 콘텐츠도 훨씬 다채롭다. 방송가 현장 뒷이야기나 연예인들 이야기는 굳이 지망생이 아니어도 흥미진진하기 마련이다.

한참 일할 때는 워낙 바빠서 그럴 일이 없었지만 해고되어 시간 여유가 좀 있을 때는 PD라는 이름으로 종종 연단에 섰다. 실제 방송 현장에서 PD로서의 일을 얼마나 훌륭하게 해냈는가는 묻지 않는다. 그것은 마치 마음을 활짝 열고 멘토의 입을 바라보는 예의 그 청중의 모습과 닮아 있었다. 그때마다 대학 시절 특강 강사로 섰을 때와 비슷한 아찔함을 느낀다. 행여 내가 함량이 한참 떨어지는 사람이어도, 저들 앞에서는 PD라는 이름 뒤에 숨을 수 있겠구나. 정말 무서운 도취가 될 수 있다. 총총한 선망의 눈빛 뒤에 숨으면 마치 스스로가 대단한 사람이라도 된 것 같은 착각에 취할 수 있다. 그런 허장성세에 젖는다면, 분명 오래지 않아 눈빛을 반짝이던 청춘들이 그 눈빛만큼 빛나는 사람이 되는 동안 나는 여전히 그 눈빛이 만든 그림자 안에 머무르게 될 것이다.

정말 멘토라 할 만한 사람의 말은 삶에서 배어나온다. 그저 자신의 삶을 성실하게 쌓아온 시간들이 자연스럽게 넘쳐흘러 다른 이들에게까지 이를 수 있다면, 그것은 정말 들을 가치가 있는 말이다. 스스로 멘토를 자처하는 사람이라면 부단히 노력하지 않는 한 금세 허울만 남으리라. 자신의 말을 다른 이들의 삶 속에 찔러 넣는 그 무서운 일을 자처하다니. 나는 해직 PD라는 이름 아래 '내가 할 수 있는 일들

잠시 숨을 수야 있겠지만

짊어지고 가지 않으면
아무 소용 없을 거야.

은 최대한 하자'는 마음으로 요청해오는 강의 자리에 대부분 가려고 노력했지만, 연단에 선다는 것은 결국 빚을 지는 일과 같다.

사실 멘토를 자처하는 이들이 달갑지 않은 또 다른 이유는 '가슴 뛰는 일을 하라'는 강사들의 예의 그 뜨거운 말들이 영 마음에 들지 않아서다. 직업의 본질은 노동이다. 노동력과 시간을 제공하고, 그만큼의 임금을 받아 생활을 유지해나가는 것. 그게 직업의 본질이다. 모든 사람이 가슴 뛰는 일을 하면서 살면 좋겠지만, 그럴 수 있는 일은 너무 적다. 누군가는 하루 종일 메일을 보내고 전화를 해야 하며, 누군가는 음식을 나르고 친절을 팔아야 한다. 실상 선택할 수 있는 대부분의 직업들이 이런 범주 안에 있고, 세상은 이런 직업들에 의해서 돌아간다. 당사자가 원한다면 이런 일들 속에서도 다분히 기능론적인 미학과 의미를 발견할 수 있겠지만, 고달프게 반복되는 직업생활에 더해 그런 태도노동까지 요구하는 건 가혹하다.

결국 직업은 그 밥벌이로서의 의미를 가장 존중받아야 한다. 가슴 뛰는 일을 하라고 부추기다 보면, 돈을 벌기 위해 직업을 가지는 것이 마치 부끄러운 일인 양 몰아가게 된다. 성실하게 직장생활을 하는 이들에게 마치 패배자인 것처럼 박탈감을 선사한다. 연봉이나 사내 복지 등을 우선하는 구직자들이 제일 싫다는 기업 면접관들의 말은 얼마나 오만한가. 착취와 열정페이는 모두 이렇게 '노동으로서의 직업'이 소외될 때 나타난다.

직업은 자아실현의 수단이 아니다. 한국 사회에서 직업이 자아실현의 수단으로 어쩔 수 없이 강조되는 것은 삶에서 일이 너무 많은 시간을 차지하고 있기 때문이다. 노동법이 규정하는 시간만큼 성실하게 일해서 생활을 영위할 수 있다면 가치와 즐거움은 여가 시간에 찾아도 된다. 자아는 거기서도 세울 수 있다.

적당히 일하고 적당히 벌고 적당히 쉴 수 있다면 사람들의 정서는 더욱 안정되고, 때로는 공공의 문제에 관심도 갖고, 선거 때면 후보자들에 대해 좀 더 면밀하게 따져볼 수도 있을 것이다. 당연한 것처럼 야근과 회식에 시달리다 보면 내 권리를 대행해줄 사람이 어떤 사람인지, 그의 공약은 얼마나 실현 가능한지 제대로 관심을 갖기 어렵다. 그럴수록 시스템은 이미 많은 것을 가진 이들을 위한 방향으로 공고해지고, 사람들의 삶은 더욱 고달파질 수밖에 없다. 곁에서 누군가 부당한 고통을 당해도 눈을 돌려버리는 일에 익숙해진다.

적당히 일하고, 적당히 벌고, 적당히 쉬는 삶이 건강하다. 모든 사람이 이렇게 건강한 시민으로 살 수 있다면 그 자체로 건강한 사회다. 그래야 남을 돌아볼 여유도 생긴다. 내가 사는 사회의 빈틈이 눈에 띄었을 때 목소리를 낼 수 있는 기회도 생긴다. 이런 사람들이 사는 사회에선 영웅도 멘토도 롤 모델도 필요 없다.

멘토나 롤 모델로 초대되는 사람들은 그래도 어떤 분야에서 이른바 성공을 거두었다는 사람들이다. 직업이란 울타리 안에서 꽤 만족스런 자아실현을 이루어낸 소수의 사람들이다. 그런 이들에게 '직업이란 가장 먼저 노동'이라는 정의는 동의하기 어려운 것일 수도 있다.

그래서는 성공할 수 없다고 할지도 모르겠다. 하지만 어쩌다 나는 '개천의 용'보다는 미꾸라지, 송사리, 개구리 모두가 살기 좋은 개천이 더 아름답다.

선망하는 눈빛의 청중들 앞에 서서 삶의 열정에 대해 설파하다 보면 말하는 이도 고양되기 마련이다. 자신의 '성공'을 더 부풀려 보이고 싶어진다. 하지만 성공이라 부르는 모든 것에는 반드시 우연이란 발판이 있다. 달아오른 언어로 자신의 우연한 성공에 올라서서 누군가에게 박탈감을 선사하지는 않기를. 또 다른 강의를 앞두고 스스로에게도 재차 타일러본다.

빚지다

돈 봉투의 추억

하나. 고 3때, 신입생들의 기숙사 입사로 방방이 북적거리던 날이었다. 혼자 짐을 들고 온 아이도 있었지만, 대개는 만감이 교차하는 표정의 부모님과 함께였다. 떨리는 눈빛으로 양손에 짐을 가득 든 신입생들. 1학년부터 3학년까지 한방에 여덟 명씩 지내는 기숙사다 보니 아무래도 설렘보다는 두려움 때문에 나온 눈빛이었을 거다. 고작 두어 살 더 먹은 똑같은 풋내기들끼리인데, 그때는 그 한두 해가 왜 그리 크고 멀어 보였을까.

갑자기 문밖에서 낯선 목소리가 나를 찾았다. 나가보니 우리 방 신입생 중 한 명의 어머니셨다. 무슨 일이시냐 물으니 기숙사 사생장인 내게 "드리고 싶은 말씀"이 있다며 한적한 계단으로 이끌었다. 기껏

해야 아들보다 두 살 많은 학생에게 붙이는 극존칭이 어색했다. 그 어머니는 내게 아들이 많이 어수룩하니 같은 방에서 잘 챙겨달라고 당부하셨고, 나는 웃으며 걱정 마시라 응해드렸다.

나를 당황하게 한 건 그다음이었다. 봉투가 나왔다. 적잖이 당황스러웠다. 선생님도 아니고 한방 쓰는 선배한테 촌지라니. 어디선가 남자 기숙사에 대한 흉흉한 소문을 듣고 오신 모양이었다. 정색을 하고 사양했지만 거의 집어던지다시피 하고 사라져버리셨다. 10만 원이 들어 있던 봉투를 일단 집어 들고 한참 골머리를 앓다가 학교 앞 서점으로 갔다. 참고서 10만 원어치를 사 그 친구 손에 들려 주었다.

둘. 과외로 대학 등록금과 생활비를 해결했던 나는 틈틈이 형편이 어려운 친구들의 공부도 도와주려고 노력했다. 한번은 상업고등학교에 다니는 여학생 두 명이 공부하고 싶다며 알은 척을 해왔다. 둘 다 공부는 하고 싶었으나 집에서 대학 보낼 여건이 안 된다며 상고에 진학시킨 경우였다. 상고로 진학하긴 했지만 대학이 가고 싶었던 건지 그저 공부에 목이 말랐던 건지는 잘 모르겠다. 어쨌든 그 마음이 기특했다. 결국 부모님 몰래 공부를 하는 참 희한한 경우가 되었다.

하지만 정말 미안하게도 나는 돈을 받고 하는 과외를 우선시할 수밖에 없었다. 빽빽한 일정 덕분에 그 친구들을 만나는 데는 한계가 있었다. 내가 겨우 시간을 내면 이 친구들 시간이 안 되는 경우도 많았다. 결국 두어 달 만에 공부 모임은 흐지부지되었다. 미안한 마음으로 마무리를 하던 날, 두 친구는 그동안 감사했다고, 그리고 앞으로는 스스로 해보겠다며 수줍게 웃더니 불쑥 봉투를 내밀었다.

빳빳한 만 원권 열 장. 그 순간 빳빳한 지폐만큼 나도 빳빳하게 굳어버렸다. 이걸 어디서 어떻게 만들어 왔을까. 이걸 어떻게 받나. 아니, 어떻게 안 받을 수 있나. 애써 웃어 보이며 고맙다고 받는 손길이 참 힘들었다. 일주일쯤 지나 쫑파티를 하자고 아이들을 불러냈다. 그 돈으로 같이 영화를 보고 피자를 사 먹었다. 영화 보고 피자 먹는 데 쓴 돈이 그 돈이라는 걸 아이들도 어렴풋이 알고 있었지 싶다.

셋. 월요일 1교시 강의. 매주 일요일 새벽까지 과외를 하고 집에 들어오면 2시가 넘는데, 월요일 1교시를 들으려면 새벽 5시 기차를 타야 했다. 그래서 어지간하면 월요일 1교시는 빼려고 했는데 꼭 듣고 싶은 수업이 있어서 감수하고 신청했다. 그러지 말걸. 열심히 들어보겠다고 기껏 제일 앞자리를 배정받은 그 수업에서 나는 한 달 내내 거의 한 번도 제정신이 아니었다. 당당히 졸았다. 하필 맨 앞자리에서.

머리가 희끗한 교수님은 어느 날 수업을 마치고 교단에서 내려오며 인자한 목소리로 한마디 속삭이고 가셨다. "학생은 항상 많이 피곤한가봐요." 정신이 번쩍 들었다. 너무 창피했다. 죄송스럽기도 했다. 그래서 교수님께 메일을 드렸다. "실은 새벽까지 아르바이트를 하느라 불성실한 모습을 많이 보여드렸습니다. 죄송합니다. 앞으로는 절대 졸지 않겠습니다." 그다음 수업부터는 강의실 뒤에 서서 들었다. 그래도 졸다가 다리가 풀려서 한번씩 고꾸라지긴 했지만.

그리고 한두 주쯤 지났을까. 수업을 마친 교수님이 불쑥 당신 연구실로 부르셨다. 무슨 일일까 싶어 찾아갔더니 예의 그 인자한 목소리로 물으신다. "가정이 많이 어려워요?" 아차 싶었다. "아니요, 그 정도는 아닙니다. 그냥 스물 넘어 제 생활은 제가 책임지고 싶었습니다." 적당히 둘러댔더니 조용히 웃으신다. 그러더니 봉투를 하나 내미신다. "이걸로 책 사 보세요." 갑자기 얼굴이 빨개졌다. "아니요, 교수님. 그 정도는 아닙니다. 저 책 사 볼 돈 충분해요." 무슨 말을 해도 보살 같은 표정으로 웃기만 하며 끝내 가져가라신다. 웃는 얼굴에 지고 말았다. 봉투를 들고 나오는 손이 무거웠다. 그때부터 학기 말까지 그 수업 시간엔 하품 한번 하기도 힘들었다.

넷. 입학해서 입대까지 줄곧 한 하숙집에서 지냈다. 2층짜리 가정집을 개조해 방을 잔뜩 만들어둔 기업형 하숙집. 집주인은 한번도 본 적이 없고, 아침저녁을 차려주시는 관리인 아주머니 한 분이 계셨다. 아주머니는 조선족이셨는데, 정작 그 집에서 가장 오래 지낸 그분만 방이 없었다. 비좁은 부엌 한구석에 몸만 겨우 누일 수 있는 작은 침상, 그리고 그 위의 TV. 아주머니께 주어진 공간의 전부였다.

아주머니는 외로워 보였다. 가족들은 모두 중국에 있다고 했다. 한 평도 안 되는 하숙집 부엌에 살면서 번 돈은 다 두 아들 대학 등록금으로 부치고 있다고 했다. 하루 종일 작은 TV와 대화하다가 하숙생 누구 하나 밥이라도 먹으러 오면 놓칠세라 식탁에 앉아 맥락도 없는 넋두리를 늘어놓곤 하셨다. 대답할 말도 마땅치 않은 그 말들을 처음 만났을 때는 조금 당황했는데, 하숙생 대부분이 듣는 둥 마는 둥 하며 적당히 대꾸하는 모양새가 다들 익숙한 것 같았다.

아주머니는 돈이 귀했다. 천 원짜리 한 장에도 벌벌 떨었다. 하숙생들이 내놓은 쓰레기봉투가 조금이라도 덜 차 있으면 일일이 풀어내고 새로 채워 넣었다. 프라이버시에 민감한 하숙생들이 학을 뗐지만 아랑곳하지 않았다. 유일하게 목소리에 날이 설 때는 하숙비가 늦어질 때였다. 빈방에 다른 학생을 데려오면 그 방 첫 달 하숙비에서 만 원을 떼어주겠노라 말하실 때는 정말 비장할 정도의 눈빛이었다.

그런 아주머니를 마주하는 것은 어딘지 마음이 쓸쓸해지는 일이었다. 그만큼 나름 성실한 말벗이 돼드리려 노력했다. 식탁 옆에 앉아 내놓으시는 혼잣말이나 다름없는 말들에도 열심히 대꾸를 했고, 직접 가꾸시는 화초들에도 일부러 관심을 갖고 무슨 꽃이냐 잘 자라냐 묻기도 했다. 봄이 되어 작은 꽃이 핀 화분 앞에서 어쩔 줄 몰라 하시며 "이봐라, 이게 영 이쁘다" 글썽이던 모습이 눈에 선하다.

하지만 나도 바빠지면서 하숙집 밥을 찾지 않는 날이 많아졌다. 아침저녁 두 끼를 제공하는 하숙밥은 먹을 수 있는 시간이 정해져 있었다. 늘 새벽녘에 잠이 드니 아침은 거르기 일쑤였고, 도서관이며 조모임에 매여 있다 들어오면 저녁 시간도 맞추기 어려웠다. 입대 전 마지막 학기에는 아주머니 얼굴도 한 달에 한 번 볼까 하는 일상이 됐

너무 많은
빚을 지고 산다.

다. 가슴 한구석 미안한 마음을 바쁜 일상으로 애써 가렸다. 아주머니는 서운해하지 않았다. 어쩌다 마주쳐도 그저 반가워하며 화색일 뿐이었다. 내 미안함은 더 커졌다. 그 보잘것없는 죄책감 때문에 하숙밥을 먹을 수 있는 시간에도 식탁을 찾지 않는 날이 많아졌다.

입대 휴학을 신청하고 방을 빼는 날이 됐다. 그래도 떠나는 인사는 해야지. 짐을 다 싸고 어영부영 마지막 인사를 드리러 올라갔다. 식사라도 함께하며 인사를 드렸어야 맞지 않을까. 그저 내 미안함 때문에 후다닥 인사만 남기고 도망가고 싶었는지도 모른다. 그런데 배웅 나온 아주머니의 눈가는 이미 빨갛게 차올라 있었다. 이제 가니. 어떡하니. 어떡하니.

목멘 소리로 말을 잇지 못하는 그 앞에서 아득해졌다. 아주머니가 하릴없이 반복하는 말처럼, 어떻게 해야 할지 몰라 멍하니 서 있었다. 아주머니는 허름한 앞치마 주머니에서 떨리는 손으로 꼬깃꼬깃한 만 원짜리 두 장을 꺼내 내 손에 쥐여 주셨다. 나는 무너졌다. 어떻게 인사를 마쳤는지도 모르게 도망치듯 나와 정신을 차렸을 때는 이미 고속도로를 달리고 있었다. 열심히 살아야겠다고 생각했다. 부끄럽지 않게 살아야겠다고 생각했다.

돈 봉투는 죄가 없다. 돈은 귀하다. 사람이 귀할 때 더욱 그렇다.

사귀다

히말라야가 내게 남긴 것

히말라야를 보러 갈까, 오로라를 보러 갈까. 맡고 있던 프로그램이 갑작스럽게 종영하면서 2주간의 황금 같은 휴가를 얻은 적이 있다. 사실 역마살의 유혹을 별로 성실하게 뿌리치지 않고 살아왔기에 가보고 싶은 곳은 꽤 가봤다. 모처럼의 여행을 통해 꼭 보고 싶은 걸 꼽는다면 이 두 가지 정도가 남아 있었다. 또 언제 이만큼 긴 여행을 다녀올 수 있을지 알 수 없었다.

둘 중 하나만 골라야 한다는 것은 복에 겨운 고문에 가까웠다. 도둑처럼 찾아온 휴가였으니 여행을 계획할 넉넉한 여유를 바라는 건 사치다. 당장 비행기 티켓부터 사야 하는 마당에, 고맙게도 선택의 노고를 줄여주는 한 가지 사실을 깨달았다. 오로라를 볼 수 있는 북반구의 극지방은 여름 동안 백야가 이어진다. 밤에만 관측되는 오로라를 볼 도리는 없다는 말이다. 그래, 올여름은 히말라야구나.

서둘러 비행기표를 사고 후다닥 여행 준비를 하는 나를 보며 한 친구는 매번 그렇게 급작스레 여행을 가는 모습이 신기하다고 했다. 지금 아니면 또 언제 이렇게 갈 기회가 있겠냐는 생각에 서두른다고 했더니, 돌아오는 대답이 재밌다. "너는 갈 때마다 그렇게 말하면서 금방 또 가더라." 맞다. 그래야 다닌다. 지금 아니면 언제 보러 가겠어. 그것도 히말라야를.

언제부터였는지 여행지를 선택할 때면 두 가지 기준을 살핀다. 첫 번째는 현장 실무를 배우거나 생산적인 일에 동참할 수 있는지 여부다. 대학 때부터 관심을 가져온 국제 구호 현장이 주로 그 대상이 되는 경우가 많다. 꽤 많은 돈을 들여 얻는 드문 경험의 기회를 그저 신선놀음 유희에만 쓰다 오기엔 뭔가 아쉽다고 생각했기 때문이었다. 대학 시절부터 뭐라도 해보겠다고 이리저리 발품을 팔았더니, 이제는 한두 다리만 건너면 현지에서 활동 중인 국제 NGO 실무자들을 만날 수 있게 됐다.

처음엔 현장에 계신 분들께 폐가 되지 않을까 걱정했다. 그렇지만 척박한 동네에서 지내는 그분들에겐 모처럼의 손님이 반가우신 모양이다. 상상할 수 없을 만큼 느린 인터넷 속도를 생각해 외장하드에 영화를 몇 편 담아 가거나, 지구 반대편에서는 구하기 힘든 한국 책을 선물로 들고 가면 환대는 배가 된다. 만리타국에서 지내는 적적함도 달래드릴 수 있고, 나 역시 관심 있는 분야의 생생한 현장 이야기를 들을 수 있어 매력적이다. 이들은 현지의 문화와 일상을 제대로 배우기에도 더할 나위 없이 좋은 가이드다. 여기에 내 짧은 몇 가지 재주로 도움을 보탤 수 있다면 금상첨화다.

두 번째 기준은 경이로운 자연경관이나 유적을 볼 수 있는가다. 아무리 그래도 그냥 업무 현장만 구경하는 건 좀 아쉬우니까.

그래서 네팔로 향했다. 히말라야, 이름도 예쁜 안나푸르나를 볼 수 있는 나라. 자랑할 만한 가장 큰 자원이 히말라야이니 국가 경제에서도 관광산업이 큰 비중을 차지하는 나라다. 당연히 여행업에 종사하는 이들이 많고, 그만큼 착취당하는 이들도 많다. 덕분에 몇 해 전부터 조금씩 대두되어온 공정여행 이슈의 주요 무대가 됐다. 공정여행을 말하는 책마다 네팔을 다루고 있어서 직접 가보면 분명 좋은 공부가 될 것 같았다. 만나서 이야기를 들을 수 있는 NGO 실무자들도 찾아냈다. 2주의 휴가가 꽉 찬 여행이 되리라는 기대감에 설레었다.

안나푸르나는 과연 아름다웠다. 시리도록 푸르다는 말이 퍽 잘 어울리는 하늘을 배경으로 만년설을 쓴 머리는 장엄하고 신비로웠다. '히말'은 산을, '히말라야'는 히말의 복수형으로 '산맥을 따라 치솟은 봉우리'를 이른다고 했다. 동시에 산스크리트어로 '히말라야'는 '눈의 거처' '눈이 있는 곳'이란 뜻이라고 한다. '히마'가 눈, '알라야'가 거처라고. 1년 내내 눈이 내리지 않는 네팔에서 눈이란 곧 만년설을 가

© Jiban Bhai

리키는 셈이다. 재미있다. 산이란 단어를 풀어쓰면 눈의 거처라니. 바꿔 말하면 만년설 정도 덮여 있지 않으면 네팔 사람들에겐 산 취급을 못 받는다는 말이기도 하다. 2000미터도 안 되는 한라산 정도는 그냥 언덕이다. 산이라고 불러주지 않는다.

문화와 역사가 어려 있는 유적들도 자연만큼이나 훌륭했다. 수세기를 거슬러 고고한 세월을 쌓아온 박타푸르의 유적들은 그 곁을 걷는 것만으로도 온갖 상상을 깨어나게 했다. 티베트 불교의 대표적인 성지 보드나트 주변에서 온갖 사연을 품고 온 순례자들의 얼굴을 가만히 지켜봤다.

공정여행 상품을 운영하는 사업장도 찾았다. 관광자원이 될 만한 자연이나 유적을 가진 지역은 늘 돌이킬 수 없는 길을 걷는다. 자본이 들어오면서 현지 주민들의 삶은 주변화되고, 그곳이 아름다울 수 있었던 이유들은 금세 망가진다. 정작 그곳을 일구어온 주민들의 삶은 점점 피폐해진다. 해서 공정여행의 골자는 여행지에서 정당한 대가를 지불하고 재화와 서비스를 구입함으로써 주민들의 삶을 왜곡시키지 않으며 그 생태와 문화를 훼손하지 않는 데 있다. 당연히 비싸기도 더 비싸고, 도시생활에 익숙한 여행자에겐 다소 불편한 경험이 될 수도 있다. 애초에 히말라야 산자락에서 서울에서와 같은 편리함을 기대하는 게 이상하지 않은가. 착하기란 늘 쉽지 않다. 하지만 늘 그만한 가치가 있다.

내가 선택한 공정여행 상품은 네팔 어느 변두리의 까마득한 산골 마을에서 며칠간 홈스테이를 경험하는 것이었다. 관광객들을 위해 분칠한 삶의 모습이 아니라 해발 2000미터에서 살아가는 네팔 촌부들의 웃음 짓는 민낯을 만나는 기회였다. 처음엔 그들의 일상을 구경거리 삼는 일이 아닌가 고민했는데, 직접 가보니 구경거리는 오히려 나였다. 하늘과 산으로만 둘러싸여 사는 사람들에게 모처럼 찾아온 이방인이야말로 신기한 볼거리였다. 시종일관 꽁무니를 쫓아다니는 아이들하며, 한 바구니 찐 감자를 들고 주섬주섬 찾아오는 아낙들의 표정이 즐거워 보였다.

여행자가 찾아오는 날 밤에는 마을 사람들이 모여 전통춤을 추는 이벤트가 열린다고 했다. 상품 패키지에 포함된 행사라면 굳이 나 한 사람 때문에 번거롭게 안 했으면 좋겠다고 생각했다. 그 역시 착각이었다. 이들에겐 나를 핑계 삼아 하룻밤 즐길 거리가 생긴 거였다. 특별할 것 없는 산중 일상에 모처럼 생긴 놀 기회를 뺏을 뻔했다. 콧물 자국이 하얗던 이장 댁 꼬마 아들은 늦은 저녁의 무도회를 기다리다 잠이 들었는데, 다음 날 일어나서는 자길 깨워주지 않았다며 하루 종일 토라져 있기도 했다.

생각지도 못한 즐거움이었다. 밭일을 나가고 염소를 잡고 감자를 먹는 그들의 생활은 고스란히 계속되었다. 그 와중에 슬며시 빌린 방 한 칸에서 나는 있는 그대로의 네팔 여느 시골 마을에 잠시 들른 길손이 된 기분을 만끽했다.

그 일상과 깨끗한 미소를 영상으로 담아내고, 한국에 돌아와 그곳에서 찍은 사진들로 작은 전시회를 열었다. 따뜻한 기억을 소개하는 글과 사진들을 보고, 내가 갔던 여행지를 찾아가는 여행자도 생겼다. 네팔에서 만난 NGO 사람들과도 계속 연락을 나누게 되었다. 여행지 주민들의 사진을 찍으면 그 초상의 주인에게 돌려줄 수 없어서 항상 아쉬웠는데, 현장 실무자들과 연이 계속된 덕분에 이번만큼은 산골 마을 사람들에게 사진을 보낼 수 있었다. 게다가 마을 사람들이 자기 얼굴이 담긴 사진을 들고 쑥스럽게 웃는 모습을 다시 찍어 내게 보내줬다. 기뻤다. 사진 한 장 한 장이 더 귀해졌다. 그렇게 나는 네팔과 관계를 맺었다.

관계를 맺는다는 것. 어린왕자가 말했던 것처럼 '나와는 아무런 감정도 없이 지도 위 한 자리를 그저 차지하고 있던 어느 나라에, 그곳에 사는 사람들의 얼굴이 겹쳐 보이기 시작하는 것'. 지도 위에 사람이 보이기 시작하는 것. 내가 만든 비디오 속에 등장하는 사람들의 얼굴에서 반가움을 느끼는 것. 그래서 여행에서 돌아온 지 1년 만에 네팔 지진 뉴스를 보았을 때, 그 서늘한 헤드라인 위로 사람들의 얼굴이 겹쳐 보였다.

느긋하게 앉아 바라보며 정취를 만끽했던 유적들이 맥없이 무너지는 뉴스 화면을 보노라니 마치 〈어벤져스: 에이지 오브 울트론〉에서 상암동 건물들이 부서져나가는 걸 볼 때처럼 거짓말 같은 기분이 들었다. 눈으로 봤는데 믿기지 않았다. 당장 안위를 확인하고 싶은 사람들이 떠올랐다. 저 산골 마을에는 인터넷도 변변치 않을 텐데 언제쯤 소식을 들을 수 있을까. 전시회에 걸었던 사진 속 사람들의 미소가 아득하게 느껴졌다.

며칠이 지난 뒤, 내가 얼굴을 아는 사람들 중에는 다친 이가 없다는 이야기를 들었다. 다행이라고 말하기엔 슬프지만, 그럼에도 가슴을 쓸어내리게 되는 건 어쩔 수 없었다. 하지만 내가 방 한 칸을 얻어 자고, 산골에서 캔 감자와 꿀을 얻어먹었던, 그들의 삶의 터전은 전부 폐허가 되었다고 했다. 깊어지는 우기 때문에 갈수록 빗줄기는 굵어지는데 몸을 피할 지붕 하나가 없는 상황이라고 했다.

도울 수 있는 일이 뭐가 있을까. 할 수 있는 일들을 찾아보기 시작했다. 성금을 보내고 관련 영상을 만들기로 했다. 마침 해고되고 얼마 되지 않았을 때 어느 이름 모를 선배가 노동조합을 통해 전해 준 돈 봉투가 기억났다. 적지 않은 액수의 그 돈은 내 몫이 아니라는 생각이 들었지만 달리 돌려드릴 방법도 마땅치 않아 서랍 구석에 고이 두었던 참이다. 그 돈이 갈 곳을 찾은 것 같아 그대로 네팔에 보냈다.

네팔에서 만난 NGO 실무자 가운데 한국으로 돌아온 분들과도 연락이 닿았다. 담당했던 지역의 복구를 돕는 프로젝트를 함께 진행했다. 서로가 기억하는 웃는 얼굴 앞에서 4000킬로미터라는 거리는 사라져버렸다. 그렇게 네팔과 관계를 맺었던 사람들이 하나둘 손을 모아 힘을 보탰다.

여행을 떠나는 사람, 그것도 자국보다 소득 수준이 낮은 나라로 떠나는 여행자는 현지 사람들의 삶 앞에서 자신도 모르는 무례함을 옷입기 쉽다. 카메라 뒤에서 뷰파인더로 피사체를 바라보는 사람은 렌즈 너머의 대상을 어느 순간 동일한 사람으로 보지 못한다. 카메라를 통해 느끼는 권력의 감각이다.

공정한 여행이란 단순히 여행지를 소비하기만 하는 것이 아니라 사람다운 관계를 맺는 여행이다. 좋은 촬영이란 피사체가 되어버린 사람들의 겉모양만 잘라내어 화면에 담는 것이 아니라 카메라 너머로 관계를 맺는 것이다. 그렇게 되었을 때 여행지는 더 이상 지도 위의 한 조각 그림이 아니게 되고, 화면 속 얼굴들은 단순한 비디오 이상의 무엇이 된다.

여행지의 왜곡된 환상에 빠지지 않고 카메라의 권력에 취하지 않는 것. 여행과 카메라를 늘 가까이 하는 사람이라면, 만나는 모든 것을 곁눈질로만 보지 말고 끊임없이 관계를 맺어가야 하는 이유다.

되새기다

진짜 100퍼센트를 향하여

〈100% 베를린〉이라는 연극이 있다. 어딘지 현학적이거나 현대사적일 것 같은 냄새가 문득 나는 이 제목은 사실, 정말 딱 문자 그대로의 의미만 가진다. 〈100% 베를린〉은 '통계 연극'이다. 무대 위에는 정확히 100명의 베를린 시민이 등장한다. 전문 배우도 아니고 따로 연기 훈련을 받은 적도 없는 이 100명의 사람들은 베를린 인구사회학적 통계를 반영한다. 베를린의 인구 성비에서 남성이 52퍼센트라면 무대 위 100명 중 52명은 남성이다. 10세 미만의 아동이 5퍼센트라면 무대 위에는 다섯 명의 아이들이 서 있을 것이며, 이들을 보살피기 위해 함께 선 부모들도 역시 각각 베를린 인구통계의 1퍼센트를 담당한다.

이렇게 100명으로 축소된 무대 위 베를린 시민들은 한 명씩 자기소개를 하기도 하고, 24시간 동안 각자의 일과를 재현하며 베를린의 살아 있는 하루를 축약해서 보여준다. 또한 여러 정치사회적인 설문에 대한 각자의 대답을 다양한 방식으로 보여줌으로써 베를린 여론을 시각적으로 구현해내기도 한다. 독일의 아티스트 그룹 리미니 프로토콜Rimini Protokoll은 베를린을 시작으로 런던, 파리, 도쿄 등 세계 각국의 도시들로 이 통계 연극을 확장해나가고 있다.

생소하면서도 창의적이다. 그러니 2014년 4월, 내가 〈100% 광주〉를 관람하러 가는 길에 자연스럽게 5·18을 떠올린 것을 그저 무지했다고만 하기엔 좀 억울하다. 이 프로젝트에 대해 알고 찾은 사람이 아니라면 아마 관객 대부분이 나처럼 생각했을 것이다. 〈100% 광주〉라는 강렬한 제목, 그리고 5월. 실제로 공연 중간에는 무대 위 광주 시민들이 객석에 앉은 관객들에게 질문을 건네는 순서도 있었는데 "나는 이 공연이 5·18에 대한 내용일 것이라 생각하고 왔다"라는 질문에 관객 대부분의 손이 올라갔다.

우리에게 광주는 그렇게 읽힌다. 〈100% 광주〉란 제목에서 광주는 전라도에 있는 한 행정구역 이상도 이하도 아니지만, 한국 사회에서 '광주'라는 두 글자는 한 단어가 가질 수 있는 수준을 한참 뛰어넘은 맥락과 집단 기억을 불러일으킨다. 바로 이 광주를 여느 도시와 똑같이 그저 사람들이 살고 있는 하나의 행정구역으로 무대 위에 올린 〈100% 광주〉는 역설적으로 그 순간 또 다시 새로운 함의를 갖게 된다.

공연 중 무대 위 100명의 광주 시민들에게 주어진 질문에는 이런 것도 있었다. "나는 광주가 이제는 5·18의 이미지에서 벗어나 새로운 방향으로 나아갔으면 하고 바란다." 마찬가지로 무대 위의 꽤 많은 손이 올라갔다.

해직 언론인이라는, 나와는 그리 어울리지 않는 명찰을 다는 바람에 한동안 정신없이 지냈다. 해고의 부당함과는 상관없이 개인으로서는 굉장히 잘 지냈다. 여가 없고 휴일 없는 생활에서 내 시간을 온전히 내가 통제할 수 있는 생활로 건너왔으니 삶이 윤택해진 것은 말할 것도 없었다. 회사에 소속된 신분으로는 할 수 없었던 콘텐츠에 대한 다양한 시도를 할 수 있는 자유도 생겼으니 의미 역시 충만한 시간이었다.

상식적으로 있을 수 없는 해고였기에 화도 나고 단순히 내 개인의 문제라고 볼 수도 없는 일이었기에 당위의 문제로 싸웠지만, 지극히 개인적으로 이 시간이 고됐냐고 묻는다면 그건 별로 그렇지 않았다. 그런데 이걸 믿어주는 사람이 드물었다. 해고 상황을 알고 격려해주시는 분들이 가끔 안부를 물어올 때 밝은 목소리로 굉장히 잘 지내고 있다고 답하면 '그래도 네가 말 못하는 힘든 게 많이 있겠지……' 하는 측은지심 어린 눈빛이 돌아왔다. 써주시는 마음이야 감사하지만 가끔은 '아, 고난받고 있는 해직자 모드라도 한 번씩 구현해야 하는 것이 아닌가' 싶은 의무감마저 생길 판이었다.

옳고 그름의 여부를 떠나 개인적으로는 광주라는 지명 위에 반사적으로 5·18 이미지를 입히는 건 경계하려는 편이었다. 어찌 됐든 그 역시 또 하나의 편견이 아닌가. 물론 편견이 모든 경우에 틀린 것은 아니다. 꽤 많은 경우 편견은 사실에 뿌리를 깊이 박고 있다. 다만 그 사실이 엉뚱한 곳으로 가지를 칠 때 오해 혹은 차별이라는 열매를 맺는 것이다.

광주에 5·18이 덧대지는 것은 지극히 자연스럽다. 이제 겨우 한 세대를 지나왔을 뿐이다. 5월 즈음 광주를 찾으면 약속이나 한 듯 집집마다 차려진 제사상 앞에서 광주 사람들은 여전히 30여 년 전의 현재를 산다. 대학에서 만난 광주 출신 친구들의 입을 통해 명문대에 진학하고 느끼게 된 실망감에 관해 들을 때도 마찬가지였다. 자기가 졸업한 고등학교에서는 민주주의와 정치사회를 끊임없이 이야기하는 것이 당연했고, 그래서 학문의 전당이라는 '대학'에 오면 훨씬 더 깊은 고민들을 만나게 되리라 기대했다는 것이다. 그럴 때마다 내가 경계하려 했던 편견이 얼마나 사실에 가까운 것인지를 실감했다.

하지만 5월은 여전히 100퍼센트의 광주는 아니다. 우리는 5·18을 기억해야 한다. 이 기억에 흠집을 내려는 사람들에게는 부단히 맞서야 한다. 그리고 그 5·18 정신이 오늘 우리 사회 안에 살아 있는지 쉼없이 되짚고 기억하는 것이 우리에게 필요하다고 생각한다. 하지만 광주라는 도시는 그 5월의 기억 안에만 머물러 있지는 않다. 5·18의 상처가 여전히 생생하게 살아 있음을 말하는 연극 〈푸르른 날에〉를 보며 눈물을 흘리는 것 역시 좋은 경험이지만, 〈100% 광주〉의 무대를 만났을 때도 낯설어할 필요는 없지 않을까.

실은 광주뿐 아니라, 현재로 끊임없이 지고 가야 하는 수많은 기억 앞에서도 마찬가지다. 마치 내가 '해직 언론인'이라는 이름표 아래 '조금은 괴로운' 모드를 개발해내야 할 것 같은 부담을 느꼈던 것처럼, 집단의 기억과 그에 대한 부채감은 때로 오해를 낳기도 하고 자칫 왜곡으로 이어지기도 한다. 당사자들이 원치 않는 순간에도 그 멍에를 강요할 때, 그것은 폭력이 된다.

김제동 씨, 주진우 기자와 함께 안산을 찾아 세월호 유가족들과 식사 한 끼를 나눈 적이 있다. 김제동 씨의 예의 그 입담에 사람들은 즐겁게 웃었다. 웃음소리와 함께 가장 마음을 울렸던 한마디는 '웃어도 괜찮다, 그래도 된다'는 말이었다.

해결되지 않은 고통을 위해서는 부단히 노력하고 애써야 한다. 하지만 삶의 모든 순간을 오직 그것으로만 채워서는 버틸 수 없다. 자연스럽지도 않다. 이미 망가질 대로 망가진 삶이라 해도 분명 웃음을 만날 수 있는 순간들은 있다. 나는 광주를 말할 때마다 5·18의 기억에서 조금은 벗어나고 싶다며 들어 올린 〈100% 광주〉 무대 위 손들이 떠오른다. 광주, 그리고 집단의 모든 숭고한 기억을 되새기는 순간이 언제나 진짜 100퍼센트를 향할 수 있기를 바란다.

슬퍼하다

가난의 증명

독립이 빨랐다. 한방에 여덟씩 자는 후줄근한 기숙사나마 있는 고등학교에 들어가면서 가족과 산 것은 열여섯이 끝이다. 기숙사에 들어간 이유도 자랑할 만한 일은 아니다. 가족과 지내는 집은 언제 짐 싸들고 나가야 할지 모르는 가건물 가게에 딸린 방이었다. 거기서 나가면 갈 곳이라고는 아버지 고향인 안동뿐이었다. 고등학생 아들을 갑자기 멀리 떠나게 하고 싶지 않았던 부모님은 기숙사 입사를 권했다.

구조의 문제를 개인의 탓으로 돌리는 사람들에게 나는 어쩌면 훌륭한 사례다. 학원이나 과외는 남의 일이었다. 공부방도 한번 가져본 적이 없었다. 내가 다녔던 지방의 공립고등학교는 대입에 그리 열심이 아니었다. 그러니 입시에 대한 압박을 받지 않았다. 그래서였을까. 어쨌든 공부에 재미를 느낀 것은 순전히 운이었다. 덕분에 교과서와 EBS만으로 소위 명문대에 들어갔으니 '거봐, 노력하면 다 되잖아'라고 말하기 좋아하는 이들이 갖다 쓰기 딱 좋은 경우다.

당연히 대학 등록금도 혼자 해결했다. 물론 생활비까지 전부. 좋은 학교라는 간판 덕에 과외 아르바이트를 할 수 있다는 것은 다행이었다. 학기 중에는 서넛씩, 방학에는 그보다 더 많은 학생을 가르쳤다. 내가 고등학생일 때는 넘볼 생각도 못했던 사교육이었기에 한편으로는 싫은 마음도 있었다. 폭리라고도 생각했다. 시급으로 따지면 다른 수많은 동년배의 알바비보다 네댓 배를 받는 일이었다. 하지만 더운 밥 찬밥 가릴 처지가 아니었다. 공부를 하며 돈을 벌 수 있는 거의 유일한 길이었다.

타협책을 찾았다. 받는 가치만큼 해주자. 적어도 폭리는 아니게 하자. 2시간짜리 과외라도 학생이 이해할 때까지 서너 시간을 가르쳤다. 입에서 단내가 날 때까지 말했다. 내가 잘 모르는 이과 과목을 물어오면 따로 공부를 해서 가르쳐줬다. 가출한 녀석을 찾아 어르고 달래서 김밥 사 먹여 데려오기도 했다. 입대 전날에도 머리를 밀고 새벽 2시까지 남은 과외를 해준 뒤 입소 준비를 했다. 한 달 치 과외비를 선불로 받았는데 입대를 핑계로 받은 돈을 떼먹을 수는 없었다. 시간이 지날수록 입소문이 꼬리를 물었다. 과외 자리가 줄을 이었다. 들어오는 과외를 다 감당할 수가 없어서 대기 번호를 나눠주기까지 했다. 적어도 밥줄 끊길 걱정은 없었다.

그렇게 해도 등록금과 생활비를 모두 대기에는 벅찼다. 장학금 없이 등록금 전액을 과외비로 채우기는 빠듯했다. 장학금이 필요했다. 일과 공부를 병행해야 했다. 주말에는 교회에서 맡은 일들이 있었으니 평일에 과제며 학과 공부를 꽉 채워야 했다. 하루에 서너 시간씩 자며 버텼다. 편두통과 속쓰림은 당연한 몸의 일부였다. 인간관계는 턱없이 좁았다. 혼자 지내는 것을 어려워하지 않는 게 다행이었다. 그 와중에도 공부가 재미있는 운은 아직 남아 있어 학점은 나쁘지 않았다.

장학금에는 두 종류가 있었다. 성적 우수와 가계 곤란. 둘 다 신청할 수 있었지만 성적 우수보다 가계 곤란으로 받을 수 있는 장학금이 액수도 컸고 받을 확률도 높았다. 당연히 가계 곤란으로 신청했다.

그래서 가난을 증명해야 했다. 자기소개서에 내가 얼마나 가난한지, 그 장학금이 얼마나 필요한지를 열심히 설명해야 했다. 증명 서류도 여러 가지 필요했다. 부모님께, 스무 해가 넘도록 단 한 번도 나태한 적이 없었던 부모님께 가난을 증명하는 서류를 당신 손으로 떼어서 보내달라고 전화를 해야 했다. 어머니의 심장 수술 기록과 병원비 영수증도 첨부했다. 졸업할 때까지의 전액 장학금을 외부 장학재단을 통해 약속받았을 때는 오로지 저 쓰디쓴 '가난의 증명'을 더 이상 하지 않아도 된다는 점만이 깊숙이 기뻤다.

가난을 증명하던 순간들을 떠올린 것은 의무교육 과정의 무상급식 도입 논란 때문이다. 내가 스물 넘어 경험한 가난의 증명을 대학이 아닌 의무교육 과정에 있는 아이들에게, 그것도 '밥'을 위해서 시키는 것이 당연하다고 누군가는 말한다. 가계 곤란으로 받은 전액 장학금은 부채감도 함께 지운다. 내가 다니던 대학은 어느 해부턴가 가계 곤란 장학생들에게 '섬김의 정신'을 일깨워준다며 '학기 중 의무봉사활동' 제도를 도입했다. 나 역시 그 대상이었다. 봉사 현장은 섬김과는 거리가 멀어 보였다. 봉사 활동은 대부분 주차 도우미였고, 현장에는 일손이 부족하지 않았다. 오로지 '장학생들의 노동을 위한 노동'의 자리에 멍하니 서 있어야 했다. 가계 곤란 장학금은 교묘하게 근로 장학금이 되었다.

남은 것은 학교로부터 시혜를 입었다는 부채감뿐이었다. 그것은 부채감의 교육이었다. 아무것도 하지 않고, 가난하다는 이유만으로 수백만 원을 면제받았다는 사실을 주차장에서 경광봉을 든 채로 되새기는 시간이었다. 아이가 밥을 먹기 위해 가난을 증명해야 하는 사회는 그 부채감마저 의무교육 하는 사회다.

무상급식이란 말에 인상을 찌푸리는 사람들은 "학교는 공부하러 가는 곳이지 밥 먹으러 가는 곳이 아니다"라고 한다. 내가 과외를 했던 일흔 명이 넘는 학생들의 사정은 다양했다. 대부분 고등학생이었지만 중학생, 초등학생도 있었다. 한 달에 수십만 원 하는 과외비가 별 부담 없어 보이는 집도 있었지만, 반대로 가장 큰 지출일 것이 뻔히 보이는 집도 있었다. 공부를 하고 싶은데 돈이 없다고 말해오는 친구들도 있었다. 그럴 때는 그냥 공부를 도와주었다. 그중 한 아이가

때로는
사치가
되기도 하는
의외의 것들.

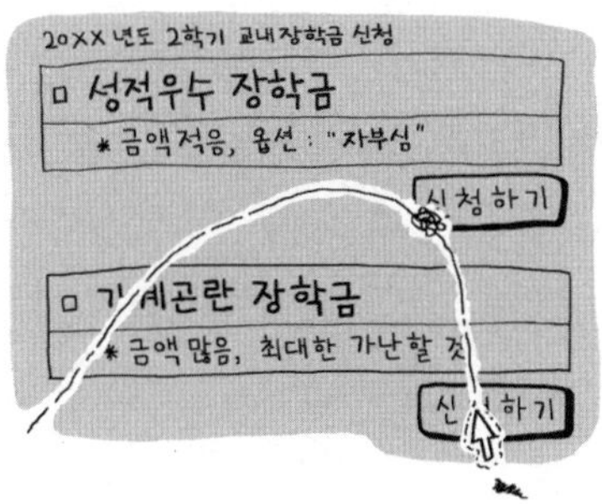

꼬깃꼬깃 10만 원을 봉투에 넣어와 건네던 그 순간을 나는 아직도 잊지 못한다.

과외가 별로 도움이 안 되는 친구들도 더러 있었지만 대개는 생각하는 방식만 살짝 건드려줘도 성적은 잘 뚫렸다. 아이들마다 막히는 지점은 달랐다. 그걸 틔워주는 것은 그리 어려운 일이 아니었다. 그저 그 아이 한 명이 어디서 이해가 막혔는지 알기만 하면 된다. 그게 학교 교실에서 안 되고 있을 뿐이었다. 부모와의 관계, 강압적인 집안 분위기 때문에 공부 의욕이 없는 친구들도 있었다. 이런 친구들에게는 차라리 카운슬러였다. 이야기를 나눠주는 것만으로도 성적은 올랐다. 실은 성적이 문제가 아니었다. 낯빛이 하루하루 달라졌다.

월 40만~50만 원의 지불 능력으로 그 도움을 받을 수 있는지의 여부가 나뉘는 것이 과연 학생 개인의 문제인가. 그 성적표는 과연 그대로 정당한가. 그래, 말마따나 학교는 밥만 먹으러 가는 곳이 아니다. 그러나 그 밥 때문에 가난을 증명하라 말하는 학교는 다른 노력을 충분히 하고 있는가. 아이들이 학교에 오는 목적을 성실하게, 부족함 없이 채워주고 있는가.

묻다

그 많은 등록금은 어디로 갔을까

나이 서른에 대학에서 강의를 맡게 될 줄이야. 게다가 주변 몇몇 사람들은 그곳이 '여대'라는 사실을 몹시 부러워했다. 확실히 남녀가 섞여 강의를 듣던 내 대학 시절의 강의실보다 반응이 훨씬 풍성하다. 이런 저런 질문에도 대답이 곧잘 나오고 시답잖은 우스개에도 웃음소리가 요란하다. 같은 수업의 분반을 맡은 다른 교수님은 "여고에 수업하러 오는 기분이다"라며 싫지 않은 내색이었다. 고등학교를 졸업한 지 얼마 되지 않은 대학 1학년 전공 수업이라 그 말이 더 실감 났다.

"여대라니 부럽다"라는 농은 가벼운 웃음으로 넘겼지만, 스무 살 새내기들이 영상과 씨름하는 것을 지켜보는 일은 꽤 즐거운 활력소이긴 했다. 한 학기 내내 한 번의 결석도, 과제 누락도 없이 매시간 반짝이며 집중하는 수십 개의 눈동자 앞에 서는 것은 대단히 고무적인 일이었다. 공부를 좋아했던 나도 1학년 때 저렇게까지 열심히 하지는 않았던 것 같은데. 혹자는 여대에 출강한 젊은 남자 강사가 누리는 특수 상황이라 말했지만, 제작 실습을 향한 학생들의 탐구열을 그런 마음으로 깎아내리진 않으련다.

한 한기 동안 맡은 강의는 미디어학부생들의 영상제작 실습이었다. 기술을 가르치는 제작 실습 수업이라 달랑 학부 졸업장밖에 없는 나도 강단에 설 수 있는 모양이었다. 그런데 영상제작 기술은 해가 다르게 변하기 때문에 학생들 입장에서는 가장 근래에 사용되는 제작 기술을 익혀야 유용한 것은 당연하다. 그렇지만 한창 제작 일선에서 가장 활발하게 뛰고 있는 연차의 실무자가 어쩌다 특강 한두 번이면 모를까 한 학기 정규 강의를 맡는다는 건 꿈도 못 꿀 일이다.

해서 테이프를 꽂아 넣고 조그셔틀을 돌리던 분들이 스마트폰 영상 편집 앱을 취미로 쓰는 학생들을 만나는 경우가 많다. 물론 기술은 제작의 일부일 뿐이고, 기술적 구현을 아우르는 구성과 문법을 알려주는 것이 더 좋은 제작 수업일 수도 있다. 하지만 동시대의 기술을 활용하는 강사가 워낙 없으니 학교 입장에서는 한창 현장에서 뛰다가 별안간 자유 시장에 튀어나온 4년차 해직 PD가 반가웠지 싶다.

문제는 정작 학교에서 제공하는 실습 장비가 스마트폰보다는 조그셔틀 세대에 가까웠다는 점이다. 이미 영상 시장 대부분이 디지털 장비로 전환되었을 뿐만 아니라, 몸집이 커서 변화가 느린 방송사까지도 테이프리스tapeless 시스템이 정착되어가는 중인데 학교 실습실에 있는 장비는 6㎜ SD급 비디오카메라였다. 실은 내가 운이 없었다. 디지털 장비를 충분히 갖추고 있는 학교였는데 마침 그 학기에 분반이 늘어나면서 우리 반 학생들만 테이프 장비를 써야 했던 것이다.

이 학생들이 최소한의 지각 능력을 가지고 영상을 보기 시작했을 때는 이미 HD 영상이 대부분이었다. 그런데 나는 스마트폰 카메라보다 못한 장비를 쥐어 주며 영상을 찍어오라고 해야 했다. 더구나 이 친구들은 테이프라는 것을 써본 적 없는 세대다. 이 1996년생들은 초등학교에 들어갈 때부터 MP3파일로 음악을 들으며 자랐다. 동네에 비디오가게가 자취를 감출 즈음이었고, 잠시 반짝했던 DVD를 지나 동영상 파일로 영화를 보는 것이 처음부터 익숙한 세대. 비디오테이프라는 물건을 태어나서 처음 만져보는 친구들도 적지 않았을 것이다.

이랬으니 종종 생각지도 못했던 질문들을 받았다. 강의 시간이 아니어도 궁금한 게 생기면 문자로든 메일로든 아무 때나 물어보라 일러두었더니 한번은 한 학생이 무척 다급한 목소리로 전화를 해왔다. "저희가 이거 찍다가 배터리 나가서 카메라가 꺼졌는데, 찍은 거 다 날아간 거 아니죠?" "저희 촬영한 거 뒤로 돌려서 보고 싶은데, 이거 돌리면 지워질까 봐 무서워서 못 보겠어요!" 기발하기까지 한 걱정들을 들으면서 '아, 이 친구들은 전자기식 기록 매체에 대한 개념이 전혀 없구나' 새삼 깨달았다.

그래 봐야 나하고 고작 10년 차이인데, 그 사이에 기술은 참 빨리도 바뀌는구나. 맞다, 디지털 영상은 찍다가 카메라가 꺼지면 날아간다. 자칫 실수로 영상 파일을 덮어써버리기도 훨씬 쉽다. 어떤 면에서는 옛날 방식이 더 안전하기도 한 것이다. 방송사에서 테이프리스 시스템을 도입했다고는 하지만 아직도 테이프를 버리지 못한 채 병행하고 있는 이유이기도 하다. 테이프가 없으면 불안해하는 PD들도 많다. 그러니 그건 그것대로 학생들에게 재미있는 경험일지도 모른다.

하지만 편집실 활용이 자유롭지 않아 발을 동동 구르거나 그나마 있는 장비도 마음껏 대여할 수 있는 환경이 못돼 답답해하는 광경도 자주 봤다. 그건 비단 내가 강의한 학교만의 문제는 아니었다. 학교 장비로 실습을 하는 대학생이라면 대부분 겪는 문제다. 학생들에게 넉넉한 환경을 제공해주고 싶은데 그럴 수 없어 안타까워하는 교수와 교직원 들을 보노라면 매학기 똑같은 일이 벌어지는 상황이 더욱 씁쓸하다.

정말로 열악함을 실감한 부분은 다른 데 있다. 어쨌든 비싼 등록금을 내고 수강하는 학생들은 양질의 강의와 피드백을 받을 권리가 있다. 해서 학생들이 제출하는 과제마다 모두 상세한 피드백을 달아 주고, 각자가 받은 점수를 납득할 수 있도록 그 이유도 최대한 설명하려 노력했다. 질문에도 수시로 답해주었다. 시간이 많이 드는 제작 실습인데, 기술적인 부분을 모르면 아무것도 못한 채 시간을 보내야 하는 경우도 많기 때문이다.

과제에 대한 상세한 피드백, 질문에 대한 성의 있는 답변은 내가 학생일 때도 충분히 요구할 수 있는 당연한 권리라고 생각했다. 때문에 공급자로서도 이를 지키기 위해 노력한 것이다. 그런데 이 부분이 강의 자체보다 품이 더 든다. 강의는 수십 명에게 한꺼번에 하지만, 피드백은 개별적으로 이루어지기 때문이다. 그러나 강사가 받는 강의료에는 오로지 수업 시수만 계산되어 있을 뿐 그 외의 노동시간은 포함되지 않는다.

나는 한 학기 강의를 생업으로 맡은 게 아니었다. 부당해고 소송 과정에 있는 해직자로서 회사 노동조합의 경제적 지원이 있었고, 프리랜서 자격으로 하는 다른 일들도 심심찮았다. 그저 강의실에서 학생들을 만나고, 강의를 준비하면서 관련 지식을 모처럼 다시 정비하는 데서 즐거움을 느꼈을 뿐이다.

때문에 그리 신경 쓰지 않았던 강의료를 후일 확인했을 때는 어딘지 기분이 서늘해졌다. 주 2회의 강의를 준비하고 수시로 학생들의 질문에 답하며 과제 하나하나 채점하고 피드백을 달아 주는 노동의 대가로 받은 돈은 대학생 때 했던 과외 아르바이트 두 명어치 보수에도 못 미쳤다.

그나마도 내가 출강한 학교는 평균보다 많이 주는 모양이었다. 지방과 서울의 차이도 꽤 크다고 한다. 시간강사들의 처우가 열악하다는 얘기는 줄곧 들어왔지만 직접 그 대우를 받아보니 정말 생업으로 삼을 수 있는 수준이 아니었다. 차라리 편의점 아르바이트가 벌이는 낫겠다. 같은 노력을 들여 과외를 한다면 어마어마한 돈을 버는 것도 가능할 것이다. 많은 시간강사들이 다들 어떻게 버티고 있는지 새삼 경외심이 들었다.

비싼 등록금을 내는 학생 입장에서는 과제에 대한 풍부한 피드백을 요구할 권리가 있다. 하지만 강사들에게는 피드백을 제공하는 노동의 대가가 주어지지 않는다. 강사의 급여는 오직 강단에 선 시간으로만 계산된다. 강의실에서 정해진 시간 동안 말로 지식을 전달하는 것 이상의 노동은 전부 무보수나 마찬가지다. 등록금을 낸 학생에겐 당연한 권리지만 강의료를 받는 강사에겐 무리한 요구가 되는 것이다. 사회 곳곳에서 수없이 만나는 이 간극을 대학이라는 공간에서 이렇게 또 보게 된다. 이 간극은 매번 누가 만드는 것일까. 그 많은 등록금은 다 어디로 갔을까.

바로잡다

얼마나 밤잠을 설쳤을까

2014년 여름, 그러니까 내가 회사에서 정직 처분을 받은 그해 여름에 아버지는 16년을 운영해온 낚시용품점을 접으셨다. 나름 잘 운영해 왔지만 사양길의 무게를 이기지 못했다. 요행히 비슷한 시기에 아버지의 지인이 식당 건물을 하나 세우고 경영할 사람을 찾는 중이었다. 그분은 아버지를 꽤 신뢰할 만한 사람이라 생각했던 모양이다. 덕분에 낚시업만 16년을 해오신 아버지는 하루아침에 평생 잘 가지도 않던 식당이란 걸 경영하게 됐다. 처음 해보는 일이라 준비할 것도 배울 것도 많았다. 무얼 하든 대쪽같이 파고드시는 성격만이 유일하게 기댈 점이었다.

그즈음 예상치 못했던 안 좋은 집안 문제까지 겹쳤다. 엎친 데 덮친 격으로 미처 준비가 다 끝나지도 않았는데 건물을 제공한 투자자는 개업을 재촉했다. 미흡하고 불안한 채로 가게 문을 열던 바로 그날, 큰아들은 회사에서 정직 6개월 처분을 받아들고 왔다. 이러니 가족들이 무슨 정신이 있었을까. 오랜만의 고향 집 분위기가 너무나도 심각해서 나는 내 일에 대해서는 별로 생각할 여유도 없었다. 그렇게 누구 하나 제정신 차리지 못한 채로 불안한 영업은 시작됐다.

가게가 개업하면 소위 '오픈발'을 받는다. 새로 생긴 가게가 궁금하니 사람들이 일단 찾는 것이다. 조리법이고 서비스고 채 정리를 못했지만, 풍선인형을 세우고 음악도 크게 틀었다. 처음 며칠 동안 작지도 않은 가게가 꽉 찰 만큼 손님들이 밀려들었고, 그렇잖아도 갖출 것 다 못 갖추고 시작한 매장에서는 크고 작은 실수가 끊이지 않았다. 주문은 엇갈렸고 손님들은 수십 분씩 기다려야 했다. 조리법도 제대로 완성되지 않은 메뉴들이 급한 손끝에서 만들어져 나갔다. 손님들이 식사를 하고 나간 테이블 위 그릇 안은 남은 음식으로 가득했고, 부모님 돕는답시고 매장을 뛰어다니던 나는 사장 불러오라는 손님의 역정을 듣기도 했다. 하필이면 오픈발이 몰린 그 며칠, 가게를 찾은 손님들은 최악의 경험을 하고 간 것이다. 입소문이 생명인 식당인데, 아버지 얼굴에 망연한 기색이 역력했다.

포털 사이트에 등록된 상호 안내에 혹평이 줄을 이었다. 별점 반 개도 아까운데 하나가 최하점이라 화난다는 둥 시식도 안 해보고 음식을 파냐는 둥 악의로 가득 찬 한 줄 한 줄이 비수가 되어 날아와 꽂혔다. 더 참담한 건 변명할 말이 없었다는 사실이다. 복잡한 사정이야 손님들이 알 바가 아니다.

식당에 대한 평가는 오로지 음식과 서비스로만 받는다. 몇 배는 더 정성을 들였어도 모자랄 개업 첫날부터 부족하기 그지없는 모습만 보였으니 혹평 앞에 할 말이 없었다. 환갑을 앞두고 마지막이 될지도 모를 새 장사를 시작한 아버지는 굳이 찾아 읽지 않았어도 될 그 혹평들이 머릿속에서 떠나질 않는지 몇 날 며칠 잠을 설치셨다.

시간이 꽤 흐른 지금, 식당은 안정적으로 잘 운영되고 있다. 복잡한 일들이 일단락되면서 아버지는 다시 심기일전할 수 있는 기회를 얻었다. 뭐든 시작하면 끝을 보시는 그 성격으로 아버지는 매일 새벽 5시부터 밤 10시까지 부엌에 머무르며 조리법을 연구하고, 메뉴를 추가할 때는 모든 끼니를 그것만 드셨다. "먹는 걸로 장난치면 안 된다"며 음식 하나하나를 정성껏 다루시는 모습을 보노라면 '맞아, 아버지는 저런 분이셨지' 생각하게 된다.

식사를 마친 손님마다 "너무 맛있게 잘 먹었다"며 인사를 빼놓지 않는다. 다행히 인터넷 댓글이 큰 영향을 끼치지는 않았나 보다. 이곳저곳에 입소문이 좋게 나서 일부러 찾아오는 손님들도 늘었다.

지금도 가끔 인터넷 검색창에 아버지 식당 이름을 쳐본다. 주 고객층이 젊은 편은 아니어서 인터넷에서 검색되는 이야기는 몇 개 없다. 혹평이 늘어서 있던 별점 위로 좋은 평들도 꽤 쌓였다. 나는 맛있게 먹었는데 평점이 왜 이런지 이해가 안 간다는 의견들도 보였다. 덕분에 많이 위안이 되지만, 그럼에도 불구하고 개업 초기에 적힌 날선 말들이 눈에 띌 때마다 여전히 가슴이 시큰시큰하다. 아버지는 신경 쓰지 말라 하시지만, 여전히 남아 있는 그 평가들이 당신 역시 달가울 리 없다. 할 수만 있다면 저 악평들을 지워달라고 하고 싶다.

덕분에 역사 교과서를 바꾸고 싶어 안달이 난 대통령의 마음이 이해는 간다. 고작 작은 식당 하나 제대로 운영하지 못한다는 몇 줄의 글에도 생채기가 나는데, 아버지가 민주주의를 망가뜨린 독재자로 서술된 걸 볼 때마다 얼마나 속을 끓이고 밤잠을 설쳤을까.

그러나 그와 내가 결정적으로 다른 한 가지가 있다면 나는 댓글을 지워달라고 요청할 힘이 없고, 그는 교과서를 바꿀 수 있는 권력이 있다는 것이다. 그는 격렬한 반대에도 불구하고 어마어마한 예산을 들여 그렇게 하고 있다.

인터넷 댓글에서 혹평을 본 아버지가 하신 일은 더 제대로 된 음식을 만들고 만족할 만한 서비스를 갖추는 일이었다. 운영이 어려워 직원들 인건비도 제대로 주기 힘든 시기가 있었지만, 빚을 내서라도 월급을 줄지언정 너희가 좀 이해해달라는 말은 하지 않으셨다.

역사 교과서 속에 독재자로 등장하는 아버지와 대통령이 된 그의 딸, '헬조선'이라는 말과 함께 위정자들에게 쏟아지는 무능과 부패라는 지적, 불편하고 또 불편한 것이다. 충분히 이해된다. 하지만 그 언짢음을 동력 삼아 해야 할 일은 제대로 된 음식을 만드는 것이지, 인터넷 댓글을 고치라고 윽박지를 것은 아니다. 니들이 몰라서 그렇지 더 심한 음식점이 얼마나 많은지 아느냐 꾸짖을 건 더욱 아니다. 음식이 맛있으면 별점은 알아서 올라가고, 처음 깔린 악평들은 다음 페이지 그다음 페이지로 넘어가기 마련이다. 제 할 일은 하지 않고 화부터 내고 있으니 쪼잔하기가 이를 데 없다.

분별하다

애국, 나도 하고 싶어

나는 이 나라를 사랑한다. 그것은 이 나라의 숨을 들이쉬고 자란 내 유년기를 사랑하는 것이고, 아득했던 십대를, 치열했던 이십대를 사랑한다는 말이기도 하다. 내가 사랑하는 사람들이 이곳에 살고 있기 때문에 이 나라를 사랑한다. 조사 하나만으로도 다른 냄새를 맡을 수 있을 만큼 이 나라의 언어가 내게 스며들었기에 이 나라를 사랑하고, 그 언어로 쓰인 문학의 순간들이 감각 속에 조각조각 새겨져 있어 이 나라를 사랑한다. 내 피부색 때문에 부당한 특혜나 차별을 당하지 않아도 되기에 사랑하고, 의료보험이 잘 갖추어져 있어서 사랑하며, 혈관 같은 대중교통 덕분에 적은 돈으로도 발이 자유롭기에 사랑한다. 그 어느 나라보다 치킨이 맛있어서 사랑하고, 심지어 꽤 늦은 시각에도 배달해 먹을 수 있어서 사랑한다. 무엇보다 참으로 척박한 토양 위에서도 불의에 항거해온 역사를 가진, 그래서 더디어도 조금씩 더 나아져온 이 나라를 사랑한다.

그렇기에 생애 가장 참혹했던 2년의 군복무였지만, 스스로의 바닥을 볼 수 있었던 그 안에서도 성의를 다했다. 군대라는 환경이 주입시키는 안일함에 익숙해지려 할 때마다 은사께서 보내주신 박노해 시인의 〈썩으러 가는 길〉을 씹어 읽었다. 예비군 소집 때면 세상 그 어떤 순간보다 짜증이 치밀지만, 그래도 혹여 전쟁이 터지거든 총을 들고 전선으로 뛰어갈 준비는 되어 있다. '국가에 충성'이라는 손에 잡히지도 않는 개념 때문이 아니라 지금 얼굴을 마주하고 웃음을 나누는 오로지 이 사람들 때문이다.

어떤 조직이 본질적으로 선한지 필요악인지를 판단하는 기준은 간단하다. '그 조직의 할 일이 많을수록 좋은 사회인가'를 자문해보면 된다. 군대는 가장 커다란 필요악이다. 군대가 할 일이 많아질수록 그 사회는 지옥에 가까워진다. 징병제는 그 징병되는 젊은이들로 하여금 자신의 가장 추악한 모습을 마주하게 만든다. 그럼에도 불구하고 나는 최악의 때에 군대의 부름에 응할 준비가 되어 있다. 나라를, 정확히는 그 나라 안의 사람들을 사랑하기 때문이다.

나라를 사랑한다는 것이 그 통치 조직을 사랑한다는 말은 아니다. 나라를 사랑한다면 통치 조직에는 더 까다로워질 수밖에 없다. 내 아이가 '나라'이고 아이를 사랑하는 것이 '애국'이라고 한다면, 양육을 도와줄 도우미는 '통치 조직'이라 할 수 있다. 아이를 정말 사랑하는 부모라면 도우미의 미심쩍은 행동 하나도 놓치지 않을 테다. 도우미가 잘하고 있는지, 아이의 필요를 잘 챙겨주고 있는지, 혹시라도 불필요한 회초리를 휘두르지는 않는지, 시마다 때마다 확인하고 싶을 수밖에 없다.

아이를 사랑하는 것과 도우미를 사랑하는 것을 혼동하는 사람들이 있다. 나라를 사랑하는 것과 통치 조직을 사랑하는 것을 혼동하는 사람들이 있다. 정부에 항의를 하고, 사사건건 의심하고, 시스템을 개선하기 위해 끊임없이 목소리를 내는 사람들은 나라를 망치려는 사람들이 아니다. 나라를 사랑하는 사람들이다. 나 한 몸 잘 사는 것은 차라리 쉽다. 불편한 일에 눈 감고, 그러려니 넘기고, 오늘 먹을 내 한 끼가 얼마나 더 좋아질까를 생각하는 것은 어찌 보면 자연스러운 일일지도 모른다. 자기 일도 아닌 것에 시간을 쓰고 마음을 쓰고 머리를 짓누르며 한숨을 쉬면 무슨 다른 의도가 있는 것은 아닌지 의심을 사기도 쉽다.

하지만 나라를 정말로 사랑한다면 그럴 수밖에 없다. 이 나라에 내 사람들이 살고 내 다음 세대가 살 것이며 내가 살고 있다는 사실, 그래서 결국 나 역시 이 나라의 한 조각이라는 사실을 기억한다면 그 모든 것은 더 이상 남의 일이 아니다. 참견하고 의심하고 지켜볼 수밖에 없다.

나는 이 나라를 사랑하기에 더 좋은 나라가 되길 바란다. 내 다음 세대가 이 나라에서 살아갈 때는 조금 더 나은 세상과 만나 살아가길 원한다. 그것은 삼성과 현대가 지구촌 이국땅에서 이름을 날리는 것과는 별로 상관이 없다. 애플이나 샤오미를 써도 괜찮고, 쉐보레나 도요타를 타도 괜찮다. 불모지와도 같은 환경을 딛고 빙판 위로 날아오르는 김연아의 금메달에 가슴이 울컥하지만, 그녀의 아름다운 성공이 좋은 나라를 증명해주는 것은 아니다. 금발벽안의 외국인들이 어설픈 발음으로 "강남스타일"을 따라 외치는 모습은 그야말로 유쾌하지만, 유쾌한 웃을 거리는 그것 말고도 얼마든지 넘친다.

내가 사랑하고 싶은 더 좋은 나라는 열심히 노력한 사람들이 정당한 보상을 받는 나라이고, 한나절을 열심히 일한 사람들이 퇴근한 뒤 가족들과 저녁을 들며 영화 한 편을 즐길 수 있는 나라이며, 아이들이 햇살을 벗 삼아 양껏 뛰어놀 수 있는 나라이다. 좀 더 어려운 일, 좀 더 많은 일을 하면 쇠고기도 사 먹고 비싼 술을 마실 수도 있지만, 반대로 어떤 일을 하든 하루 8시간만 열심히 일하면 먹고 입고 누워 자는 걱정만큼은 하지 않을 수 있는 나라이다. 삼성과 현대가 바다 건너에서 깃발을 휘날리고 뉴욕 타임스 스퀘어에 강남스타일이 울려 퍼짐으로써 그런 것들이 이뤄진다면 진심으로 응원하겠지만, 지금 우리 사회는 그 커다란 성공의 볕이 들지 않는 그늘이 너무 많아 보인다.

나는 이 나라를 사랑한다. 하지만 태극기나 애국가보다는 이 나라를 하루하루 일구어가는 사람들의 웃음 짓는 얼굴에 가슴이 벅차다. 해외여행에서 만난 외국인이 내 '코리아'를 사우스(남쪽)인지 노스(북쪽)인지 물어보는 것은 별로 기분 상하지 않지만, '돼'와 '되'의 맞춤법을 틀리는 이곳 친구에게는 꼭 짚어주고 싶다. 그리고 내가 사랑하는 이 나라의 운영을 잠시 맡겨둔 공직자들에게 조금이라도 의심이 가거나 사소한 잘못이 보인다면 최대한 많은 사람이 그것을 묻고 따지고 덤벼들어야 한다고 생각한다. 그것이 진짜 애국, 나라를 사랑하는 길이다. 부디 자신의 '아이'와 아이를 맡아주는 '도우미'를 헷갈리는 말도 안 되는 부모들이 더 이상 나오지 않길 바란다.

막히다

땡스 투 디 아메리카

노트북을 밀었다. 좀 더 정확한 표현으로는 포맷했다. 윈도우즈 10으로 업그레이드해도 모든 파일과 작업 환경이 그대로 유지될 것이라는 마이크로소프트의 사탕발림을 믿은 게 문제였다. 업그레이드가 끝나자마자 그래픽카드 호환이 안 된다며 한번도 본 적 없었던 블루스크린을 계속해서 만났고, 이것저것 해보다가 서비스센터까지 갔지만 결론은 포맷이었다. 중요한 파일들은 겨우 건졌지만, 결국 꽤 많은 소소한 추억이 영원 속으로 사라졌다. 원래 사용하던 윈도우즈 8로 다시 돌아와, 지금도 수시로 뜨는 '윈도우즈 10으로 업그레이드하라'는 저 팝업창을 실수로라도 클릭하지 않기 위해 노심초사하고 있다.

사실 상위 버전으로의 업그레이드가 완벽하게 이루어지더라도 불편한 건 늘 있기 마련이다. 스마트폰의 펌웨어 업그레이드는 나에게 제대로 물어보지도 않는다. 반강제로 이루어진 업그레이드는 노트북처럼 큰 문제는 없지만, 습관처럼 손가락이 가던 자리에 원래 있던 아이콘들이 사라지는 바람에 번번이 황망한 손가락을 더 움직이고 있다. 아주 사소한 변화인데도 가끔씩 불쑥 짜증이 난다.

오랫동안 애정을 가지고 쓰던 블로그도 대대적인 서비스 개편 뒤로는 원래 기능과 인터페이스가 완전히 달라져 도무지 쓰지 못하고 있다. 별로 불편하지 않았는데 왜 꼭 바꿔야 했을까? 전자기기나 소프트웨어의 불가피한 업그레이드는 때마다 약속처럼 찾아온다. 그때마다 미묘하게 바뀐 디테일에 적응해야 하는 피로도 함께 찾아온다.

익숙할수록 편한 건 나뿐만이 아니다. 여전히 꽤 많은 사람들에게 변화는 불편하다. 단지 먼저 양산됐다는 이유만으로 훨씬 효율이 좋은 다른 자판을 사장시킨 저 유명한 쿼티qwerty 자판 같은 사례는 그리 힘들지 않게 줄줄이 찾아낼 수 있다.

'그렇게 해온 것' '익숙해진 것'은 그 자체로 다른 명분을 필요로 하지 않는다. 처음에는 분명히 있었던 '존재의 이유'가 이미 휘발돼버린지 오래여도 일단 자리를 잡았으면 그걸로 됐다. 굴러온 돌이 박힌 돌을 빼내려면 같은 출발선에서 달려나갈 때보다 몇 배나 많은 '이유'들을 필요로 한다. 나는 익숙해진 것 때문에 그저 사소한 불편과 짜증을 겪었을 뿐이지만, 때로는 누군가의 삶의 가장 깊숙한 곳까지 그것이 찌르고 들어가기도 한다.

전역을 코앞에 둔 군복무 말엽, 미군 위문단체에서 주최하는 행사에 참석할 기회가 있었다. 주최가 주최이니만큼 행사에 참석한 이들 대부분은 주한미군이었고, 각 부대에서 온 나 같은 국군 병사가 조금, 그리고 유엔군 소속의 군인들이 더 조금 동행했다. 당연히 행사는 영어로 진행되었고, 우리를 안내한 코디네이터는 연배에 비해 유창한 영어를 구사하는 어느 노인이었다. 주최가 미군 위문단체였으니 그도 이 단체 소속이거나 모종의 연을 지닌 이였을 테다.

추측은 금방 확신이 되었다. 그는 서울의 어디를 가든 무엇을 소개하든 모든 문장을 "땡스 투 디 아메리카"로 시작했다. 행사장에 있는 미군에게 베푸는 서비스 정신이라 하기에도 과하다는 생각이 들었다. 그는 곧 직접 그 이유를 설명해주었다. 그는 한국전쟁 당시 미군 손에 거두어 키워진 전쟁고아였다. 이에 대한 감사를 표현하기 위해 위문단체에서 오랫동안 활동해온 모양이었다. 당연히 이 노인에게는 눈에 보이는 모든 것이 "땡스 투 디 아메리카"일 수밖에 없었다.

그에게는 "땡스 투 디 아메리카"가 아닌 모든 말은 사실이기 힘들 것이다. 군사주권, 민주주의, 국제정세를 둘러싼 모든 복잡한 이야기는 전쟁터에서 내밀어진 단 하나의 손길 앞에 한낱 공허한 울림일 뿐이다. "땡스 투 디 아메리카"는 그의 삶을 지배한 말이다. 그는 반백이 넘는 세월을 그렇게 살아왔고, 적어도 그의 삶에 있어서 흔들릴 수 없는 단 하나의 진실이다. 이것은 설득의 영역이 아니다.

정부 정책에 문제를 제기하는 목소리가 모이는 곳마다 참으로 성실하게 나타나는 이들이 있다. 주로 군복을 입고 등장하는 '어버이'들에 이어 최근에는 '엄마'를 자처하는 이들까지 등장했다. 정책에 반대하는 목소리는 매번 다르다. FTA 타결에는 큰 관심이 없었지만 위안부 협상 타결에는 분노한 이들도 있을 것이고, 세월호 사건에는 마음이 아파 거리로 나왔지만 정부의 노동법안 개정 시도에는 무덤덤한 사람들도 있을 것이다.

하지만 그때마다 나타나 이들을 '혼내는' 이름은 매번 똑같다. 그토록 부지런할 수가 없다. 흔히 시위 현장을 폄하하기 위해 등장하는 '전문 시위꾼'이라는 타이틀은 누구보다 이들에게 가장 먼저 내드려야 할 것 같다.

물론 목소리를 낼 권리는 누구에게나 있다. 그 목소리가 어디를 향하든 광장은 열려 있어야 한다. 다만 사람들이 함께 모여 내는 목소리는 '함께 모여야 맞설 수 있는 더 큰 힘'을 향할 때 진정 그 가치가 드러난다. 그런데 저들의 성실한 등장이 불편한 이유는 그 성난 목소리가 한결같이 '피해자들'을 향한다는 점이다. 이미 만신창이가 된 약자들이 남은 힘을 모아 애써 내는 목소리를 '어버이'와 '엄마'를 자처하면서 짓누르기 위해 등장한다는 점이다. '꾸짖음' 외에는 이렇다 할 논리도 근거도 없는 그 목소리를 마주할 때마다 인간성에 대한 회의와 절망을 느낀다.

그러나 여전히 이것은 설득의 영역이 아닌 것 같다. 신념은 부딪히고 깎이고 설득할 수 있지만 개인의 인생사 안에 쌓여 있는 역사는 그 모습 그대로 사실이기 때문이다. 민주주의라는 고상한 말보다, 일면식도 없는 타인의 고통보다, 당장 오늘 저녁 찬거리가 그대로 실존의 문제였던 삶을 살아온 이들에게는 그 모습이 그대로 역사다. 다른 곳, 다른 현장, 내가 목도하지 못한 곳에서 벌어진 역사는, 언론이 다루어주지 않아서 알 수 없었던 역사는, 내가 살았던 삶 앞에서는 그저 허상이 된다. 그러니 "네가 역사에 대해, 국가에 대해 뭘 아느냐"며 근엄하게 꾸짖는 목소리에는 한 치의 흔들림이 없다. 이들 앞에서 역사에 대해, 국가에 대해 얘기하고자 할 때는 이것을 안고가야 한다. 그들이 부둥켜안고 놓지 않으려는 것을 일단은 그대로 손에 쥔 채 이쪽을 봐달라고 해야 한다. 쉽지 않은 일이다.

답답하던 와중에 이 '어버이'들에 대한 새로운 소식을 들었다. 광화문에 자꾸 나서는 이들 뒤에는 정부를 비롯한 각종 보수단체의 금전적, 제도적 지원이 있었다는 의혹이다. 보수적인 정부 정책에 반대하는 이들이 거리로 나설 때 여기에 맞불을 놓을 수 있는 가장 손쉬운 방법이 '어버이'들을 동원하는 것이었다는 얘기다. 정부에 항의하는 이들이 '어버이'들 눈에 영 못마땅했던 것은 맞지만 정작 그들을 거리로 나서게 만든 직접적인 동기는 몇만 원 안 되는 일당이었다는 말이 된다.

설득할 수 없는 인생의 신념이 아니라 단돈 몇만 원이 동기였다고 하면 이걸 반가워해야 할까 더 막막해해야 할까. 어쩌면 그 둘은 결국 같은 것일지도 모른다. 정부를 향한 신뢰가 오랜 시간 굳어지기까지는 그 정부가 '생활의 문제'를 해결해주었다는 맹목적인 믿음이 크게 작용했을 테니까. 그들은 그저 오늘날 또 다른 형태로 '생활의 문제'를 해결해준 이들에게 그에 상응하는 성의를 표했을 뿐이리라.

예나 지금이나 곳간 따라 인심도 가는 것은 어쩔 수 없는 모양이다. 결국 이들을 설득할 수 있는 것도 정연한 논리나 호소가 아닌 넉넉한 곳간이다. 몇만 원 일당으로 이용하는 기만이 아닌, 정말로 생활의 문제를 해결해주는 정치가 이루어지면 이 답답함이 풀리는 날이 올까.

오싹하다

사람이 한 마리 두 마리

과학화전투훈련. SF 영화의 장면들이 떠오르는 이름이다. 내가 복무한 부대도 이 훈련에 참가했는데 SF까지는 아니어도 전쟁 영화의 장면들은 충분히 재현해낸다. 보통 군대에서 하는 전술훈련은 실제 전쟁 상황을 모사하지는 않는다. 적군이 내려왔을 때의 예상 시나리오를 미리 그려놓고 그 동선대로 움직여보면서 진지는 멀쩡한지, 아군이 움직이는 경로는 어떠한지를 확인해보는 정도다. 찌는 더위든 시린 발가락을 잘라내버리고 싶은 겨울이든 밖에서 먹고 자니 고단한 것은 사실이지만, 쉬지 않고 걸어 다니는 그 피로를 제외하면 전술훈련이 딱히 고생스러운 점은 없다.

반면 과학화전투훈련은 상상 그 이상이다. 훈련의 개념을 완전히 부숴놓는다. 전국 수천 개 부대 중 한 해에 (재수 없는) 스무 개 부대 정도만 참가하는 이 거대한 훈련은 강원도에 마련된 광활한 전투훈련장에서 2주간 진행된다. 한 주 동안 훈련장의 지리를 파악해 전투를 준비하고, 나머지 한 주는 이 훈련장에 상주하는 '적군' 부대와 실제로 전쟁을 벌인다.

물론 진짜 총탄이 날아다니는 것은 아니다. 모든 군인은 옷과 장비에 레이저 감응 장치를 부착한다. 공포탄을 쏜 총에 맞으면 맞은 부위에 따라 팔에 부착한 자그마한 액정에 메시지가 뜬다. '경상: 찰과상' '중상: 내장 출혈, 척추 파손' 혹은 '사망'. 사망이든 중상이든 전투 불능이 되면 곳곳에 숨어 있는 감독관들이 퇴장시킨다. 그럼 조용히, 실제 전쟁 때 전사자를 담는 '시체백'에 들어가 시체처럼 누워 있으면 된다. 실제 전쟁이라면 그 전장에 그냥 널브러져 있을 가능성이 더 크겠지만.

언뜻 레저로 즐길 법한 서바이벌 게임을 연상시키는 장면이다. 이런 종류의 게임을 즐기는 사람이라면 나서서 하겠다고 덤벼들 법도 하다. 철없는 소년들이 전쟁을 떠올릴 때 느끼는 묘한 설렘의 정서와도 닮아 있다. 그러나 이 훈련은 확실히 말해준다. 진짜 전쟁의 순간들은 그런 박진감 넘치는 총격전으로 채워져 있지 않다는 것을. 모의 전투훈련에 불과한데도 5일간의 광경은 처참하기 짝이 없다.

도처에서 적들이 감시하기 때문에 낮에는 숨어서 진지를 정비하고 모든 활동은 밤에 한다. 주둔지가 발각되지 않도록 매분 매초가 긴장이다. 5일 내내 발 뻗고 누워서 잘 수 있는 시간은 주어지지 않는다. 무거운 군장에 전투화를 신고 하루 종일 숨어서 돌아다니는데 잠조차 잘 수가 없으니 극도의 피로감이 온몸을 들쑤신다.

밤이면 담배 한 모금 빠는 불빛조차 수백 미터 밖에서 눈에 띄고, 그 즉시 좌표가 잡혀 어디서 날아오는지 모를 포탄에 몰살을 당할 수 있다. 그러니 손전등은커녕 달빛도 들지 않는 곳으로, 길이 아닌 곳으로만 다녀야 한다. 수풀을 헤치고 다니면서 생기는 생채기쯤은 신경 쓸 것도 못되고, 물길을 걸어 젖은 발이 찬 공기에 얼어붙은 채 다시 자갈 위를 밟으면 수포와 동상으로 뒤범벅돼 군화 속에서 썩어들어 간다. 밥 짓는 수증기가 보이면 또 포탄이 날아온다. 숨어서 지은 밥을 수송하는 차에도 바주카포가 날아온다. 실제로는 밥이 있지만, 레이저 장비에 '완파'로 표시된 밥은 더 이상 존재하지 않는다. 못 먹는다는 말이다. 제대로 된 식사를 하루 한 끼라도 먹으면 다행이다.

총성이 난무하는 교전은 아주 드물게 일어난다. 그보다는 너덜너덜해진 몸과 몽롱한 정신 상태에서 언제 적이 나타날지 몰라 긴장을 풀지 못하는 피로감이 무겁게 짓눌러올 뿐이다. 마른 목에 겨우 삼키는 건빵으로 허기를 때우고, 수마를 달랠 조각 잠조차 허락되지 않는다. 젖은 군화 속 걸레가 된 발이 추위에 언 몸을 쉬지 않고 옮겨낸다. 어떤 통신병은 통신 장비를 묻어 숨겨놓는 위장 구덩이에 뭔가를 찾으러 들어갔다가 그 안에서 잠들어버렸다. 눈비로 질척한 진흙 구덩이에서 그를 발견해 꺼냈을 때는, 그대로 시신이라 해도 이상하지 않을 모양새였다.

새벽 잠복 중에 졸음이 쏟아지면서 눈 속에서 정신을 잃은 저체온증 환자가 속출했다. 저 멀리 '전장효과 묘사반'이 성실하게 만들어내는 폭음과 섬광이 쉬지 않고 눈과 귀를 긁어댄다. 그렇게 하루 이틀만 보내도 제정신을 붙들기는 이미 쉽지 않다. 차라리 어서 적의 총을 맞고 끝냈으면 싶은 생각이 수도 없이 든다. '시체백'에 누워 쉬기 위해 인내심을 잃은 아군끼리 서로의 가슴을 향해 방아쇠를 당기는 일도 왕왕 벌어진다. 이 모든 것이 실제 전장에서도 얼마든지 있을 법한 일이다. 이 훈련은 그렇게 '진짜 전쟁'의 지난한 공포와 피로까지도 시뮬레이션해준다.

그러나 정작 내가 느낀 전장의 공포는 다른 데 있었다. 훈련 초반, 드물게도 적군과 단체 총격전이 벌어졌다. 줄지어 이동하던 아군들은 순식간에 엄폐물 뒤로 달려가 숨었고 곳곳에서 총성이 울렸다. 저기 내가 맞춰야 할 적군들이 드문드문 보였다. 쉴 새 없는 총소리와 자욱한 화약 냄새 속에서 적을 조준 사격하던 순간, 나는 핏속에 아드레날린이 도는 것을 느꼈다. 심지어 나는 전쟁 영화라면 질색을 하는, 누구보다 군대의 모든 것을 싫어하는 사람이었음에도.

상황이 정리되고, 다시 대열을 갖추어 이동을 시작하자마자 곳곳에서 상기된 목소리가 들려왔다. "나는 다섯 마리 잡았다." "나는 세 마리." "아까 그 새끼 헤드샷 날렸어야 되는데 놓쳐서 아쉽네." 갑자기 등골이 서늘해지며 잔털이 쭈뼛 서는 느낌이 들었다. 정신이 번쩍

났다. 아까 그 소란 중에 내가 흥분했던가. 피가 돈다고 느꼈던가. 비록 공포탄이지만 사람을 쏘면서, 저 말소리와 같은 생각들이 내 머릿속에도 울렸단 얘기구나.

이것이야말로 진짜 공포였다. 실제 전쟁이었어도, 공포탄이 아닌 실탄으로 눈앞의 사람을 뚫었어도, 저들은 똑같은 말을 했겠구나. 똑같이 징병되어 전쟁터로 내몰린 젊은이들이 서로를 마릿수로 세었겠구나. 어쩌면 나도.

'비인간화dehumanization'라는 개념은 월남전에 참전했던 미군에서 본격적으로 부각되었다. 잔혹한 전장에 놓인 군인들은 적군을 비롯해 종종 무고한 민간인들까지 죽이는 경우가 있었는데, 이러한 죄책감이 트라우마가 되지 않도록 '비인간화'라는 심리적 기제를 선택한다. 상대방을 인간으로 인식하기를 멈추는 것이다. '내가 죽인 것은 사람이 아니었어.' 이러한 기제가 작동하면 그들은 좀 더 마음 편히, 더 잔인하게 사람들을 사살하고, 전쟁이 끝나면 가정으로 돌아와 따뜻한 남편과 아빠의 옷을 무리 없이 다시 입을 수 있었다.

평소엔 하지도 않던 욕설을 운전대만 잡으면 쏟아놓는 것도 비슷한 맥락이다. 도로 위는 목숨이 달려 있는 곳이니까 그만큼 민감해지는 거라고들 하지만, 실은 눈앞에 보이는 게 사람이 아닌 차라서 더 쉬워질 뿐이다. 비인간화는 그렇게 사람이 보이지 않을 때, 혹은 다른 인종과 다른 언어를 향할 때 더 수월해진다. 자기 나라에서는 제아무리 학식이 뛰어난 외국인이라도, 그가 더듬거리며 한국말을 하고 있으면 그저 귀여워 보일 뿐이다. 제국주의로 가득한 모험 영화에서 알아들을 수 없는 언어로 떠드는 원주민들이 주인공의 눈에 낯선 짐승과 다를 바 없게 그려지는 것도 그 때문이다.

요즘 한국에서도 자꾸 전쟁이란 말이 들린다. 종북좌파와의 전쟁에서 승리하겠단다. 종북좌파가 정확히 뭔지, 그 사람들이 정말 그런 사람들인지는 중요하지 않다. 저 라벨을 이마에 붙이는 순간, 그들을 향한 '비인간화' 작업을 이미 끝낸 것처럼 보인다. 어떤 근거를 들고 와서 설명을 해도, 정권의 결정에 반대하는 목소리는 모두 '다른 언어'가 된다. 다양한 역사 교과서로 배우고 싶다는 말도, 좀 더 나은 노동환경에서 일하고 싶다는 말도, 폭등하는 주거비와 빈부격차에 이 나라가 지옥처럼 느껴진다는 신조어도 저 '전쟁'을 선포한 이들에겐 모두 사람의 말이 아닌 것 같다. 어쩌면 그날 군인들이 내뱉은 말처럼 사람이 한 마리 두 마리로 헤아려지고 있을지도 모르겠다는 생각이 든다. 그날의 소름이 다시 돋는다.

잃어버리다

유난스러움을 위하여

기독교가 설립 이념인 대학의 의무 채플만큼 인기 없는 것이 또 있을까. 김이 빠져 미지근한 맥주, 얼음이 다 녹아 밍밍해진 아이스 아메리카노 같은 취급이다. 채플은 늘 그랬다. 헐거운 명분에 의무라는 자물쇠를 억지로 채웠으니 반응이 냉담할 수밖에. 설립 이념이라니까, 안 들으면 졸업을 못한다니까 어쩔 수 없이 엉덩이 붙이고 앉아는 있지만 공허하게 울리는 설교가 귀에 들어올 리 만무하다. 손에 꼽힌다는 음대생들을 데려다 수준급의 연주도 들려주고, 종교색을 뺀 나름의 다채로운 콘텐츠를 마련하는 등 교목실에서도 꽤나 노력을 기울이는 것 같지만 역부족이다.

그래서 채플은 언제나 부족한 잠을 보충하거나 못 다한 과제를 마무리하는 시간이었다. 그날도 모두에겐 그런 채플 중 하나였다. 이스라엘 대사가 연사로 초대됐지만 대부분의 학생들에겐 그냥 정장 입고 영어로 재미없는 얘기하는 아저씨일 뿐 인기 없는 연사인 건 매한가지였다. 다만 나에게는 그 대사의 한마디 한마디가 귀에 들리는 이상한 날이었다. 마침 팔레스타인 지역의 분쟁사에 관심이 가던 시기여서 그랬는지도 모르겠다.

듣다 보니 묘한 위화감을 느꼈다. 이해관계가 얽힌 나라의 대사였으니 공정하고 균형 잡힌 관점을 100퍼센트 기대하긴 어려웠다. 그런데 이를 감안하더라도 그의 말들은 지나치게 공격적이었고, 내 짧은 영어로도 알 수 있는 썩 적절하지 않은 표현들이 드문드문 들려왔다. 조심성 없어 보이는 대사의 발언과 이를 적절한 다른 표현으로 전달하느라 꽤 고생스러워 보이는 통역. 둘 사이의 괴리감은 비단 영어가 뛰어난 사람이 아니어도 어렵지 않게 느낄 수 있었다.

저 대사 좀 별로네. 분쟁 지역 대사가 저러는 거야 어쩔 수 없지 뭐. 그냥 그렇게 생각했다. 얼마 안 남은 채플 시간이 끝나면 이 어색한 불편함을 털어내고 여느 때처럼 덤덤하게 일어날 참이었다. 그때였다. 그 지루한 정적을 깨고 파문 같은 목소리가 들려왔다.

"I have a question!"

조용했던 예배실이 술렁거렸다. 자던 사람도 깨고, 과제하던 손도 멈췄다. 장내의 모든 시선이 굳은 얼굴로 일어난 한 남학생에게 쏠렸다. 그 수많은 시선에도 그는 별로 위축되지 않아 보였다. 처음 정적을 깨고 외쳤던 그 목소리 그대로, 그는 대사를 향해 날카롭게 말을 이어갔다. 당신의 나라 때문에, 당신이 편파적인 언어로 매도한 팔레스타인의 수많은 민간인은 아무런 잘못도 없이 목숨을 잃고 집을 빼앗겼다, 이 신성한 채플에서 당신은 어떻게 그런 뻔뻔한 거짓말을 할 수 있는가.

대사의 표정은 볼만했다. 당황한 기색이 역력했지만 애써 침착한 목소리로, 오늘 강연 내용에 대해 더 궁금한 것이 있다면 채플이 끝나고 개인적으로 대화하자며 무마했다. 정말 개인적으로 대화를 했는지는 모르겠다. 그렇게 뒤숭숭해진 분위기로 채플 시간이 끝났다.

속이 시원했다. 가렵지만 그냥 참고 지나가려 했는데 부탁도 안 한 누군가가 나타나 긁어준 기분이었다. 일상에서도 저런 영화 같은 장면이 연출될 수 있구나. 한편으론 그의 지성과 용기가 감탄스럽기도 했다. 이러니저러니 해도 상대는 일국의 대사 아닌가. 그렇게 파격적으로 맞서려면 그만한 지식과 견해가 뒷받침되어야 한다. 그렇지 않으면 아무리 분연한 용기도 그저 만용으로 끝나기 십상이다. 수백의 시선과 일국의 대사 앞에서도 그의 말은 단단했기에 그만큼 그의 용기가 더 대단해 보였다.

당연하게도 그날 채플이 끝나고 나오는 길에는 평소보다 훨씬 많은 말소리가 들렸다. 지루함의 대명사인 채플이었기에 오늘의 사건이 더 드라마틱하게 부각된 것 같았다. 그런데 나와는 다른 지점에서 깊은 인상을 받은 듯한 목소리가 꽤 있었다. "야, 솔직히 그 정도 영어는 다 하는 거 아니냐?" "말하는 게 어려워서 그렇지 알아듣기는 다 알아듣겠더라." "발음은 그렇게 좋은 편은 아니던데."

반복해서 들려오는 이야기는 그의 용기보다는 그의 영어에 대한 것이었다. 그의 용기에 대해서는, 드문드문 들려오는 말들이 그리 반갑지 않은 투였다. 뭘 또 그렇게까지, 좀 유난스러운 것 아니냐는 목소리들.

유난스러워하는 그들이 유난스럽게 느껴졌지만, 어쩌면 한국 사회에서 너무도 흔하게 만나는 정서였기에 그리 별스럽지 않았는지도 모르겠다. 반가운 반응은 아니었지만 익숙했다. 그래서 잊고 있었다. 도널드 트럼프와 아베 신조에게 질문을 던진 하버드 청년의 기사를 읽기 전까지는.

트럼프가 한 강연에서 한국을 '안보 무임승차' 국가라며 비아냥거리자 하버드 대학에 재학 중인 조셉 최라는 학생이 그 자리에서 이를 정면으로 반박했다는 기사였다. 그는 그전 아베 총리의 강연에서도 일본의 '위안부' 문제에 대한 언급을 회피하는 총리에게 날카로운 지적을 던져 화제를 모았다.

그의 기사를 읽으며 그 용기와 지성에 감탄하다가 문득 과거에도 비슷한 느낌을 받았던 기억이 나면서 채플의 그 청년을 떠올렸고, 그 뒤에 이어졌던 사람들의 반응까지 생각나 슬퍼지고 말았다. 한국에서는 공개적으로 질문하는 행동에 대해 유난스럽다는 반응이 많다.

이스라엘 대사나 아베 총리에게 했던 질문처럼 민감한 것이 아니라도 그렇다. 수업시간에 손을 들고 교수에게 질문을 던지는, 학생으로서 지극히 당연한 행동조차 환영받지 못하는 정서가 팽배하다.

질문하는 것이 직업인 기자들조차 질문하는 능력을 잃어버린 것 같다. 대통령의 기자회견은 정해진 대본대로 진행된다. 설령 청와대가 시나리오를 내밀었다 한들, 그걸 당연하게 받아들이는 기자들은 또 무어란 말인가. 그들의 모습이 답답하면서도 한편 새삼스럽지만은 않은 것도 사실이다. 질문하지 않는 정서가 익숙한 나라니까.

하지만 세상은 늘 유난스러운 사람들이 바꿔오지 않았나. 우리는 언제부터 그 '유난스러움'을 잃어버렸나. 위험을 무릅쓰고 목소리를 내는 이를 향해 박수를 보낼 줄 아는 사람들마저도 가까운 이에게는 '굳이 너까지 나설 필요가 있느냐'며 뜯어말리는 광경도 여러 번 보았다. 설마 하버드의 그 청년도 주변으로부터는 '재는 왜 자꾸 나서는 거야' 같은 소리를 듣고 있을까.

분노하다

당신과 나의 소울푸드

입맛이 까다롭지는 않은 편이다. 까다롭지 않다는 말은 적어도 아무거나 좋다고 해놓고 "그건 싫어"를 남발하지는 않는다는 뜻이다. 보통 무얼 먹자고 하면 그러자며 따르는 편이니 정말 무던한 입맛인 건 맞는 듯하다. 그래서 무슨 음식을 좋아하냐고 물으면 딱히 얘기할 음식이 잘 떠오르지 않는다. 치킨만 빼고. 오죽했으면 교회 학생들이 내 입대 선물로 파닭을 몇 박스 포장해 왔을까. "선생님이 좋아하는 건 치킨밖에 몰라요."

그러고 보면 이리도 질리지 않는 음식이 있을까. 기억할 수 있는 가장 어릴 때부터 제일 좋아하는 먹거리는 치킨이었다. 비단 나만 그런 건 아닌 듯하다. 가로등도 변변찮은 시골 변두리 초입에도 허름한 슈퍼마켓, 노래방, 그리고 치킨집은 꼬박 자리를 지키고 있다. 마늘 치킨, 간장치킨, 닭강정, 파닭까지 종류는 변해도 절대 저물지는 않는 스테디셀러가 치킨이다. 몸매 걱정, 건강 걱정에 안 먹겠다는 사람은 봤어도 그저 튀긴 닭이 싫어서 먹지 않겠다는 사람은 본 적이 없다.

치킨은 미국 남부 흑인 노예들의 '소울푸드'에서 출발했다. 한국에서는 그 의미가 많이 와전됐지만 소울푸드는 '소울 뮤직'이 그랬듯 흑인 노예들이 고단한 삶을 달래기 위해 만들어 먹었던 음식을 말한다. 좀 더 넓게는 미국의 노예를 넘어 전 세계 하층민들이 '없는 재료로도 맛있게 먹기 위해 만들어온 음식'을 일컫기도 한다. 한국으로 따지면 미군 부대에서 먹다 남긴 식자재나 몰래 빼돌린 보급품으로 끓여 먹기 시작했던 부대찌개 정도가 비슷한 느낌이다.

치킨은 지금도 그리 싼 메뉴가 아닌데 하층민의 음식이었다니 한편으론 의아하다. 하지만 백인들에게는 허벅살이나 가슴살 정도가 음식 취급을 받았고, 날개나 목 같은 부위는 버리는 거였다. 그러면 흑인 노예들이 이걸 가져다가 기름에 넣고 푹 튀겨 먹은 것이 치킨의 시초였다고 한다. 그렇게 하면 뼈까지 익어서 통째로 씹어 먹을 수 있었기 때문이라고. 살만 먹기에는 양이 너무 부족했던 게다.

하층민들이 즐긴 음식에는 기름에 튀긴 것들이 많다. 질 나쁜 재료들도 푹 튀기면 어지간히 먹을 만해지는 데다 주로 육체노동자들이었던 하층민들에겐 고칼로리의 튀김 요리가 주는 든든함이 무엇보다 큰 매력이었기 때문이다. 누가 그랬던가. "구두도 튀기면 맛있다"고.

주인집 요리도 흑인 노예들이 했으니 이따금 살이 많은 허벅살이나 가슴살도 자기네 방식으로 튀겨 내기도 했을 거다. 그렇게 백인들도 한번씩 그 고소한 맛을 보았을 터. 이렇게 '튀긴 닭'은 조금씩 계층을 넘어 보편적인 남부 요리로 자리를 잡아갔고, 그렇게 전해져온 것이 지금 우리가 사랑하는 치킨이다.

한국엔 치킨집이 정말 많다. 시켜 먹는 빈도로는 대한민국 평균치를 훨씬 상회하는 나조차 아직 이름도 금시초문인 치킨집들을 매번 새롭게 알게 된다. 내가 사는 동네만 해도 버스에서 내려 집까지 걸어오는 5분여 거리에 치킨집만 여섯이 늘어서 있다. 특히 바로 옆 건물의 '호식 씨가 두 마리를 튀겨 주는' 집은 장사가 잘되는지 늘 문을 활짝 열고 몇 마리씩 닭을 튀기고 있다. 늦은 저녁 고단한 몸으로 그 앞을 매번 모르는 척 지나는 것도 몹시 고역인데, 여름밤 창문을 열어놓고 있으면 저 아래서 솔솔 올라오는 냄새에 여간 괴로운 게 아니다. 불과 얼마 전까지 그 집은 다른 브랜드의 치킨집이었다. 똑같은 자리에서 그대로 닭을 튀겨 팔기에 브랜드만 바뀌고 주인은 그대로인가 했더니 아니었다.

보통 주택가의 배달 전문 치킨집 중에는 매장에서 먹을 수 있도록 테이블까지 갖춘 데가 잘 없다. 해서 그 작은 가게에 명목상 놓인 테이블 하나는 대개 그 집 아들내미 딸내미 차지다. 저번 그 집도 그랬

퇴근길에 치킨을
사오시던 아버지.

그 치킨을 튀긴 것도
누군가의 아버지.

다. 늘 테이블을 차지하고 있는 딸이 보였다. 잘 때나 입을 것 같은 분홍색 내복 차림으로 한여름 더위 속 끓는 기름에 닭을 튀기고 있는 아빠 옆에서 하기 싫은 숙제더미를 늘어놓고 한껏 지루한 표정을 짓고 있기 일쑤였다. 다른 어느 치킨집은 주문하려고 들어섰더니 주인 내외가 초등학생 아들과 저녁을 먹을 참이었는지 치킨 튀기는 부엌에서 삼겹살을 굽고 있었다. 사실 치킨을 먹기엔 조금 이른 5시께였으니 이분들의 일과는 이렇게 미리 저녁을 먹으며 시작하는구나 싶었다. 생활의 냄새 가득한 이 공간이 이 가족들에게 어떤 의미인지 살풋 느껴졌다.

생각해보면 한국에서도 치킨은 다른 의미로 소울푸드다. 백종원 씨는 프랜차이즈 가맹점주들에게 폭리를 취하지 않기로 유명하다는 평을 듣는다. 이에 대해 그는 "프랜차이즈 식당까지 하게 된 사람들은 더 갈 곳이 없어 마지막 지푸라기라도 잡으려는 사람들 아닌가"라고 말했다. 그래서 이들을 최대한 착취하지 않기 위해 노력한다는 얘기였다.

다른 프랜차이즈 식당보다 상대적으로 매장의 위치나 규모에 대한 부담이 덜한 치킨집 사장님들은 그 마지막 지푸라기조차 많이 쥐고 있지 못한 사람들일 것이다. 퇴직금 위에 얹은 대출금으로 닭을 튀기고 있을 것이다. 먹는 사람보다 파는 사람의 삶이 걸린 소울푸드.

'노동 개혁'을 하겠다고 한다. 회사에서 내보낼 때, 대출금 보태서 치킨집이라도 차릴 수 있게 했던 그 퇴직금마저도 줄여보겠다는 이야기다. 나는 성과 평가라는 것이 얼마나 악용될 수 있는지를 또렷이 본 적 있다.

비정규직 근무기간을 늘려주겠다고 한다. 법정 기준 근로시간을 한참이나 넘기도록 일하면서도 추가 수당은 꿈도 못 꾸는 사람들, 고된 몸을 부둥켜안고 집에 들어와 치킨 한 마리에 캔 맥주 하나 마시는 것이 그나마 삶을 지탱하는 즐거움인 사람들이 그리도 우습고 하찮아 보이는지. 저 정치인, 기업가라는 이들의 머릿속을 뜯어보고 싶다.

만나다

웰컴 투 비디오가게

한때 '비디오가게 아들'은 '치킨집 아들'만큼이나 선망의 대상이었다. 내가 바로 그랬다. 비디오가게 아들. 인터넷만 연결되면 원하는 영화를 얼마든지 편하게 볼 수 있는 요즘과 달리 그때는 극장을 찾거나, 정겨운 성우들의 더빙으로 보는 TV〈주말의 명화〉를 기다려야 했다. 그도 아니면 비디오가게 말고는 방법이 없었다. 아직 멀티플렉스가 들어서지 않았던 때니 좋다는 극장을 찾아봐야 상영관은 두세 개. 선택의 폭에 있어서는 단연 비디오가게가 압도적이었다.

초등학교 4학년 때부터 4년간, 나는 비디오가게 아들로서 온갖 비디오를 원 없이 봤다. 돈을 내고 빌려 봤다면 전편 감상은 엄두도 못 냈을 만화 영화 시리즈는 물론이고 〈백 투 더 퓨처〉, 〈스타워즈〉처럼 내 나이보다 오래된 작품들을 일찌감치 만날 수 있었던 것도 행운이었다. 그땐 저 구석에 먼지를 뽀얗게 뒤집어쓰고 있어서 명작인 줄도 몰랐다. 또래들은 볼 일이 없었을 〈패왕별희〉나 〈브레이브 하트〉 같은 작품에까지 부담 없이 손을 뻗었다. 어쩌면 커서 '영상밥'을 먹게 된 내가 밑거름을 가장 충실히 쌓은 시기였을지도 모르겠다.

내게는 이리 꿈같은 시간이었지만, 우리 가족에게는 가장 고통스러운 시기였다. IMF의 여파 속에서 아버지의 실직을 견뎌내기 위한 선택이 비디오가게였다. 이제 막 걸음마를 시작한 동생도 있었다. 작긴 해도 '우리 집'이었던 아파트를 나와 그곳에서 월세살이를 시작했다. 온수 시설도, 부엌도 제대로 없는 가게에 달린 방이었다. 겨울이면 가스버너에 물을 끓여 씻었다. 그 가스버너 하나 갖다 놓은 음침한 정짓간은 불을 켜고 들어갈 때마다 몰려 있던 쥐들이 어디론가 후다닥 도망치는 곳이었다. 도망친 길이 천장으로 통했던 모양이다. 밤마다 얇은 천장 위로 쥐들이 뛰어다니는 소리가 천둥 소리 같았다. 더운 여름밤 개천 쪽으로 난 창문을 열어놓고 잠자리에 들면 이따금 창밖에 가만히 서서 들여다보는 검은 그림자에 공포를 느꼈다.

모두가 가난한 동네였다. 한 블록 건너에는 집창촌이 있고, 아마도 거기서 나이를 먹고 건너온 여인들이 주인인 듯한, 쇼윈도에 검은 스티커가 빈틈없이 발라져 있는 '은하수'며 '인연' 같은 예쁜 이름의 술집들이 한 집 건너 하나씩 들어서 있는 동네였다. 거리에는 늘 알코올중독자들이 배회하고 있거나 쓰러져 있었고, 가끔은 피를 흘리며 쓰러져 있기도 했다. 때때로 건너 블록의 (당시로서는 꽤나 충격적인 면적의 옷만 걸친) '언니들'이 비디오를 빌리러 오기도 했다. 어린 눈에는 충분히 무서워 보이는 사람들이었다.

비디오가게라는 곳이 그렇다. 식당처럼 앉아서 무얼 시켜 먹어야 하는 곳도 아니고, 슈퍼마켓처럼 얼른 물건을 담아 값을 치르고 나가야 하는 곳도 아니다. 마음에 드는 영화를 고른다는 핑계로 한나절 서성거려도 뭐라 하기 어렵고, 그러다가 오늘은 당기는 게 없다며 그냥 나가도 탓할 거리가 못된다. 더운 여름날이라면 그냥 물 한 컵을 불쑥 부탁해도 흉이 아니다. 사정이 이러하니 한여름 뜨거운 햇살 피할 곳이 마땅치 않거나 매서운 겨울바람에 몸 녹일 곳이 필요한 부랑자들, 알코올중독자들이 즐겨 찾는 곳이 되었다.

지금도 어머니께 감사하는 것은 풀린 눈 남루한 행색에 술 냄새 진득한 그들을 매정한 말로 내쫓지 않았다는 거다. 내쫓지 않았을 뿐 아니라 늘 의자를 내주고, 마실 거리를 내오고, 말동무가 돼주었다. 시간이 지날수록 비디오가게는 쉼터 같은 분위기가 되어갔다. 피 흘리며 쓰러지는 곳이 우리 가게 문 앞이 되는 일도 잦았다. 아침에 학교 가려고 셔터를 올렸을 때 덜컥 놀라던 가슴도 슬슬 익숙해져갔다.

알코올중독자뿐 아니라 혼자 살아 심심한 노총각, 건너 블록 짧은 옷의 언니들까지 참새 방앗간처럼 한번씩 들러 수다를 떨고 때론 밥상 앞에 같이 앉기도 했다. 허름한 리어카에서 순대를 팔던 아주머니는 주머니에 동전 하나 없는 내가 책가방을 메고 지나갈 때마다 순대를 썰어 주며 이야기를 걸어왔다. 팔리는 걸 한번도 본 적 없는 어물전 좌판의 등 굽은 할머니는 손녀딸이라 하기에도 너무 어려 보이는 여자아이를 매일 데리고 나왔다. 늘 꾀죄죄했던 그 애는 마침 나이가 맞는 내 동생과 금방 친해졌다. 할머니가 파리를 쫓아내며 어물전 좌판을 거두어 갈 때까지 두 꼬마는 동네를 뛰어다녔다.

모두가 외로운 사람들이었다. 따뜻한 수다가 그리운 사람들이었다. 조금씩, 무서운 사람들이 아는 사람이 되어갔다. 거리에서 마주쳐도 인사를 나눌 수 있는 사이가 되었다.

어머니가 잠시 내게 가게를 맡기고 외출하신 날이었다. 컴퓨터에 손님 이름을 치고 비디오 번호를 치고 돈을 받으면 되는 비디오가게 일은 초등학생에게도 쉬운 편이었다. 그때 마침 유독 가게를 자주 찾는 알코올중독자 한 명이 들어섰다. 평소보다는 정신이 맑아 보이는 눈으로 두리번대는 게 어머니를 찾는 듯했다. 어머니 안 계시다 말을 전했더니 기다릴 양인지 가까이 있는 의자에 앉았다. 손님이 왔으니 자리를 비울 수는 없고, 익숙한 얼굴이긴 하지만 너스레를 떨기엔 나는 너무 어렸다.

어머니의 출타는 생각보다 길었고, 서른 해는 족히 차이 날 법한 그와 나 사이엔 어색한 정적이 흘렀다. 모종의 의무감을 느꼈는지, 정적을 깨고 그가 먼저 말을 걸어왔다. 이름이 뭐라고 했지. 몇 살이랬더라. 뻣뻣하게 굳은 형식적인 대화가 몇 차례 오간 뒤 다시 정적이 흘렀다. 그 정적 끝에 그가 했던 말을 아직도 기억한다. 너는 나처럼 살지 마라. 목소리가 젖어 있었다. 짧은 마디에 멍해진 내가 무슨 대답을 했는지는 기억나질 않는다.

어린 눈에 충분히 무서울 수 있었던, '다른 사람'으로 보일 수 있었던 이들과 말을 나누고, 밥을 나누고, 그들에게도 당연히 있는, 하지만 그러리라 생각하지 못했던 감정들을 볼 수 있는 시간이었다. 거리에서 휘청대는 한 조각만이 그들 삶의 전부가 아님을 알 수 있는 날들이었다. 부모님은 당신들 자신에게도 고되었고, 무엇보다 어린 자식들에게 그리 좋은 환경이 아니었다며 그 시절을 기억하기 싫다 하시지만 내게는 머리가 자라기 시작할 무렵 사람에 대한 가장 중요한 것을 배울 수 있는 시간이었다.

대입을 앞두고 다시 찾아간 그 동네는 말 그대로 상전벽해였다. 동네를 둘러싸고 있던 수원 화성이 유네스코 세계문화유산으로 지정되었기 때문이었을 것이다. 필시 '미관을 해치는' 슬럼에 가까운 마을을 그냥 둘 수 없었을 터. 건물들은 새로 들어섰고 몇몇 블록은 아예 깨끗이 밀려 잔디밭과 주차장으로 변했다. 그곳에 살던 사람들은 다 어디로 갔을까.

인터넷이 없던 시절,
'비디오 껍데기' 뒷면은
세상 모든 이야기를 만나는
창이었다.

달라지다

마음껏 행복해도 괜찮아

무슨 이유 때문일까. 뭘 마음껏 잘 즐기지 못하는 성격으로 자랐다. 아니, 애초에 그렇게 생겨먹었는지도 모른다. 그래도 집에 여유가 좀 있던 어린 시절에는 부모님이 나들이도 곧잘 데리고 다니셨는데, 네댓 살 되는 어린놈이 어딜 가자고 해도 "설렘이 하나도 없다"며 어머니가 서운해하시던 기억이 난다.

나들이에도 시큰둥하던 애늙은이 꼬마는 초등학생이 되고 가세가 기울면서 더 재미없어졌다. 늘 고생하는 부모님을 곁에서 보며, 어리광을 부리거나 또래들과 마냥 어울리는 일에 부담을 느꼈던 것 같다. 가난한 동네에서 가난을 보며 자란 것도 이유였다. 눈앞에 보이는 일들을 두고 기도하며 우는 일이 늘었다. 정말 필요한 게 아니면 단 얼마라도 선뜻 돈 쓰기가 망설여졌다. 쓰더라도 마음 한구석에 불편함을 챙겨두는 것을 도리인 양 여겼다.

유희랑은 한참이나 거리가 먼 사람. 늘 진지한 사람. 항상 잠이 부족해서 피곤해 보이는 사람. 늘 듣는 이야기였다. 서른이 될 때까지 술 한 모금 입에 안 대고 '야동' 한번 안 본 남자. 이러니 예능 PD가 되었다는 말이 얼마나 신기했을까. 스스로도 예상하지 못했던 합격 소식을 주변 사람들에게 알리자 "좋은 다큐멘터리 기대할게요"라는 대답을 듣기도 했다. 분명히 예능 PD라고 말했는데. 나 같은 사람이 다른 사람들을 웃기는 콘텐츠를 만들 수 있을까, 만나는 사람마다 반신반의하는 눈치였다.

다행히 내가 유희적인 사람인 것과 다른 사람들을 위한 유희거리를 만드는 것은 별개의 문제였다. 방송사의 프로그램 제작 과정은 여러 단계의 검증 절차를 거친다. 내가 재미있으라고 손을 댄 편집과 자막이 정말로 재미있는지 확인받는 자리가 많다. 가편집이 끝난 상태에서 PD들끼리 한 번, 작가들과 또 한 번, 음향 효과와 자막을 입히면서 기술 스태프들과 또 한 차례. 늘 온갖 방송에 자막을 입히고 음향을 조율하는 기술 감독님들이 작업 중에 한번씩 웃음을 터뜨리면 마음이 조금 놓인다.

마지막에는 '웃음 더빙'이라는 걸 한다. 방송 직전의 편집본을 음향 스튜디오에서 최종 시사하면서 방청객 아르바이트로 온 이들의 웃음소리를 덧입히는 과정이다. 예능 프로그램에서 효과음처럼 나오는 웃음소리가 가짜인 줄 아는 사람들이 많지만, 이렇게 실제 방송을 보면서 실시간으로 웃는 소리를 녹음한 거다. (그걸 하나하나 효과로 까는 게 더 힘들다.)

일단은 이분들도 아르바이트라서 어지간한 곳에서 다 웃어주긴 하지만, 정말 재미있는 장면에서 터지는 웃음은 농도부터 다르다. 공들인 장면에서 기대했던 웃음이 터지면 그만한 희열도 드물다. 물론 무엇보다 가장 큰 피드백 집단은 시청자다. 방송이 나가면 재미있었던 부분은 인터넷 곳곳에서 회자된다.

웃음은 굉장히 어려운 영역이다. 사람마다 반응하는 지점이 공포나 감동보다도 훨씬 다양하기 때문에 자기 감각만 의지해서는 웃음을 이끌어내기가 쉽지 않다. 그러니 여러 단계를 거치며 정말 재미있는지 확인받는 방송사의 시스템은 '많은 사람의 감각'을 습득하는 중요한 장이 된다. 덕분에 유희와는 거리가 멀었던 나 같은 사람도 어떻게 하면 사람들이 재미있어하는지 시간이 지날수록 조금씩 배워갈 수 있었다.

하지만 다시 한번, 다른 사람들을 위한 유희를 만드는 것과 내가 유희적인 사람인 것은 별개의 문제였다. 회사에서는 어떻게 하면 이걸 재미있게 만들까 고민하며 밤을 새우지만, 일주일에 겨우 하루라도 쉬게 되면 그동안 못 본 활자를 찾아 책에 파묻히곤 했다. 예능 PD라는 이름 위로 시간이 쌓였지만 "왜 시사교양으로 안 가셨어요?" 하는 질문을 통과의례처럼 듣는 사람이라는 사실은 변하지 않았다.

그러다 지금의 연인을 만났다. 나와 전혀 다른 종류의 사람이었다. 삶을 즐길 줄 알았고, 재미있는 걸 찾느라 늘 눈에 생기가 돌았다. 조금이라도 기회가 보이면 어떻게 장난을 칠까 머리 굴리는 소리가 들리는 그런 사람. 당연히 그도 나도 서로 인사를 나누며 몇 마디쯤 주고받는 사이일 때도 서로 연인이 되리라고는 생각하지 못했다. 나와 다른 사람, 그래서 재미있고 신기하지만 서로의 삶이 만나는 지점은 딱히 오지 않을 거라고 생각했던 것 같다.

그러니 삶이란 재미있다. 꽤 오래 혼자 있다 만난 이가 전혀 생각지도 못했던 종류의 사람일 줄이야. 어차피 꼭 맞는 사람이란 세상에 없다. 많이 달라도 괜찮다. 중요한 건 '서로 다른 조각들을 얼마나 지혜롭게 맞춰갈 수 있는 사람인가'다. 지금의 이 친구와 함께라면 충분히 그럴 수 있겠다는 생각이 들었고, 그렇게 연인이 되었다.

오랜만의 연애라 어색하기도 했지만 내가 오래도록 익숙해져 있는 대화 방식이 통용되지 않는 사람이라 더 당황스러웠다. 나는 쉽게 말을 놓지 못했고, 이 친구는 그걸 견디지 못했다. 저 멀리서부터 발랄하게 인사하며 뛰어오는데도, 내가 아는 반가움의 표현이란 지긋이 웃는 게 전부였다. 그러면 "사람이 어쩜 이렇게 잔잔해?" 하는 핀잔을 들어야 했다.

노인네, 선생님, 교수님 등의 고리타분한 별명에 익숙해져 있던 나는 내 마음을 좀 더 잘 표현하는 법을 배워야 했다. 적극적으로 표현

해주는 그 마음을 잘 받아내는 법 또한 배워야 했다. 함께 있을 때 마음껏 즐거워하는 법을 알아갔고, 삶은 조금 더 반짝반짝해도 괜찮다고 수긍하게 되었다. 웃을 일이 많아졌다. 인상이 부드러워졌다는 말도 자주 듣게 됐다. 거울을 볼 때마다 느낄 수 있었다. 한번도 소리 내 말한 적은 없지만 그는 늘 내게 '마음껏 행복해도 괜찮다'고 말해주고 있었다.

누가 시키지 않아도 많은 것을 끌어안고 고민하며 사는 나에겐 아주 큰 변화였다. 시종일관 무게를 잡고 있어서는 오래 달릴 수 없다. 괴로워할 때는 괴로워하더라도 누릴 때는 마음껏 누릴 수 있어야 지치지 않는다. 정직과 해고를 비롯해 많은 일이 폭풍처럼 몰아치는 동안 누군가 안부를 물을 때마다 멀쩡히 잘 살고 있다며 웃음으로 답했다. 그 말은 고스란히 진심이었지만, 그 시간 동안 늘 같은 웃음으로 곁을 채워준 연인이 없었어도 그럴 수 있었을지는 사실 잘 모르겠다. 그는 한번도 내게 왜 그랬는지를 묻지 않았다. 앞으로 어떻게 할 것인지도 묻지 않았다. 단지 웃어주었을 뿐이다.

편집기를 마주할 때, 글을 쓸 때, 어떤 콘텐츠를 만들어갈 때 내가 하는 생각들도 바뀌었다. 재미있는 걸 누구보다 좋아하는 사람을 연인으로 두고 있으니, 무언가를 만들 때마다 그의 얼굴이 떠올랐다. 이렇게 하면 그 친구를 웃길 수 있을까? 재미있어할까? 혹시 그 친구가 불편해할 만한 부분은 없을까? 내가 놓친 곳은 없을까?

막연한 '사람들'을 떠올릴 때보다 한 사람을 떠올리니 많은 것이 선명해졌다. 콘텐츠를 만드는 것은 결국 말을 거는 작업이다. 알 수 없는 수많은 이들에게 말을 걸 때보다 한 사람에게 말을 걸 때, 그 과정도 더 정성스러워지는 것 같다.

그는 내가 떠올리는 첫 번째 시청자이자 첫 번째 독자가 되었다. 고마운 일이다. 이제 나도 '재미있는 걸 만드는 사람'에 조금은 더 어울리는 모습이 되지 않았을까.

간직하다

아버지의 이메일

내 생일을 내가 알아서 챙기는 스타일은 아니지만 서른을 맞은 기념으로 시간을 내어 부모님 댁을 찾았다. 오랜만에 부모님과 마주한 저녁 생일상. 아버지는 기분이 좋으셨는지 얼큰하게 취하셔서 갑작스레 노래방에 가자고 하셨다.

백만 년 만에 부모님과 함께한 노래방에서 내가 〈서른 즈음에〉를 부르자 아버지는 〈어느 60대 노부부 이야기〉를 부르셨고, 어머니는 우셨다. 나는 그렇게 서른이 되었고, 아버지는 그렇게 예순을 맞으셨다. 떨어져 살다 보니 서로의 그 마음이, 시간의 결이 더 살아나서였을까. 마주보며 부르는 노랫말들이 여느 때보다 살아 있었다.

부모님 품을 떠나 산 지 10년이 넘었다. 덕분에 애틋함을 배운 것인지, 기회가 되면 한시라도 집을 찾아 두 분을 마주하려 애쓴다. 떨어져 산 시간 덕분에 얻게 된 귀한 것 중 하나는 아버지와 더러 주고받게 된 이메일이다. 한데 몇 해 전까지만 해도 담담한 안부와 넉넉한 훈화로만 채워지던 아버지의 글에 언젠가부터 당신 자신의 삶이 적히기 시작하더라. 눈매가 많이 서글서글해지신 즈음부터였던 것 같다.

그 시절 어른들에겐 흔한 일이듯, 아버지도 남들보다 학교에 발을 일찍 끊으셨다. 그럼에도 할아버지께 종가의 한학을 배워 아버지한테서는 여느 먹물 못지않은 책 냄새가 묻어났다. 하지만 아버지의 문장을 직접 볼 일은 없었다. 직장생활을 시작한 아들의 방문이 뜸해진 만큼 더 잦아진 메일 속 그 문장들은 하루 일과에 피로한 눈꺼풀마저 다시 뜨게 만들었다.

> "아부지도 국민학교 다닐 때 토갓못으로 낚시 가시는 할아버지 뒤를 쫄랑쫄랑 따라다닌 추억이 있다. 할아버지는 대나무 낚싯대 딸랑 하나 들고 휘적휘적 잰걸음으로, 아부지는 싸리로 만든 괴기 망태기 메고 종걸음으로 따라가던 기억. (……) 그 당시는 거름 뒤져 잡은 지렁이 반토막만 바늘에 꿰어도 감잎만 한 붕어며 중태기가 지천으로 낚였고, 재수 좋은 날은 대나무 낚싯대가 처박힐 정도로 큰 놈이 물고 늘어지기도 하였고. (……)"

아버지는 나이 차가 몹시 나는 다섯 남매의 막내다. 그런 아버지의 아버지, 태어나기도 전부터 내게는 계시지 않았던 할아버지와의 짧지만 짙은 추억을 담은 글자들에서 애틋함이 느껴진다.

배낭여행이라는 말조차 없었던 시절, 역마살을 끼고 태어난 아버지가 별안간 가방을 지고 제주도로 도보 여행을 떠났던 이야기를 들려주셨다. 한번 촌에서 태어나면 도시로 이사하지 않는 한 고향에 쭉 발붙이고 사는 것이 보통이었으니 별스러운 일이었다. 휴대전화는커녕 시골 어귀로 내려가면 제대로 된 공중전화도 찾기 힘들었으니, 돌아오기 전까지는 살았는지 죽었는지 모를 노릇이었다. 그런 여행에서 몇 달 만에 돌아와 처음으로 당신의 어머니를 다시 마주하던 순간을 그리신 메일을 보니 그 복받치는 모습이 눈에 선하다.

"점심때가 채 안 되었을 무렵, 안동 신시장 촌사람들 푸성귀 등을 파는 난전으로 가보았다. 아니나 다를까 그렇게 힘들여 찾을 필요도 없이 저만치 할머니 모습이 보였다. 순간 나도 모르게 가슴 속에서 뭔가 모를 뜨거운 것이 울컥 치밀드라. (……) 옹색하게 펴놓은 할머니 좌판 앞에 아무 말 없이 다가섰다. 전부 다 팔아야 몇십 원이나 될까 말까 한 푸성귀 몇 무더기가 전부인 좌판. 한번 힐끗 쳐다보시더니 젊은 놈이 나물 살 것 같지 않으니까 모른 척하신다. 그런데 뭔가 이상하다 생각하셨는지 다시 고개를 드신다. (……)"

박완서며 박경리며 이문구며 우리말 가락이 펄떡거리는 문장들을 읽는 즐거움에 취해 서너 권에 한 번씩은 흙냄새 나는 소설을 껴넣고는 했었는데, 생각지도 못한 지척에서 살아 있는 문학을 만나버렸다. 내 아버지가 이런 문장을 쓰시는 분이었구나. 놀랍기도 하고 즐겁기도 하면서 한편으로는 애잔한 탄식이 새어나왔다.

한번은 집에 내려갔다가 아버지께 몹시 재미있는 선물을 받았다. 1985년 꼬박 한 해 동안 〈동아일보〉와 〈경향신문〉 두 일간지에 난 굵직한 기사들과 사설, 만평들을 빼곡히 모아놓은 두터운 스크랩북이었다. 내가 1986년생이니, 신혼이었던 두 분이 사셨던 세상의 기록이라 하겠다.

구파발—독립문 지하철 개통식 기사라든지 63빌딩 개관 기사, 후일 추가로 넣은 건지 김대중, 김영삼 전 대통령의 얼굴이 보이는 1992년 제14대 국회의원 당선 기사 등을 보노라면 30년이라는 세월의 간격을 실감한다. 하지만 동시에 답답한 시국을 풍자하는 만평이나 대학을 "고등職業훈련소"라 부르며 탄식하는 〈한국일보〉의 "대학을 살리자" 기획 기사 등은 지금 봐도 익숙한 나머지 맥이 빠진다. 스크랩에 어쩔 수 없이 딸려온 뒷면 기사 가운데 심심찮게 눈에 띄는 '공안기사'에서마저 묘한 기시감을 느끼는 것은 참담한 일이다.

'학원탄압저지투쟁위원회'의 위원장인 어느 대학생과 그 아버지의 일화를 소개하며 부정父情으로 호소하여 아들을 자수시켰기에 다짜고짜 끌고 가지 않았다는 점에서 "학생데모사상 보기 드문 조화의 합

일점"이라면서 "참을성 있는 말귀라면 밝게 알아들을 만한 萬의 아들이 소란한 우리 학원이라도 많으리라는 신념을 다짐해본다"는 사설도 보인다. 이걸 조화라 부른다니 무슨 헛소린가. 1980년대까지는 〈동아일보〉도 괜찮았다고 하던데 이게 뭔가 싶어 다시 보니 "본보〔색연필〕"이란 꼭지명이 눈에 띈다. 아, 〈조선일보〉도 섞여 있었구나. 그제나 이제나, 거참.

서른 해가 지나도록 만평이 비웃는 내용들은 변하지 않는다. 결국 사람살이가 다 그런가 싶으면서도, 다시 생각해보니 마냥 똑같은 비판만은 아니었다. 좀 더 개선된 현실을 향해 던지는 똑같은 비판이라는 생각이 든다.

그래, 아무래도 이때보다는 좀 나아졌겠지. '똑같은 비판'을 받는 기준이 조금은 올라간 것이려나. 그렇게 생각하면 기분이 조금 나을 것 같아서 그렇게 생각하기로 했다.

아버지가 모아놓은 기사들 사이로 군데군데 어머니가 붙여놓으신 듯한 "Love is..."가 보인다. '사랑이란' 이런 것이라며, 사랑스런 정의들을 그려놓은 귀여운 일러스트 기사. 위아래 좌우 온통 심란한 이야기 사이에서 천연덕스러우리만치 저 혼자 로맨틱한 글과 그림들이 재미있다. 저 답답한 기사들은 쌓이고 쌓여 2년 뒤 1987년에는 6월의 외침으로 터져 나올 참이었다. 그런 군사정권의 무게 속에서도 어찌됐든 이마를 마주대고 신문을 오려 붙이며 가난한 희망에도 웃음 지었을 어느 신혼부부를 보여주는 것만 같았다. 기분이 싱숭해져서 스크랩북을 덮었다.

아버지는 그렇게 당신의 기억을 담은 기록들을 나에게 건네셨다. 그런 아버지를 기억하기 위해 나는 무엇을 할까.

좋아하다 못해 결국 업으로 삼게 됐을 만큼 낚시를 즐기셨던 아버지를 따라 나도 어릴 적에는 낚시터에 자주 다녔더랬다. "작은 낚싯대 하나 쥐여 주곤 위험하니까 꼼짝하지 말고 있으라 했더니, 보라는 찌는 보지 않고 가지고 간 책만 끌어안고 있었던" "뜨거운 햇살에 바비큐 되어가면서도 아부지가 움직이지 말랬다고 그 자리에서 꼼짝도 하지 않았던 미련 곰팅이 같은" 모습이었다고, 아버지는 메일 속에서 그때의 나를 추억하신다.

그땐 몰랐다. 아버지가 왜 그리 낚시터를 즐겨 찾으시는지. 매운탕에 들어간 라면사리 건어 먹는 즐거움이라든지 물도 하늘도 구분되지 않는 어둠 속에 찌 하나 나 하나 떠 있는 황홀경 같은 느낌이 어린 나이에도 어렴풋이나마 찾은 재미였다. 하지만 그것으로는 전부 설명이 되지 않았다.

머리가 굵어지고 일찍부터 돈을 벌기 시작하면서 늦은 밤 아르바이트가 끝나면 아버지 차를 몰고 문득 호숫가를 찾는 나를 발견하게 됐다. 목 아래 정리되지 않은 무엇들을 누른 채 잔잔한 수면을 보노라면, 아버지가 어떤 때에 낚싯대를 핑계로 물가를 찾으셨는지 조금은

이해가 될 것 같았다.

그래서 나중에, 아주아주 나중에, 아버지가 정말 보고 싶은데 볼 수 없을 때가 찾아오면 낚시를 하러 가야겠다는 생각을 했다.

귀한 문장으로 가득한 메일을 잘 갈무리해둬야겠다.

신혼의 세월을 담은 스크랩북을 고이 모셔둬야겠다.

어쩌면 그때엔 내 아이가 곁에 있을지도 모르겠다. 그 아이가 삶에 대해 생각할 수 있는 나이가 되고, 갈무리해두었던 그 문장들을 함께 읽을 수 있게 된다면 그 순간은 또 내게 어떤 기억으로 남게 될까.

에필로그

부끄러움이 가까이 왔다

책을 내자는 제안을 받았을 때 많이 망설였다. 읽는 걸 좋아하고, 글을 쓰면서 마음을 다듬는 것이 버릇이다 보니 언젠가 내 이름으로 된 책을 갖는 날도 오지 않을까 생각한 적은 있다.

다만 조금은 먼 훗날일 줄 알았다. '어른'이라는 이름에 스스로 부끄럽지 않을 즈음. 내 말, 내 삶을 새겨놓은 묶음을 누군가에게 담담하게 보여줄 수 있을 즈음.

그래서 생각보다 너무 일찍 만난 기회에 적잖이 당황스러웠다. 온갖 이야기가 난무하는 온라인 공간에 내 생각을 살포시 풀어놓는 것은 그렇게까지 부담되는 일은 아니다. 하지만 그 이야기들을 엮어 손에 쥘 수 있는 물성으로 만드는 순간 전혀 다른 차원의 일이 된다. 머릿속이 복잡해졌다. 책으로 엮을 만한 글이긴 할까. 내가 이 무게를 감당할 수 있을까.

그런데 생각해보니 '어른'이란 이름에 부끄럽지 않을 날이 오기는 할까 싶었다. 그 기준이면 책을 내는 건 평생 가도 어림없어 보였다. 서른 즈음의 설익은 생각이라도 함께 나눌 가치가 충분히 있다는 오마이북 편집자 분들의 이야기에도 고개가 끄덕여졌다.

조금씩 다듬고 새로 쓰기도 했지만 이 책에 담긴 글들은 크게 두 종류다. 하나는 2015년 초부터 약 1년 정도 〈PD저널〉에 기고한 글들, 또 하나는 내 블로그에 혼자 풀어놓았던 넋두리들. 어림잡아 5~6년 동안 쓴 글을 한데 모아놓은 셈이다. 그러니 저마다 결이 다르기도 하고 두서없어 보이기도 한다.

그렇지만 이렇게 뱉어놓은 글들을 하나하나 되새기는 시간이 내게는 여러모로 새로웠다. 불과 몇 개월 전에 쓴 글을 다시 보면서 '내가 이때 이런 생각을 했어?' 하는가 하면, 몇 년 전 글은 꼭 어제 쓴 것처럼 달라진 게 없어서 '나는 발전이 없는 인간인가' 하는 순간도 있었다. 다만 한결같이 뒤따르는 질문은 '그래서 나는 내가 말한 대로 살아가고 있나'였다.

나이를 먹을수록 이런저런 기회로 말하는 일이 많아졌다. 그건 고스란히 빚이었다. 입에서 나온 단어들이 어깨 위로 기어올라가 그 무게만큼 나를 지그시 누르는 것 같았다. '말뿐인 녀석'이 되는 것만큼 두려운 건 없었다. 그렇다고 시키는 말을 딱 잘라 거절할 용기가 넉넉하지도 못했다. 적당히 비겁하게 찾은 타협안은 '말을 조심해서 하자' 정도가 되었다. 너무 강하게 말하지 않기, 말해도 되겠다 싶은 것들만 말하기. 그런데도 이걸 책임지는 일이 쉽지는 않다.

그저 나 즐거운 대로만 사는 건 재미가 좀 덜한 것 같고, 몸도 마음도 덜 가난한 세상을 만드는 데 조금이나마 기여하면 좋겠다고 생각하며 산다. 그렇지만 그걸 어떻게 이루어갈지는 사실 잘 모르겠다. 그럴 땐 저 말빚들이 다시 나침반이 되어준다. 어차피 비슷한 생각으로 꺼내놓은 말들이니, 그 말에 책임지려는 순간들이 모이면 어딘가 한 곳을 향해가겠지. 그럼 방향이 크게 어긋나지는 않겠구나. 말들은 다시 그 무게만큼의 원동력이 된다.

2014년 여름 온라인에 쓴 글로 6개월 정직 처분을 받고, 2015년 1월에 해고되어, 2016년 여름 복직할 때까지 2년을 회사 밖에서 보냈다. 나는 스스로를 백수라고 소개했고, 사람들은 해직 PD라고 불렀다. 살면서 가장 자주, 가장 무거운 말들을 해달라고 요구받은 시간이었다. 이 2년 동안 쏟아놓은 말의 무게는 나머지 삶에서 꺼낸 말들을 다 합한 것보다도 더 묵직할 것 같다. 그런 2년을 보낸 뒤 복직을 하면서 말을 해야 할 일은 거의 줄었다. 당분간은 꺼내놓은 것들을 잘 갈무리해나가는 것만으로도 벅찰 것 같다.

그러니 이 책은 내 서른 젊음의 기록이자 스스로에게 다시 한번 말빚을 확인시키는 채무이행각서이기도 하다. 물론 어떤 생각들은 시간이 흐르면서 달라지기도 하겠지만 그 발자취를 기억하는 것과 잊어버리는 것은 전혀 다른 의미가 될 것이다. 그러다 보면 언젠가는 부끄럽지 않은 어른이 되는 날이 올까? 재미있다. 부끄럽지 않은 어른이 되면 내 이름으로 된 책을 가질 수 있지 않을까 생각했는데, 결국 책을 엮으면서 그날을 그리고 있다니.

그런 날에 이를 수 있을지는 여전히 잘 모르겠다. 아직은 너무 먼 이야기다. 당분간은 좀 더 가까이에 이 책을 두고, 이 안의 이야기들에 부끄럽지 않게 살아내고 싶다.

그냥 흘러가버리는 순간이 어디 있을까. 글 한 편 한 편이 모여 한 권의 책이 되듯, 발끝만 보며 걷는 걸음걸음이 모여 어딘가에 이르듯, 무심코 지나쳤던 순간들조차 차곡차곡 쌓여 삶을 이루는 것을. 할 수 있는 것은 또 하루를 그냥 힘껏 살아가는 것뿐이다. 그러기 위해 나는 차오르는 생각들을 때로는 쏟아내고 때로는 억누르며 조금씩 기록하는 것을 택했다.

조심스런 내 걸음의 디딤돌로 삼아온 이 기록들이 독자들에게는 어떻게 읽힐지 모르겠다. 이 책을 읽는 순간이 조금이나마 예쁜 빛깔로 쌓이기를 바란다.

살아갑니다

나를 버티게 하는 청춘의 조각들

1판 1쇄 펴낸날 | 2016년 10월 19일
1판 2쇄 펴낸날 | 2017년 8월 7일

지은이 권성민
펴낸이 오연호
본부장 김병기
편집장 서정은 편집 김초희 관리 문미정

펴낸곳 오마이북
등록 제313-2010-94호 2010년 3월 29일
주소 서울시 마포구 월드컵북로 396 누리꿈스퀘어 비즈니스타워 18층 (03925)
전화 02-733-5505(내선 271) 팩스 02-3142-5078
홈페이지 book.ohmynews.com 이메일 book@ohmynews.com
페이스북 www.facebook.com/Omybook

책임편집 김초희
디자인 여상우
인쇄 천일문화사

ISBN 978-89-97780-20-4 03810

이 도서의 국립중앙도서관 출판예정도서목록(CIP)은 서지정보유통지원시스템
홈페이지(http://seoji.nl.go.kr)와 국가자료공동목록시스템(http://www.nl.go.kr/kolisnet)에서
이용하실 수 있습니다.(CIP제어번호: CIP2016023136)

KOMCA 승인필

오마이북은 오마이뉴스에서 만드는 책입니다.